Richard Schröder

Irrtümer über die deutsche Einheit

Aktualisierte und erweiterte Ausgabe

HERDER
FREIBURG · BASEL · WIEN

HERDER spektrum Band 6690

MIX
Papier aus verantwortungsvollen Quellen
FSC www.fsc.org FSC® C083411

2. Auflage 2014
Titel der Erstausgabe 2007:
Die wichtigsten Irrtümer über die deutsche Einheit

www.herder.de

Umschlaggestaltung: Verlag Herder
Umschlagmotiv: © uukaa / © MASP – Fotolia.com

Satz: Barbara Herrmann, Freiburg
Herstellung: CPI books GmbH, Leck

Printed in Germany

ISBN 978-3-451-06690-0

Inhalt

Vorwort zur 2. Auflage

Es ist ein Vierteljahrhundert nach der Herbstrevolution ruhiger geworden um die deutsche Einheit. Das ist einerseits gut so, weil es ein Beweis für gute Normalität ist, wenn nicht ständig über die deutsche Einheit gestritten wird. Es ist deshalb auch ruhiger geworden um die »Irrtümer über die deutsche Einheit«, von denen dieses Buch handelt. Das heißt jedoch nicht, dass sie beim Publikum berichtigt sind. Denn wenn einmal die Sprache auf die aufregenden Jahre der Vereinigung kommt, dann sind sie auch alle wieder im Gespräch, jene Irrtümer. Deshalb hat dieses Buch noch immer seine Berechtigung, vor allem aber für diejenige Generation, die jetzt studiert, aber all das gar nicht selbst erlebt hat. Und bei allem Respekt vor den Zeitzeugen: Was Opa aus der DDR erzählt, stimmt nicht immer. Denn die DDR war eine »Nischengesellschaft«, sprich ein Staat ohne freie Öffentlichkeit. Wir waren damals oft über das, was im eigenen Lande passierte, höchst unzureichend informiert. Jeder kannte nur seine Nische – und auch über die hat er manches Unerfreuliche erst nach dem Ende der DDR erfahren.

Ein Thema aber hat sein Erregungspotential ungeschmälert behalten: die Treuhandanstalt, also die Transformation der DDR-Wirtschaft. Weil es dazu bisher kaum wissenschaftliche Untersuchungen gibt, können sich hier die Emotionen ohne allzu große Rücksicht auf die Tatsachen austoben. Die Treuhand habe die DDR-Wirtschaft ruiniert, heißt es oft in Ost und West. Die einen sagen: durch Dilettantismus, die anderen: aus niederen Motiven, nämlich um die gefürchtete Ost-Konkurrenz platt zu machen. In Wahrheit haben die Ostdeutschen nicht erst nach der Maueröffnung Westwaren begehrt und Ostwaren weithin verachtet sowie Witze ohne Ende über die eigene Wirtschaft erzählt, deren desaströsen Zustand sie der SED zuschrieben, solange die Mauer stand. Ich habe deshalb die Abschnitte über die DDR-Wirtschaft (A4) und über die Treuhandanstalt (B5) kräftig überarbeitet und erweitert.

Von keinem Land aus wurde die deutsche Vereinigung so intensiv beobachtet wie von der Republik Korea (Südkorea) aus, denn Korea ist noch immer geteilt. Die südkoreanische Regierung ist unter dem vorigen Präsidenten Lee Myungbak an die Bundesregierung herangetreten mit der Bitte, eine koreanisch-deutsche Konsultationsgruppe zu Fragen der Wiedervereinigung ins Leben zu rufen. Die Bundesregierung hat mich in diese Konsultationsgruppe berufen. Weil ein Vergleich zwischen der deutschen und der koreanischen Situation noch einmal ein eigentümliches Licht auf die deutsche Einheit wirft, habe ich diesbezügliche Beobachtungen angehängt.

Ansonsten habe ich Zahlenangaben aktualisiert, Bemerkungen eingefügt, ein paar Irrtümer und Ungenauigkeiten, die mir in der 1. Auflage unterlaufen waren, ausgemerzt und die Liste empfohlener Literatur erweitert. Die neueren Zahlen zeigen durchweg: Der Osten holt auf, wenn auch langsamer als erwartet. Ökonomische Unterschiede gibt es zwar weiterhin, aber der Unterschied zwischen den Ost-West-Unterschieden und den Nord-Süd-Unterschieden verringert sich. Das ist ein brauchbarer Maßstab für den Stand der deutschen Vereinigung. Und 2013 ist erstmals der Wanderungssaldo zwischen Ost und West ausgeglichen, das heißt es sind in diesem Jahr so viele gekommen wie gegangen. Damit ist zwar nicht die Abwanderung der letzten Jahrzehnte mit all ihren demographischen Problemen kompensiert, aber doch der Trend gewendet.

Das darf man so verallgemeinern: Wir haben das Schwierigste hinter uns und sind zu verhaltenem Optimismus berechtigt. Aufgaben und Probleme gibt es trotzdem reichlich, es sind aber kaum Einigungsprobleme – und sie sind lösbar, wenn wir sie denn anpacken. Andere Länder beneiden uns, weil sie lieber unsere als ihre eigenen Probleme hätten.

Blankenfelde, Neujahr 2014 *Richard Schröder*

Einleitung

> »Unzufriedenheit mit dem Geschick ist ein ungehöriges Kritisieren der Gaben, die einem zuteilgeworden sind. Wenn der Unzufriedene einen Beutel Geld findet, nörgelt er: ›Aber einen richtigen Schatz habe ich noch nie gefunden.‹«
> Theophrast (4. Jh. v. Chr.), Charaktere XVII

Wenn mich Journalisten nach dem Stand der deutschen Einheit fragen, ist regelmäßig die erste Frage: »Was ist verkehrt gemacht worden?« und die zweite: »Wann ist die deutsche Einheit vollendet?« Meine erste Antwort auf die zweite Frage: Wenn ihr mit der unsinnigen Fragerei aufhört. Was soll denn das sein: die vollendete Einheit oder die viel gesuchte »inneren Einheit«? Ost und West ein Herz und eine Seele? Nord und Süd sind doch in Deutschland auch nicht ein Herz und eine Seele, SPD und CDU auch nicht. Dieses und jenes Kunstwerk kann vollendet werden, auch ein Bauwerk oder ein Tagewerk, aber doch nicht menschliche Beziehungen, auch nicht kollektive. Denn nur Beendetes kann vollendet sein. Zur ersten Frage könnte auch ich einiges nennen, aber meine Liste ist nicht sehr lang.

Warum wird die deutsche Einheit mit Vorliebe unter »Pleiten, Pech und Pannen« abgehandelt? Sicher spielt dabei eine Rolle, dass gute Nachrichten den Adrenalinspiegel nicht anheben. Nur was aufregt, steigert die Auflagen und die Einschaltquoten. Aber dadurch lassen sich die Leser und

Zuschauer nicht unbedingt einreden, dass es ihnen auch persönlich schlecht geht. So belegen denn auch Umfragen regelmäßig eine seltsame Diskrepanz: Befragt, wie sie ihre persönliche Lage seit der deutschen Einheit beurteilen, antworten die meisten Ostdeutschen: »gut« oder »kann nicht klagen«; befragt nach der Lage in Ostdeutschland allgemein, antworten die meisten: »schlecht«. Über ihre eigene Lage werden sie sich ja wohl kaum täuschen. Die Mehrheit ist zufrieden, jeder hält sich aber für eine Ausnahme. Diese Diskrepanz ist keineswegs harmlos. Denn Stimmungen haben Einfluss auf die Spielräume der Politik – nicht nur bei Wahlen –, und sie haben vor allem Einfluss auf die Glaubwürdigkeit der Politiker. Wenn die Lage im Ganzen schlecht ist und meine günstigere Lage nur eine Ausnahme, sind die Politiker offenbar Versager. Ich sehe den Grund für den schlechten Ruf der deutschen Einheit in einer Reihe von Irrtümern über die deutsche Einheit. Um die geht es in diesem Buch.

Von den Behauptungen, die dieses Buch als Irrtümer über die deutsche Einheit behandelt, wird jeder Leser einige für so abwegig halten, dass er eine Entgegnung für überflüssig hält – bloß leider nicht jeder dieselben.

»Politisch wurde bei der Wiedervereinigung alles richtig, wirtschaftlich alles falsch gemacht«, hat Lothar Späth gesagt. Dieser eingängige Spruch wird gern beifällig zitiert, man ist sich einig. Aber wehe, wenn einer nachfragt, was genau falsch gemacht worden ist und was stattdessen das Richtige gewesen wäre. Dann ist nämlich Schluss mit einig.

»Der Umtauschkurs war ein großzügiges Geschenk an die Ostdeutschen.« – »Unsere Sparguthaben wurden gekürzt, obwohl wir weniger auf der hohen Kante hatten als die Westdeutschen.« – »Löhne und Renten sind im Osten zu hoch, deshalb bleibt der selbsttragende Aufschwung aus.« – »Es ist ein Skandal, dass sie nach sechzehn Jahren immer noch niedriger sind als im Westen.«

Ist der Streit erst einmal entbrannt, macht er vor dem Politischen nicht halt. »Politisch alles richtig? Der Osten wurde durch den erzwungenen Elitenwechsel intellektuell enthauptet.« »Ach was, den alten Kadern geht es heute besser als den Oppositionellen.« Und so weiter.

In meiner Liste von Irrtümern über die deutsche Einheit wird aber jeder Leser auch diejenigen Punkte finden, bei denen er protestiert: Das ist kein Irrtum, sondern die Wahrheit; so war es, so ist es tatsächlich!

Der Irrtum und die Lüge sind Parasiten der Wahrheit. Sie wirken nur, wenn sie den Schein der Wahrheit erwecken. Jeder Irrtum sitzt auf einer Teilwahrheit auf und enthält ein Körnchen Wahrheit. Aber halbe Wahrheiten sind eben ganze Lügen, wie man sagt, und vom Irrtum gilt das auch.

Ich behaupte keineswegs, dass im Zuge der deutschen Einheit alles richtig gemacht worden sei. Alles richtig, das kann es bei Prozessen dieses Ausmaßes nie geben. Meine Fehlerliste ist allerdings nicht sehr lang. Die Grundentscheidungen halte ich nach wie vor – nun sage ich nicht: für richtig, sondern: für alternativlos, unter den damaligen Umständen. Ich erinnere an vier Trivialitäten menschlichen Handelns:

1. Wir müssen zumeist mit begrenztem Wissen entscheiden, also mit einer gehörigen Portion Nichtwissen. Die sicherste Diagnose stellt der Pathologe, aber leider immer zu spät. Hinterher ist man schlauer. Hinterher vergisst man aber auch schnell, welche Befürchtungen seinerzeit die Entscheidung beeinflusst haben, vor allem dann, wenn sie nicht eingetreten sind. Uns hat 1990 sehr intensiv die Frage beschäf-

tigt, was denn passieren soll, wenn Gorbatschow gestürzt wird. Das veranlasste zur Eile in Sachen deutsche Einheit. Diejenigen, die damals heftig für die langsamere Gangart votierten, verstummten, als Gorbatschow 1991 tatsächlich gestürzt wurde. Heute ist dieser Gesichtspunkt bei den Kritikern des Einigungsprozesses völlig vergessen. Wir hatten damals auch die Sorge, die DDR könnte ohne die Orientierung an einer schnellen Einigung im Chaos versinken. Wer die Befürchtung für unbegründet hält, muss doch zur Kenntnis nehmen, dass sie damals bestand. Sie war auch nicht unbegründet. Nach der Herbstrevolution und der Maueröffnung war die DDR ein Staat in Auflösung, denn das einzige Reformkonzept, das im Osten breite Zustimmung fand, hieß: *deutsche Einheit*. Die DDR war ein Staat ohne Nation, eine Gesellschaft in der es kein eigenständiges Zusammengehörigkeitsgefühl der Einwohner gab, weder ein nationales noch ein bürgerschaftliches. Auch für einen »Verfassungspatriotismus« gab es keine Grundlage. Im August 1989 hatte Otto Reinhold von der Akademie für Gesellschaftswissenschaften beim ZK der SED erklärt: Ohne den Systemgegensatz hätte die DDR keine Existenzberechtigung. Er wollte sagen: Also muss die DDR sozialistisch bleiben. Aus derselben Voraussetzung zogen die Leipziger Montagsdemonstranten nur die andere Konsequenz: »Wir sind ein Volk.« Das unterschied die DDR von den anderen ehemals sozialistischen Nachbarstaaten. Ungarische Kommunisten waren zuerst Ungarn, dann Kommunisten. In der DDR aber musste das Wort »sozialistisch« das Wort »deutsch« übertönen. Wenn die Lautsprecher abgeschaltet wurden, die uns den Sozialismus predigten, war prompt zu hören: »Deutschland einig Vaterland« (aus der DDR-Hymne, die deshalb seit Honecker nur noch als Melodie ohne Text abgespielt wurde) oder eben: »Wir sind ein Volk«.

2. Den größten Handlungserfolg erzielen wir in Standardsituationen. Wir handeln dann, wie wir in solchen Situationen zu handeln pflegen, aus Erfahrung. Die fehlt uns aber, wenn etwas wirklich Neues, Unerhörtes geschieht. Dies gilt nicht nur für die unerfreulichen oder gar schrecklichen Überraschungen, sondern auch für die erfreulichen. Die Herbstrevolution und die Maueröffnung waren solche unerhörten Begebenheiten, der Zusammenbruch des Sowjetimperiums und der Weg zur deutschen Einheit auch. Da konnte niemand sagen: Tun wir doch das, was wir in solchen Situationen zu tun pflegen. Da musste unter erhöhtem Risiko entschieden werden, auch seitens der Bundesregierung. Das Ausmaß der Unsicherheiten und Unwägbarkeiten nach 1989 ist im Westen zunächst nur von denen erlebt worden, die sich im Osten engagiert haben. Denn die westlichen Lebensverhältnisse waren gar nicht tangiert. Ganz anders im Osten. Hier hat sich jeder in einem Maße umstellen müssen, als wäre er in ein anderes Land gezogen. Fast alle haben den Arbeitsplatz gewechselt, mit Phasen der bis dahin unbekannten Arbeitslosigkeit. Umlernen aber mussten alle, am Arbeitsplatz, in der Politik, in der Verwaltung, im privaten Bereich.

3. Nach jeder Entscheidung kann man davon träumen, wie viel besser alles geworden wäre, wenn man anders entschieden hätte. Solche Träume haben aber einen Haken. Die Folgen unserer tatsächlichen Entscheidungen haben sich eingestellt. Sie stehen hart im Raum. Die Folgen der anderen möglichen Entscheidungen können wir nur ahnen oder konstruieren. Im weichen Element des Möglichen ist viel Raum für das Wunschdenken (bis hin zum Wunderglauben), und dies umso mehr, je weniger genau wir uns an die Umstände von damals erinnern.

4. Wenn es um konkrete Entscheidungen geht, führt die zweiwertige Logik – »richtig oder falsch?« – oft in die Irre.

Meistens ist eine gute Entscheidung die für das kleinere Übel. Wer aus guten Gründen A sagt, muss auch dann B sagen, wenn ihm B für sich genommen gar nicht gefällt. Wer behauptet, es habe die eine richtige Entscheidung gegeben, durch die uns die Probleme, die wir bis heute haben, vollständig erspart worden wären, der ist schon dem Wunderglauben verfallen. Die Irrtümer, die ich mir vornehme, werde ich deshalb gar nicht immer widerlegen (»das Gegenteil ist richtig«), aber doch zurechtrücken.

Wenn es um Krankheit und Gesundheit geht, wissen wir sehr wohl, dass wir manchmal erhebliche Unannehmlichkeiten in Kauf nehmen müssen, um wieder gesund zu werden. In Sachen Politik aber herrscht in Ost und West eine Vollkasko-Mentalität. Im Westen war man bisher gewöhnt, die meisten Probleme durch Zuwachsraten zu lösen. Im Osten war der Staat für alles zuständig. Beides gilt im vereinigten Deutschland so nicht mehr. Das verwirrt.

In Sachen deutsche Einheit ist der Wunderglaube an die Alternativen weit verbreitet. Warum? Weil die deutsche Einheit tatsächlich eine Vielzahl von an sich unerwünschten Folgen mit sich führt. Die würden wir aber leichter hinnehmen und wirksamer bekämpfen, wenn wir davon überzeugt wären, dass es sich um die kleineren Nachteile des größeren Vorteils handelt, wenn wir sie im Lichte des großen Gewinns sehen würden, den uns die deutsche Einheit gebracht hat.

Seit 1990 hat die Auseinandersetzung mit der Nazizeit nicht abgenommen, sie ist sogar intensiver geworden. Das begrüße ich auch deshalb, weil es diejenigen Stimmen im In- und Ausland widerlegt, die 1990 befürchteten: Wenn sich Deutschland vereinigt, droht ein »Viertes Reich«. Wir können sagen: Wir haben diese Lektion gelernt. Die ewig Gestrigen sind eine ernste Herausforderung und eine Gefahr für den Ruf Deutschlands. Sie haben aber keine Chance, die öffentliche Meinung oder gar Deutschlands Politik zu bestimmen. So weit, so gut. Selten aber wird bei dieser Beschäftigung mit dem grauenvollsten Kapitel deutscher Geschichte der Bogen geschlagen zum Jahre 1990. Deutschland in den Grenzen des 3. Oktober 1990 ist das ganze Deutschland. Erstmals in der deutschen Geschichte lebt Deutschland in allseits anerkannten Grenzen, umgeben von befreundeten Staaten, die mit uns in der Europäischen Union und der NATO vereinigt sind. Es ist nicht nur für uns, sondern auch für die gesamteuropäische Stabilität ein Gewinn, dass es keine offene deutsche Frage mehr gibt und auch keine offenen deutschen Rechnungen mit Gegenrechnungen. Aber über etwas so Bedeutendes freuen wir uns nicht. Mir scheint, die einstmals beklagte Unfähigkeit zu trauern haben wir nun ersetzt durch eine Unfähigkeit sich zu freuen. Wir verzichten damit auf eine Quelle der Ermunterung.

Wir führen unsere Einigungsdebatten mit Scheuklappen. Ost und West sind aufeinander fixiert. »Warum sind die Ostdeutschen immer noch so anders als wir?« – als wäre die westliche Normalität auch mental das Maß aller Dinge. »Warum geht es uns immer noch schlechter als dem Westen?«, »Wann endlich liegen die uns nicht mehr auf der Kasse?« Wir führen einen Wettstreit ums Bedauern. Wer hat mehr zu leiden unter der deutschen Einheit, Ost oder West? Nichts scheint begehrter zu sein im vereinigten Deutschland als der Opferstatus. Denn dann hat man Anspruch auf einen Opferbonus. Nur wer klagt, gewinnt. Und so jammern wir uns um die Wette durch die Jahre.

Mit diesen Scheuklappen nehmen wir gar nicht hinreichend wahr, was seit 1989 geschehen ist und bewältigt werden musste. Und deshalb sind auch die Erfolge selten oder nie im Blick. Um die zu bemessen, müssen wir uns klarmachen, dass es bei der deutschen Einheit im Osten nicht um einen, sondern um vier Prozesse ging. Für ein gerechtes Urteil muss man sie unterscheiden, obwohl sie miteinander verschränkt sind.

1. *Die Herbstrevolution von 1989.* Die unvermeidliche Folge dieser Revolution war ein Elitenwechsel, der in der ersten freien Volkskammerwahl am 18. März und den ersten freien Kommunalwahlen am 6. Mai sichtbar vollzogen wurde. Dazu mussten sich Leute finden, die ohne Vorübung politische Verantwortung übernahmen. Man hat sie vom Westen aus gern als Laienspieler betitelt und dabei offenbar übersehen, dass Politprofis nicht zu haben waren, denn die bisherigen waren in Sachen Demokratie und Marktwirtschaft auch Laienspieler, aber mit Ressentiments. Dafür gibt es einen äußerst erfreulichen Beleg. Als das Politbüro nach Honeckers Rücktritt auch Glasnost praktizieren wollte, kam es zu der glücklich verunglückten Pressekonferenz, durch die Schabowski unbeabsichtigt die Maueröffnung auslöste. In dem Ausdruck »Laienspieler« schlug sich schon das bis heute anhaltende Unverständnis dafür nieder, dass in der DDR eine Revolution, ein Machtwechsel stattgefunden hat. Jeder Elitenwechsel erzeugt Enttäuschung, Frustration und Ressentiments bei denen, die ihre Stellung oder auch nur ihr Ansehen eingebüßt haben oder auch nur darunter leiden, nicht recht gehabt zu haben. Sie finden sich vor allem in der PDS und sind heute Rentner.

Vom Westen aus wird der Elitenwechsel manchmal mit dem Argument kritisiert: Die Bundesrepublik ist doch auch von ehemaligen Nazis aufgebaut worden. Nach zwölf Jahren gab es aber noch die biographische Erinnerung an Rechtsstaat und Demokratie, nach 40 Jahren nicht mehr. Die

DDR-Fachleute waren oft Fachleute für Vergangenes. Eine Revolution, das Ende einer Diktatur, stellt immer das Problem der sogenannten Vergangenheitsbewältigung. Täter und Opfer stehen sich gegenüber.

Und drittens löst jede Revolution unvermeidlich erhebliche Orientierungsprobleme aus. Das Bisherige gilt nicht mehr, die bisherigen Autoritäten sind diskreditiert – was gilt jetzt?

2. *Die staatliche Vereinigung*. Der Osten übernahm die politischen, sozialen, wirtschaftlichen Ordnungen der Bundesrepublik, während im Westen zunächst alles beim Alten blieb. Er übernahm dabei auch reformbedürftige Elemente und eine Regelungsdichte, die für saturierte Verhältnisse, nicht aber für einen Neubau geeignet war. Trotzdem war es richtig und hilfreich, dass im Osten das Rad nicht neu erfunden wurde. Doch all das war nur das kleinere Stück der deutschen Vereinigung. Denn aus eigener Machtvollkommenheit konnten sich die Deutschen gar nicht vereinigen. Völkerrechtlich war nämlich der Zweite Weltkrieg noch nicht beendet. Die Siegermächte hatten sich die Zuständigkeit für Deutschland als Ganzes vorbehalten, wie am Berlin-Status augenfällig war. Zum Jahreswechsel 1989/90 hatten sich lediglich zwei europäische Regierungschefs für die deutsche Einheit ausgesprochen, nämlich der spanische und der irische. Der italienische Politiker Andreotti hatte gesagt: »Wir lieben Deutschland so sehr, dass wir am liebsten zwei davon haben.« Der französische Staatspräsident Mitterrand stattete der DDR Ende Dezember demonstrativ einen Staatsbesuch ab und schloss mit ihr ein langfristiges Handelsabkommen. Margaret Thatcher berief eine Historiker-Konferenz ein. Die Rede von einem »Vierten Reich« ging um. Von der Sowjetunion war zwar zu erwarten, dass Gorbatschow einer inneren Reform der DDR zustimmen, aber doch nicht, dass

er den westlichen Vorposten des Imperiums aufgeben würde, und schon gar nicht, dass er einer Erweiterung der NATO auf Ostdeutschland zustimmen würde. Es war der amerikanische Präsident George Bush sen., der sich noch vor allen anderen entschieden für die deutsche Einheit eingesetzt hat. Von den USA stammte auch die Idee »2 plus 4«, also die Idee, die offenen Fragen im Zusammenhang mit Deutschland statt auf einer Friedenskonferenz mit unübersehbar vielen Teilnehmern – und Forderungen – durch die vier Siegermächte und die beiden deutschen Staaten klären zu lassen. Die USA stellten nur eine Bedingung: Das vereinigte Deutschland muss der EU und der NATO angehören. Davon hat Bush schließlich auch Gorbatschow überzeugt, und zwar mit folgendem Argument: So sei das vereinigte Deutschland eingebunden, und neuerliche Alleingänge seien nicht zu befürchten. Wer 1990 von einem neutralen und pazifistischen Deutschland auf einem »dritten Weg« zwischen Sozialismus und Kapitalismus geträumt hat, hat schlicht vergessen, dass es dafür keine internationale Zustimmung gegeben hätte, schließlich nicht einmal von der Sowjetunion. Die brauchten wir aber, weil die beiden deutschen Staaten bis 1990 eben nicht vollkommen souverän waren. Im Westen haben das wohl viele verdrängt. Sie nannten ihr Land ja auch gern kurz Deutschland. Wir im Osten konnten das nicht verdrängen. Noch im Herbst 1989 war die heikelste Frage, ob diesmal die sowjetischen Panzer in den Kasernen bleiben oder den 17. Juni 1953 wiederholen würden, der für uns, die ihn erlebt haben, das große Trauma war.

3. Die staatliche Vereinigung war nicht so einfach wie seinerzeit der Beitritt des Saarlands zur Bundesrepublik, denn nun war im Osten eine zweifache *Transformation* nötig: von der Diktatur zur Demokratie und von der zentralistischen Planwirtschaft zur sozialen Marktwirtschaft. Es gibt dafür

keine Vorläufer, wohl aber sozusagen Mitläufer, nämlich alle anderen ehemals sozialistischen Länder Europas. Die mussten den Prozess aber ohne eine Vereinigung mit einem prosperierenden westlichen Land absolvieren. Die Schmerzen waren und sind deshalb dort erheblich größer.

4. Die Transformation der DDR-Wirtschaft war aber nicht nur ein organisatorisches Problem, auch wenn das schon groß genug war: Die Betriebe mussten aus der Verflechtung mit dem Staatshaushalt und der politischen Kommandostruktur herausgelöst und in neue Rechtsformen überführt werden und mussten sich selbst um ihre Produkte und ihren Absatz kümmern. Es musste aber außerdem ein *technologischer Rückstand* von zehn bis zwanzig Jahren aufgeholt werden, wie er am Vergleich von Trabant und Golf augenfällig war. Die DDR-Wirtschaft verlor 1990 schlagartig fast alle ihre Kunden, nämlich die Inlandskunden, weil die DDR-Bürger nur noch Westwaren kaufen wollten. Sie verlor viele Auslandskunden aus dem Osten, weil der sozialistische Wirtschaftsverbund RGW (Rat für gegenseitige Wirtschaftshilfe) Anfang 1990 in Sofia beschloss, den internen Handel auf Devisen umzustellen. Daraufhin kauften die Ungarn lieber japanische Autos als DDR-Autos. Und sie verlor ihre westdeutschen Kunden, weil die Ostwaren nicht mehr als Billigprodukte (z. B. bei IKEA) zur Verfügung standen, wenn die Löhne im Osten mit Westgeld bezahlt werden mussten. Ohne Übertreibung kann man sagen: Die ostdeutsche Wirtschaft musste neu gegründet werden. Bei einem solchen Transformationsprozess gibt es unvermeidbar Opfer, Menschen, die ihren Arbeitsplatz verlieren und ein Jahr suchen müssen, bis sie einen neuen finden. Das halte ich für zumutbar. Es gibt aber auch Menschen, die erfahren müssen, dass sie nicht mehr gebraucht werden. Das ist grundsätzlich nicht zumutbar. Transformationsprozesse treffen ihre Opfer nicht

nach Gerechtigkeitsgesichtspunkten. Es kommt deshalb vor, dass jemand, der aus politischen Gründen auf der Schattenseite stand, sich nun unter freiheitlichen Bedingungen wieder auf der Schattenseite findet. Das darf nicht sein, ist aber nicht immer vermeidbar.

Die Vereinigung fand zwischen zwei sehr ungleichen Partnern statt. Und das konnte gar nicht anders ein. Ein Fünftel kam zu vier Fünfteln. Ein Staat in Auflösung kam zu einem stabilen Staatswesen, das zwar Reformbedarf, aber keinen Revolutionsbedarf hatte. Ein Staat, dem der Staatsbankrott bevorstand, kam zu einem finanziell wohlsituierten. Für vier Fünftel blieb zunächst alles beim Altbewährten, während sich für ein Fünftel alles änderte. Das eine Fünftel hatte jene drei Prozesse zu durchlaufen, die kein Gegenstück im Westen hatten. Diese Asymmetrien sind nicht durch Fehlentscheidungen entstanden, sondern bildeten die Ausgangssituation des Einigungsprozesses.

Und nach welchen Maßstäben können wir Erfolg und Misserfolg des Einigungsprozesses beurteilen? Bitte nicht so provinziell, dass sich Ost und West den Westen in jeder Hinsicht zum Maß aller Dinge wählen. Zwar war die Entscheidung für Demokratie, Rechtsstaat und soziale Marktwirtschaft richtig. Dass diese Grundelemente der westlichen Ordnungen maßgeblich wurden und insofern der Westen das Maß war, ist in Ordnung, ja es musste so sein. Dass auch die westlichen Geschichtsdiskurse und Mentalitäten nun für die Ostdeutschen das Maß aller Dinge werden sollten, das war nicht in Ordnung. 40 Jahre grundverschiedener Lebensverhältnisse können und sollen beide Seiten nicht abschütten wie den Staub von den Schuhen. Wir haben diese 40 Jahre sehr verschieden erlebt, und nicht etwa hat die eine Seite diese

Geschichte richtig, die andere aber diese Geschichte falsch erlebt (was auch immer das heißen könnte).

Auf die Frage, was die deutsche Geschichte von der anderer Länder vor allem unterscheide, nannten 1990 die meisten Westdeutschen an erster Stelle die Nazizeit, die meisten Ostdeutschen aber die deutsche Teilung. Beides hat sein Recht. Der Westen hatte sich den Naziverbrechen schonungslos gestellt, während im Osten der Antifaschismusmythos mehr Nebel warf als Klarheit schuf. Die Teilung aber war für die Ostdeutschen schmerzhafter als für die Westdeutschen, weil uns die Mauer nicht nur vom Westen, sondern vor allem von der Freiheit trennte, während sich manche im Westen einredeten, wir im Osten könnten doch eigentlich ganz zufrieden sein. Die intensive Beschäftigung mit der Nazidiktatur hat manche nicht etwa hellsichtig, sondern geradezu blind gemacht für das Diktatorische am SED-Regime. Damit hängt vielleicht auch zusammen, dass die einzige erfolgreiche Revolution der deutschen Geschichte, und zudem eine gewaltlose, heute in Ost und West zur »Wende« degradiert wird. Dabei könnten wir auf sie genauso stolz sein wie die Polen und Tschechen auf ihre. Für Westdeutsche scheint das aber schwierig zu sein, weil es nicht ihre Revolution war.

Im Westen hat es lange gedauert, bis der 8. Mai 1945 nicht mehr nur als der Tag der Kapitulation, sondern auch als ein Tag der Befreiung verstanden wurde. In der DDR war der 8. Mai lange Zeit als Tag der Befreiung sogar staatlicher Feiertag, aber verbunden mit einer Missinterpretation dieser Befreiung: Wir haben mit dem Faschismus radikal gebrochen, die Täter sitzen im Westen, nämlich das Monopolkapital und seine westdeutschen Helfershelfer.

Oder das Jahr 1968. Für Westdeutsche ist es das Jahr der Studentenproteste, auf die viele bis heute sehr stolz sind. Eine Achtundsechzigerbewegung hat es in der DDR nie gegeben, was ich nicht nur als Defizit empfinde. Ich habe die Inbrunst, mit der da das Kapital von Marx studiert oder die Maofibel geschwenkt wurde, nie nachvollziehen können. Für uns war 1968 das Jahr, in dem Panzer den Prager Frühling niederwalzten. Nach 1953 in der DDR und 1956 in Polen und Ungarn war zum vierten Mal der Freiheitswille erstickt worden.

In diesen und ähnlichen Fragen kann der Westen nicht das Maß aller Dinge sein, und deshalb kann ein vernünftiger Maßstab für den Stand der deutschen Einheit auch nicht heißen: Sind die Ostdeutschen schon Westdeutsche geworden oder noch nicht? Es gibt nicht nur Ostmacken, sondern auch einige Westmacken, die ich nicht zur Nachahmung empfehle.

Ich kenne vier Maßstäbe, an denen plausibel bemessen werden kann, wie es mit der deutschen Einheit steht.

Erster Maßstab:
Wie wird der Stand der deutschen Einheit von außen, also von Ausländern beurteilt?
Ein Italiener hat bemerkt, sie sei weiter fortgeschritten als die italienische. Er hat recht. Sie ist auch weiter fortgeschritten als die belgische. Es gibt in Europa hier und da separatistische Bewegungen, im Baskenland, in Nordirland, auf Korsika sogar terroristische, bloß nicht in Deutschland. Die Tschechen und Slowaken und die Völker der Sowjetunion haben die neue Freiheit dazu gebraucht, sich schiedlich-friedlich zu trennen. Jugoslawien ist in einem brutalen Bürgerkrieg zerfallen. Wir haben uns vereinigt. Nicht einmal die PDS fordert die Wiederherstellung der DDR. Sie hat auf ihre Weise eine Vereinigung vollzogen, nämlich mit der WASG zur Partei »Die Linke« – mit der kuriosen Folge,

dass zunächst die Mehrzahl ihrer Bundestagsabgeordneten Westdeutsche waren. Also: Der nationale Zusammenhalt ist nach internationalen Maßstäben stabil. Gelegentlich streiten wir uns, aber niemand will ausziehen. Vom Ausland her betrachtet man die deutsche Einigung als eine Erfolgsgeschichte.

Zweiter Maßstab:
Einheit in der deutschen Geschichte

Deutschland ist schon immer durch markante Unterschiede geprägt gewesen und hat gelernt, mit ihnen zu leben. Da ist der uralte Unterschied zwischen dem Niederdeutschen und dem Hochdeutschen. Seit der Reformation ist Deutschland zudem konfessionell gespalten. Aber nach dem furchtbaren Dreißigjährigen Krieg hat es in Deutschland nie wieder konfessionelle Kriege gegeben. Man hat dank des Westfälischen Friedens mit den Unterschieden zu leben gelernt. Die traditionellen Unterschiede in Deutschland sind stärker nordsüdlich als west-östlich ausgerichtet, übrigens auch in den neuen Bundesländern. Mecklenburg und Brandenburg waren auch früher vorrangig agrarisch und dünn besiedelt, Sachsen und Thüringen handwerklich-industriell bestimmt. Deshalb sind auch heute die Verständigungsschwierigkeiten zwischen Ostfriesen und Bayern größer als zwischen Thüringern und Hessen oder Schleswig-Holsteinern und Mecklenburgern. Gegenüber diesen tausendjährigen Nord-Süd-Unterschieden sind die Ost-West-Unterschiede jung. Sie sind allerdings nicht nur landsmannschaftlich, sondern durch verschiedene politische, ideologische und wirtschaftliche Lebensverhältnisse bestimmt. Aber je mehr sie verblassen, umso deutlicher werden die alten Nord-Süd-Unterschiede auch im Osten – und auch die alten Verbindungen etwa zwischen Thüringen und Hessen oder zwischen Mecklenburg-

Vorpommern und den nordwestlichen Bundesländern. Sie haben ja deshalb einen gemeinsamen Norddeutschen Rundfunk.

Dass es mit der deutschen Einheit gut bestellt ist, ergibt sich auch aus Folgendem: Leider gehen viele Ostdeutsche in den Westen, der Arbeit oder der Ausbildung wegen. Sie haben aber dort überhaupt keine Integrationsprobleme. Auch die Solidarität ist in Deutschland beachtlich. Bei der Elbeflut und der Oderflut konnten wir das erleben. Noch immer gibt es Transferleistungen in den Osten. Darüber gibt es hier und da westlichen Unmut, auch die berechtigte Rückfrage, ob das Geld immer richtig verwendet wird, aber doch weder Verweigerung noch öffentlichen Protest.

Was vom Westen aus oft übersehen wird, sind die gewaltigen Unterschiede innerhalb des Ostens. Ich meine jetzt nicht die landsmannschaftlichen, sondern die posttotalitären. Gelegentlich gab es Veranstaltungen, bei denen ehemalige Funktionäre der SED und DDR-Oppositionelle aufeinanderstießen. Da flogen die Fetzen. Noch heftiger geht es zu, wenn Stasi-Offiziere und Stasi-Opfer aufeinanderstoßen. Ich persönlich kann mich mit einem Protestanten aus Hamburg sehr viel einfacher verständigen als mit dem Schulleiter, der meine Tochter nicht zur Oberschule zulassen wollte. Ich gehe ihm bis heute aus dem Weg.

Wer vom Scheitern der deutschen Einheit spricht, legt einen Maßstab von Einheit, sprich Einheitlichkeit an, wie ihn die Romantiker erträumt haben, oder er nimmt sich die deutschen Diktaturen zum Vorbild. Aber die haben zwar von der Volksgemeinschaft oder der sozialistischen Menschengemeinschaft geschwärmt, aber um den Preis, dass die Rassenfeinde dort und die Klassenfeinde hier ausgeschlossen wurden.

Dritter Maßstab: *die anderen ehemals sozialistischen Länder*

Überall war der Transformationsprozess mit schweren wirtschaftlichen Verwerfungen und hoher Arbeitslosigkeit, auch mit Abwanderung verbunden. Überall sitzen postkommunistische Parteien in den Parlamenten, öfter auch in den Regierungen. Überall ist das Wahlverhalten und die Wahlbeteiligung sehr wechselhaft. Überall gibt es leider auch nationalistischen Radikalismus. Überall gibt es das Problem des Elitenwechsels, zermürbende Auseinandersetzungen um die Vergangenheit und um Eigentumsfragen. All das und noch einiges mehr erscheint vielen Westdeutschen als »typisch Ost«, ist aber in Wahrheit typisch posttotalitär.

Bei diesem Vergleich schneidet Ostdeutschland sehr gut ab. Dank der Vereinigung konnten die Schmerzen dieses Prozesses in Ostdeutschland namentlich für die Rentner und Arbeitslosen erheblich abgefedert werden. Alle jene Länder waren mit dem Problem der hohen Staatsschulden konfrontiert. Sie haben sie durch Inflation abgebaut, was die Sparguthaben vernichtet und zu einer Phase der Altersarmut geführt hat. In Polen betrug die Arbeitslosigkeit 2007 18 Prozent, in Nordböhmen ebenfalls, aber Arbeitslose bekommen nur ein Jahr Unterstützung. Von allen ehemals sozialistischen Ländern hat Ostdeutschland den weitaus höchsten Lebensstandard und die beste Infrastruktur.

Eigentlich wissen das die Ostdeutschen auch. Denn wer an Umzug denkt, denkt an Süddeutschland, an Österreich oder die Schweiz, vielleicht auch an Skandinavien. In eines der anderen ehemals sozialistischen Länder will keiner umziehen.

Wir Ostdeutschen sollten uns endlich einmal eingestehen, dass wir den Zusammenbruch des Sozialismus äußerst glimpflich überstanden haben, und zwar dank der deutschen Einigung.

Vierter Maßstab:
der Vergleich der Lebensbedingungen in der DDR mit unseren heutigen

Die Forderung der ostdeutschen Demonstranten von 1989 sind erfüllt: Stasi raus, Reisefreiheit, freie Wahlen, Einheit Deutschlands.

Ich nenne an erster Stelle den Freiheitsgewinn und denke dabei nicht zuerst an die Reisefreiheit, sondern an die Freiheit von der Angst vor Verhaftung. Noch im Sommer 1989 wurde von SED-Funktionären vertraulich die Warnung weitergegeben, der Platz des Himmlischen Friedens sei näher, als manche dächten. Gemeint war die blutige Niederschlagung der Demonstrationen in Peking, die Egon Krenz ausdrücklich gelobt hatte. Zum 9. Oktober 1989, nach der Jubelfeier zum 40. Jahrestag der Gründung der DDR, war alles vorbereitet, um die Leipziger Montagsdemonstration gewaltsam niederzuschlagen. Das AGRA-Gelände in Markkleeberg war für eine Internierung der Demonstranten vorbereitet worden. Die Sicherheitskräfte zogen sich aber zurück, weil sie befürchteten, mit der unerwartet hohen Anzahl von Demonstranten nicht fertig zu werden: Es waren 50.000 erwartet worden, aber 70.000 waren gekommen.

Nachträglich haben wir erfahren, dass für den Fall des Ausnahmezustands landesweit Internierungslager vorbereitet waren sowie Namenslisten.

Als Zweites nenne ich die Freiheit vom ideologischen Zwang. Ich denke dabei besonders an die Zeitungen, an die Museen und an die Schule, an Staatsbürgerkunde und Geschichte. Auch die lokale Geschichte, wie sie in Museen präsentiert wurde, war ganz vom klassenkämpferischen Geschichtsbild beherrscht. Erst seit 1990 können wir wieder unsere jeweilige Heimatgeschichte mit ihren schlechten und guten Seiten – aber eben farbig – erinnern und pflegen.

Drittens nenne ich die Freiheit zur politischen Betätigung namentlich für Christen. Als Pfarrer durfte ich in der DDR nicht einmal Mitglied im Elternbeirat werden.

Nun zu den ökonomischen Seiten. Sie werden uns im Detail noch später beschäftigen, auch mit ihren problematischen Aspekten. Jedenfalls aber haben die Ostdeutschen einen mit den anderen ehemals sozialistischen Ländern nicht zu vergleichenden Wohlstandsgewinn erfahren. Während sich nämlich in jenen anderen Ländern nach dem Zusammenbruch des Staatssozialismus die Lebensbedingungen und die Einkommen über Jahre hinweg rapide verschlechterten, kam es nach 1990 im Osten zu beachtlichen Lohnsteigerungen. Diese haben zwar auch eine problematische Seite, auf die noch einzugehen ist. Jedenfalls hat aber die Ausstattung der Haushalte mit technischen Gütern den westlichen Standard erreicht, auch der Grad der Motorisierung, während in der DDR die Lieferfrist für ein Auto mehr als zehn Jahre betrug.

In der DDR herrschte bis zuletzt Wohnungsmangel. Honecker wollte zwar das Wohnungsproblem bis 1990 lösen. Da er das aber nicht schaffte, wurde verfügt, dass Wohnungssuchende nicht mehr erfasst werden sollten. Man wollte das Problem ersatzweise durch eine geschönte Statistik lösen. Heute haben wir mit dem Gegenteil zu kämpfen, nämlich Leerstand. Auch der macht erhebliche Probleme. Trotzdem sollten wir doch nicht vergessen, dass der Wohnungsmangel behoben ist und dass sich die Qualität der Wohnungen ganz erheblich verbessert hat. Manche sagen, das Gesundheitswesen sei in der DDR besser gewesen. Das ist falsch. Es war in mancher Hinsicht bequemer. Wir waren aber damals nicht etwa gesünder, sondern mussten im Durchschnitt früher sterben. Für manche Krankheiten gab es Medikamente und Operationen nur im Westen – oder im Regierungskrankenhaus, aber nicht für Otto Normalverbraucher. Seit 1990 ist die Lebenserwartung im Osten um fünf Jahre gestiegen, das heißt doppelt so schnell wie im Westen. Sie ist jetzt in Ost und West etwa gleich. Auch das hat Milliarden gekostet. Übrigens: Seit 1990 ist die Suizidrate in den neuen Bundesländern erheblich gesunken.

Das Bildungswesen entspricht westlichem Standard. Östliche Universitäten sind auch bei westlichen Studenten beliebt, weil sie nicht so riesengroß und anonym sind. Die Anzahl der Abiturienten pro Jahrgang hat sich enorm erhöht.

Schließlich sind mit ungeheuren Kosten die massiven Umweltschäden beseitigt worden, die die DDR hinterlassen hat. Am gefährlichsten waren die Hinterlassenschaften des Uranbergbaus (Kosten: 6,2 Milliarden Euro). Aber auch der Braunkohlenabbau hatte Wüsten hinterlassen, die nun zu Seenlandschaften werden. Außerdem die verseuchten Truppenübungsplätze und Kasernengelände, die Beseitigung der Minen am Grenzstreifen und der Blindgänger aus dem Zweiten Weltkrieg … – die Liste lässt sich fortsetzen.

Ich selbst habe erst 1990 Telefon, Erdgas und Kanalisation bekommen.

Die Städte und Dörfer haben ihr Gesicht wiederbekommen. In den ersten fünfzehn Jahren nach der Vereinigung ist weit mehr renoviert worden als in 40 Jahren DDR. Die Infrastruktur – Straßen, Schienen, Telekommunikation, Strom, Wasser, Abwasser – hat in einem Aufholprozess, der einen Bruchteil der Zeit dauerte, der im Westen für diesen Standard benötigt wurde, insgesamt westliches Niveau erreicht, auch wenn die Landespolitiker hier noch ein Stück Autobahn und dort irgendetwas anderes vermissen. Und weil man nicht auf alt renovieren kann, kann ein westlicher Bürgermeister auf Besuch im Osten durchaus zu Recht bemerken, sein Rathaus sei in einem schlechteren Zustand als dieses. Es ist wahr: Die Infrastruktur ist im Osten heute oft besser als in bestimmten westlichen Regionen, für die in der Tat nun ein Programm »Aufbau West« gerechtfertigt ist.

Es ist nicht ganz einfach, einen plastischen Eindruck von dem enormen Zuwachs an Lebensqualität zu vermitteln, den wir alle im Osten erfahren haben. Ich habe in 40 Jahren DDR zweimal in einem Hotel übernachtet. Die waren nämlich dank der Planwirtschaft weitestgehend durch organisierten Tourismus ausgebucht. Urlaub habe ich entweder mit dem Zelt oder bei Bekannten und Verwandten gemacht. Da ich kein Arbeiter war, waren mir die FDGB-Ferienheime verschlossen. Einen Platz in einer Gaststätte zu bekommen war Glückssache. Vorn das Schild: »Sie werden platziert«, und davor eine Schlange. Ein einziges Mal habe ich ein Flugzeug benutzt: dienstlich, nach Ungarn.

Das Leben ist ungemein bunter geworden. Egal, um welches Hobby es sich handelt, für jedes sind die Möglichkeiten enorm gewachsen. Und wer will, gründet einen Verein, ohne vorher das Wohlwollen der Partei zu benötigen: Dort könnte ja etwas Umstürzlerisches betrieben werden! In Halle ist einmal eine Studentengruppe ausgehoben worden, die privat die Frühschriften von Karl Marx studiert hat! Wer die studierte, geriet nämlich unter Häresieverdacht.

Man braucht auch keinen Gesinnungstest mehr, ehe man ein Segelflugzeug besteigen darf. An der Ostsee waren sogar Luftmatratzen im Wasser verboten und das Baden bei Nacht. Und so weiter. Jedes Mal wieder freue ich mich, wenn ich auf dem Berliner Ring Nürnberg, Hannover oder Hamburg angezeigt finde statt »Transit BRD«.

Auch die genialsten Klagekünstler werden sich schwer tun, diese Bilanz im Tatsächlichen anzufechten. Sie können nur jeweils ein »ja, aber« dagegensetzen. Aber die Arbeitslosigkeit ist im Osten doppelt so hoch wie im Westen; das Vermögen der Ostdeutschen ist im Durchschnitt niedriger als das der Westdeutschen (die Ostdeutschen haben nun einmal aus 40 Jahren DDR weniger mitgebracht – und weniger zu vererben); der selbsttragende Aufschwung Ost ist noch nicht erreicht. Die große Kunst, sich als Opfer darzubieten, treibt auch Sumpfblüten: Kein einziger General der Bundeswehr und kein einziger Richter der Bundesgerichte sei ein Ostdeutscher. Woher nehmen, wenn nicht stehlen – nach einer Revolution? Immerhin haben wir eine ostdeutsche Bundeskanzlerin – und seit 2012 einen ostdeutschen Bundespräsidenten. Wann übrigens war je ein Sizilianer italienischer Präsident und Ministerpräsident?

Joachim Gauck hat einmal gesagt: Wir träumten, wir kommen ins Paradies, und sind in Nordrhein-Westfalen aufgewacht. Das ist aber nicht der schlechteste Ort auf dieser Welt, übrigens auch von Umstrukturierungskrisen betroffen mit örtlichen Arbeitslosenraten von Ostniveau, ohne dass sich die Nordrhein-Westfalen als Bürger zweiter Klasse verstehen würden.

Ich behaupte auch gar nicht, dass wir im Osten keine Probleme hätten. Ich habe auch nicht den Bevölkerungsrückgang im Osten übersehen. Er beruht aber zu mehr als der Hälfte nicht auf Abwanderung, sondern auf dem Geburtenrückgang nach 1990. Und daran ist weder der Westen noch die Bundesregierung schuld. Die Menschen haben in unsicheren Zeiten den Kinderwunsch verschoben, was ja verständlich ist. So wollten sie es, und so haben wir es jetzt. Eine Revolution hat stattgefunden, ein Staat ist zusammengebrochen mitsamt seiner Wirtschaft. Wer für solche Zeiten auch noch Planungssicherheit verlangt und konstante Lebensverhältnisse, der muss sich eine andere Welt suchen.

Das Ausmaß der ostdeutschen Abwanderung verwundert Ökonomen anderer europäischer Länder überhaupt nicht, wie aus einer Studie hervorgeht, die die Deutsche Nationalstiftung zur ökonomischen Lage in Ostdeutschland hat erstellen lassen. Das gibt's bei uns auch, sagen jene, Liverpool und Magdeburg sind beide deindustrialisiert, mit dem Unterschied, dass in Magdeburg eine neue Infrastruktur entsteht, in Liverpool nicht. Auch bei uns gehen die Menschen dorthin, wo sie Arbeit finden, und kommen, wenn es zu Hause vorangeht, wieder zurück, wie derzeit die Iren, die aus Großbritannien zurückkommen. Es sei doch besser, Ausbildung und Arbeit anderswo zu finden als gar nicht, sagen sie.[1]

Die Abwanderung aus dem Osten ist außerdem nur der Negativsaldo einer viel größeren wechselseitigen Wanderungsbewegung. Von 2001 bis 2003 ist die ostdeutsche Bevölkerung insgesamt durch Abwanderung um 150.000 gesunken. 862.000 sind gegangen, aber 715.000 sind von West nach Ost gekommen oder zurückgekommen. Wir vermischen uns also, und das ist gut so. Allerdings kommt die Zuwanderung den großen ostdeutschen Städten zugute, nicht dem flachen Land, das sich entvölkert – wie in Schleswig-Holstein. Im Jahre 2013 ist zum ersten Mal der Wanderungssaldo ausgeglichen: Es sind so viele gegangen wie gekommen.

Seit dem Mittelalter beruht in Europa der Wohlstandsgewinn darauf, dass immer weniger Menschen für die Ernährung und dafür umso mehr Menschen für anderes arbeiten, und zwar in Städten. Das Besondere an Ostdeutschland ist

---

1 Rebecca Harding / Jaroslaw Jaks / Kees van Paridon / Jan Szomburg, *Wo versteckt sich der ostdeutsche Tiger? Über die Wirtschaftsperspektiven der neuen Bundesländer*. Gutachten im Auftrag der Deutschen Nationalstiftung, hrsg. von der Deutschen Nationalstiftung / Institut für Wirtschaftsforschung Halle (IWH), Hamburg 2002.

nur die Schnelligkeit des Nachholprozesses. Im Westen fällt derselbe Prozess nicht auf, weil er langsamer läuft. Unsere östlichen Nachbarn befinden sich noch in diesem Prozess. Er ist dort schmerzhafter.

Jens Bisky befürchtet: Der Osten verarmt, vergreist, verblödet.[2] Zum letzten Punkt machen jene Gutachter eine ganz andere Rechnung auf. Es gehen zwar viele, es kommen aber Hochqualifizierte. Per Saldo ergebe der Intelligenztransfer eher ein Plus für den Osten.

Der Hinweis, dass es anderen genauso schlecht geht oder schlechter, wird oft als Zynismus gebrandmarkt und mit dem Vorwurf versehen, da mache einer seinen Frieden mit einer faulen Wirklichkeit. Wo bleibt das Mitgefühl mit den Opfern der Einheit? Ich habe volles Verständnis für denjenigen, der empört ist und frustriert, weil er sich nun schon über Jahre vergeblich um einen Arbeitsplatz bemüht. Ich würde ihn nur bitten, mit Schuldzuweisungen vorsichtig zu sein. Es gibt kein wirtschaftspolitisches Rezept für eine Vollbeschäftigungsgarantie, schon gar nicht für den Arbeitsplatz nach Wunsch vor Ort. Das lässt sich erklären und verstehen. Es gibt kein Leben ohne Risiko, und am wenigsten gibt es das, wenn Neues entsteht. Wir leben in einer Welt mit beschleunigtem Veränderungstempo. Das Mitgefühl mit dem einzelnen Schicksal kann aber nicht verbieten, auch gesamtgesellschaftliche Prozesse zu beurteilen und zu bewerten. Wenn ich darauf verweise, dass die Zahl der Sexualmorde zwischen 1993 und 2003 um 37,5 Prozent zurückgegangen ist – die meisten glauben, sie habe sich mehr als verdoppelt, weil jeder Fall ins Wohnzimmer gemeldet

---

2 Jens Bisky, *Die deutsche Frage. Warum die Einheit unser Land gefährdet*, Berlin 2005, S. 16 und 20.

wird[3] –, habe ich weder den Sexualmord verharmlost noch behauptet, dass wir uns mit dem Status quo abfinden sollten. Wir haben Probleme in Deutschland, es sind aber gesamtdeutsche Probleme, die sich allerdings im Osten oft verschärft oder geballt zeigen. Alle diese Probleme kommen auch im Westen vor, allerdings sind die betroffenen Regionen dort kleiner. Und unsere Probleme sind zu einem großen Teil unerfreuliche Folgen erfreulicher Entwicklungen. Wir werden im Durchschnitt älter, aber darauf ist das Rentensystem nicht eingestellt. Die Medizin kann viel mehr leisten als früher, aber das kostet Geld und verlangt nach einer Gesundheitsreform. Schwere und eintönige Arbeit nehmen uns heute Maschinen ab. Aber es ist nicht leicht, für die eingesparten Arbeitsplätze Ersatz zu schaffen. Die deutsche Einheit wurde unerwartet möglich, aber das kostet viel Geld. Der eiserne Vorhang ist gefallen und mit ihm die latente Weltkriegsgefahr. Aber nun schützt er auch nicht mehr den reichen Westen vor der östlichen Armut und der Konkurrenz aus unseren östlichen Nachbarstaaten mit ihren niedrigen Lohnkosten. Und so weiter.

Ich äußere mich hier auch zu ökonomischen Fragen, obwohl ich kein Ökonom bin. Ich hoffe, ich habe meine Grenzen nicht allzu weit überschritten. Man muss aber nicht Meisterkoch sein, um zu beurteilen, ob das Essen schmeckt. Es gibt in unseren Fragen den Unterschied zwischen Fachkenntnis und Feldkenntnis. Der Ökonom weiß, was in der Situation a zu tun ist, damit das Ziel b erreicht wird. Ich habe die DDR sehr intensiv kennengelernt und kann deshalb manchmal beurteilen, ob denn die Situation a zum Zeitpunkt x tatsächlich gegeben war. Ökonomische Empfehlungen werde ich nicht geben.

---

3 Alle Zahlen aus *Bild der Wissenschaft* 3/2005, S. 70ff.

Auf den Einwand: »Wozu noch einmal in den alten Sachen kramen, was entschieden worden ist, ist entschieden worden, da hilft das Interpretieren auch nichts mehr«, antworte ich: »Aber Stimmung macht Politik.« Es ist für unsere Zukunft durchaus von Bedeutung, ob wir sagen: »Alles verkehrt gemacht, alles verrannt«, oder ob wir sagen: »Wir haben von einem sehr großen Aufgabenpaket einiges ganz manierlich hingekriegt, wenden wir uns den nächsten Aufgaben zu.« Das müssen auch diejenigen tun, die die Einigungspolitik unter Pleiten, Pech und Pannen verbuchen. Auch sie denken doch hoffentlich noch an Zukunft. Sie werden sich aber lustlos abstrampeln. Deshalb interessiert mich, ob wir zu dieser Lustlosigkeit wirklich verpflichtet sind.

Ökonomen kritisieren oft, im Zuge der deutschen Vereinigung habe die Politik den ökonomischen Sachverstand verdrängt. Wenn das heißen soll, der ökonomische Sachverstand sei gar nicht angehört worden, ist diese Kritik berechtigt. Wenn aber gemeint ist: Die Ökonomen haben doch gewarnt, dass die schnelle Vereinigung unerträglich teuer wird – dann muss die Politik keineswegs der Ökonomie die Führung überlassen und kann mit guten Gründen sagen: Das nehmen wir in Kauf, weil die verschobene Einheit uns politisch viel zu teuer hätte werden können. Weder bei der Herbstrevolution noch bei der Maueröffnung war Gelegenheit, bei den Wirtschaftsweisen vorher anzufragen, ob denn der Zeitpunkt ökonomisch genehm ist.

Ich schließe diese Einleitung mit einer Liste der Entscheidungen im Zuge der deutschen Einheit, die auch ich für bedenklich halte. Allerdings werde nun ich vom »ja, aber« Gebrauch machen.

1. Es wäre besser gewesen, wenn die Bundesregierung 1990 zu einer großen kollektiven Anstrengung aufgerufen, die enormen Kosten (es gab nämlich 1990 durchaus realistische Schätzungen über die jährlichen Kosten der Einigung) auf den Tisch gelegt und erklärt hätte: Das wird hart, aber wir schaffen das. Die deutsche Vereinigung wurde nicht zum nationalen Projekt. Die Botschaft war eher wie beim Zahnarzt: Keine Angst, das tut nicht weh – worauf nun der Patient dem Zahnarzt aus jedem Zwicken und Zwacken einen Vorwurf macht, denn er hatte doch die vollkommene Schmerzfreiheit versprochen. Dieser Patient verhält sich ziemlich beschränkt. Denn er muss doch wissen: Ganz ohne Beschwerden geht's nicht ab, aber die nehme ich doch vernünftigerweise in Kauf, sonst wäre ich ja nicht gekommen.

Ich weiß aber, warum Helmut Kohl nicht gesagt hat: Das wird hart für alle, aber wir schaffen das. Als nämlich der Kanzlerkandidat der SPD (jetzt PDS/Linkspartei) erklärt hat, die schnelle Einigung werde in einem finanziellen Desaster enden, und deshalb werde Helmut Kohl die nächste Wahl im Dezember 1990 verlieren, hat er dafür im Westen laut Umfragen so viel Zustimmung bekommen, dass die Bundesregierung an der Belastbarkeit der westlichen Solidarität Zweifel bekam. Eines kann man Helmut Kohl nicht bestreiten: Er hat ein ausgezeichnetes Sensorium für Stimmungen im Westen. Weder die westliche noch die östliche Teilgesellschaft war und ist heroisch gestimmt und überwiegend für das Gemeinwesen zu schmerzhaftem Verzicht bereit. Die alten Bundesländer haben der Einheit zugestimmt unter der Bedingung, dass sie sie nicht bezahlen müssen, worauf sie zunächst im Wesentlichen durch Schuldenmachen bezahlt wurde (Fonds deutsche Einheit). Und die westlichen Abgeordneten wären nicht unbedingt dankbar wiedergewählt worden, wenn sie mit der Botschaft nach

Hause gekommen wären: Wir haben für die deutsche Einheit gerade kräftige Steuererhöhungen beschlossen. Trotzdem hätte der Solidarbeitrag gleich 1990 beschlossen werden sollen statt ein Jahr später. Es wäre besser gewesen, die Maulerei zu beschämen.

2. Die Lohnerhöhungen in Ostdeutschland sind wohl doch zu schnell zu kräftig ausgefallen.

Nun haben aber nicht die Ostdeutschen die schnelle Lohnerhöhung erzwungen. Sie wurde ihnen auf dem silbernen Tablett herübergereicht. Dabei spielte die westliche Angst vor östlicher Billiglohnkonkurrenz wohl die wichtigste Rolle. Der Lohnkorridor war nach oben begrenzt durch die Arbeitsproduktivität. Denn in dieser Konstellation darf der Grundsatz nicht heißen: gleicher Lohn für gleiche Arbeit, sondern: gleicher Lohn bei gleichem Ertrag. Diese Grenze ist überschritten worden, aber doch nicht dergestalt, dass die privaten Arbeitgeber mehr Lohn zahlen würden, als sie einnehmen. Dieses Wunder findet auch im Osten nicht statt. Sondern wenn wir weiterhin den Osten wie ein selbständiges Wirtschaftsgebiet betrachten, in dem alles erarbeitet werden muss, was konsumiert wird, einschließlich der Ausgaben der öffentlichen Hand für die Rentner und den öffentlichen Dienst, dann liegen die Ausgaben über den Einnahmen. Das ist aber beim Saarland oder bei Bremen auch der Fall. Der Lohnkorridor war aber auch nach unten begrenzt, und zwar aus zwei Gründen. Es ist ein Erfahrungswert, dass Menschen umziehen, wenn sie dadurch ihr Einkommen um mehr als 30 Prozent verbessern können. Mit anderen Worten: Wenn der Ostlohn unter 70 Prozent des Westlohns fällt, dann wandern die Arbeiter von Ost nach West. Aber niedrigere Löhne sind doch ein Magnet für Investoren, dann wandern Arbeitsplätze von West nach Ost! Machen wir uns nichts vor. Ein Aufbau

Ost als Abbau West, Arbeitsplatzgewinn Ost als Arbeitsplatzverlust West, das hätte die westliche Volksseele zum Kochen gebracht: Die nehmen uns die Arbeit weg, wir finanzieren unseren eigenen Ruin. Wunder durfte man also von einem langsameren Lohnanstieg im Osten auch nicht erwarten. Die Lohnkosten waren auch nicht das einzige und nicht einmal das größte Problem der Wirtschaft in den neuen Bundesländern.

3. Der Aufbau der sozialen Sicherungssysteme im Osten hätte aus Steuern statt aus Beiträgen finanziert werden müssen, da es sich um versicherungsfremde Leistungen gehandelt hat. Das hat die Lohnnebenkosten erhöht. Aber die Bundesregierung hat Steuererhöhungen aus Anlass der deutschen Einheit möglichst vermeiden wollen, aus den bekannten Gründen. Der Solidarbeitrag übrigens wird in Ost und West bezahlt. Er ist ein Zuschlag auf die Lohn- und Einkommenssteuer und wie alle Steuern nicht zweckgebunden. Ob er abgeschafft werden kann, hängt ausschließlich davon ab, ob eine entsprechende Steuersenkung gewünscht wird und machbar ist. Die staatlichen Sonderzahlungen in den Osten ergeben sich nicht aus der Höhe des Solidarbeitrags, sondern aus dem Solidarpakt II zwischen Bund und Ländern, dessen Transfers jährlich sinken und 2019 enden. Selbst renommierte Zeitungen verwechseln gelegentlich Solidarbeitrag und Solidarpakt.

4. Die Übernahme der westdeutschen Rechtsordnung rechne ich nicht zu den Fehlern, sondern zu den großen Vorzügen, weil sie sehr schnell Rechtssicherheit ermöglicht hat, und das ist auch für wirtschaftliches Handeln von ausschlaggebender Bedeutung. Dadurch ist uns eine Phase des »Wilden Ostens«, in der es zum Beispiel zwar schon Aktien,

aber noch kein Aktienrecht gegeben hätte, erspart geblieben. Weiter östlich hat es so etwas gegeben. Aber namentlich das Verwaltungsrecht oder auch das Arbeitsrecht war in 40 Jahren Bundesrepublik dermaßen verfeinert oder besser verkompliziert worden, dass es seinerzeit den Aufbau West und das Wirtschaftswunder behindert hätte, wenn es damals schon so engmaschig geknüpft gewesen wäre. Bloß: Hinter jeder zweiten Vorschrift steht eine Lobby. Und hinter manchen Vorschriften steht die EU. Wie groß die Widerstände gegen Vereinfachungen im Steuersystem oder im Gesundheitswesen in diesem Lande und vorzüglich im Westen sind, kann man täglich studieren. Die Kritik an dieser Mentalität ist immer berechtigt; es war und ist aber eine weltfremde Forderung, aus Anlass der deutschen Einheit im Jahre 1990 nicht nur den Osten, sondern auch noch den Westen umzukrempeln.

Das ist meine Fehlerliste. Ob unter den vielen möglichen immer die passendsten Förderinstrumente eingesetzt worden sind, ist auch eine interessante Frage, bei der ich mich aber zurückhalte. Dass wir bei Vermeidung dieser Fehler heute einen selbsttragenden Aufschwung Ost bewundern, auf Transferleistungen verzichten und den *Soli* abschaffen könnten, das allerdings halte ich für Wunderglauben.

Das Ausmaß der Verwüstung durch 40 Jahre Sozialismus ist 1990 von vielen im Westen gewaltig unterschätzt worden. Wenn ich annehmen müsste, dass bei Kenntnis der wahren Kosten der Westen in die Vereinigung nicht eingewilligt hätte, müsste ich jene Fehleinschätzung aber einen glücklichen Irrtum nennen. Denn wenn nach dem Fall des Eisernen Vorhangs die deutsche Frage offen geblieben wäre, wäre das ein gewaltiges Störpotential für die Vereinigung Europas geworden. Offene Fragen bieten Gelegenheit auch für unerwünschte Forderungen. Die deutsche Vereinigung hat die europäische nicht gefährdet, wie manche gewarnt hatten, sondern erheblich befördert. Als viele Deutsche sich den Gedanken an ein vereinigtes Deutschland noch verboten, haben Vordenker von Solidarność in Polen so argumentiert: Die Demokratie hat in Polen nur eine Chance, wenn sein westlicher Nachbar eine Demokratie ist. Deshalb muss die DDR verschwinden.

Das Verhältnis der Deutschen zu ihrer Nation hat durch ihre schreckliche Geschichte im 20. Jahrhundert so stark gelitten, dass ein unbefangener nationaler Aufbruch, eine gemeinsame Kraftanstrengung nun nicht für einen Krieg, sondern für den Frieden 1990 wohl nicht zu erwarten war. Offenbar brauchten wir Zeit, um die Chance anzunehmen, die uns die Herbstrevolution und die unverhoffte Maueröffnung geschenkt haben, und um in die Rolle eines Landes hineinzuwachsen, das nicht mehr unter Kuratel steht und nun proportional zu seinem Gewicht auch seine Rollen spielt, wie das die anderen von uns erwarten. Inzwischen sind immerhin schwarz-rot-goldene Fahnen wieder akzeptiert, mindestens bei Fußball-Länderspielen. Gelegentlich rafft sich eine Versammlung sogar auf, stehend die deutsche Nationalhymne zu singen.

Die Vereinigungskosten sind verspätete Kriegsfolgelasten, die aber höchst ungewöhnlich nicht an die Sieger gehen, sondern in Deutschland bleiben (Klaus von Dohnanyi). Die deutsche Vereinigung kostet bloß Geld und kein Blut.

Literaturhinweise

Aus der unübersehbaren Menge von Büchern zur deutschen Einheit nenne ich einige, die verlässliche Informationen vermitteln – ohne zu behaupten, dass ungenannte das nicht tun.

Kurt Biedenkopf, *1989–1990. Ein deutsches Tagebuch*, Berlin 2000.

Claus J. Duisberg, *Das deutsche Jahr. Einblicke in die Wiedervereinigung 1989/90*, Berlin 2005.

Ilko-Sascha Kowalczuk, *Endspiel. Die Revolution von 1989 in der DDR*, München 2009.

Ehrhart Neubert, *Unsere Revolution. Die Geschichte der Jahre 1989/90*, München 2008.

Lothar de Maizière, *Anwalt der Einheit. Ein Gespräch mit Christine de Mazières*, Berlin 1996.Karl-Heinz Paqué, *Die Bilanz. Eine wirtschaftliche Analyse der Deutschen Einheit*, München 2009.

Alexander von Plato, *Die Vereinigung Deutschlands – ein weltpolitisches Machtspiel. Bush, Kohl, Gorbatschow und die internen Gesprächsprotokolle*, Berlin 2010.

Gerhard. A. Ritter, *Der Preis der deutschen Einheit. Die Wiedervereinigung und die Krise des Sozialstaats*, München 2006.

Gerhard A. Ritter, *Wir sind das Volk! Wir sind ein Volk! Geschichte der deutschen Einigung*, München 2009.

Wolfgang Schäuble, *Der Vertrag. Wie ich über die deutsche Einheit verhandelte*, Stuttgart 1991.

Karl Schiller, *Der schwierige Weg in die offene Gesellschaft. Kritische Anmerkungen zur deutschen Wiedervereinigung*, Berlin 1994.

Klaus Schroeder, *Der Preis der Einheit. Eine Bilanz*, München 2000.

A. Irrtümer über die DDR

1. »Die DDR hat als antifaschistischer Staat mit den schlechten Traditionen der deutschen Geschichte radikal gebrochen und ihre besten Traditionen fortgeführt.«

Die Bedeutung des Antifaschismus für das Selbstverständnis der DDR ist kaum zu überschätzen. Aus dem radikalen Bruch mit dem Faschismus leitete die SED ihre geschichtliche und politische Legitimation ab. Die DDR, das sei das andere, bessere, das »neue Deutschland«. Der Antifaschismus war der Gründungsmythos der DDR. Er hat nach 1945 manchen veranlasst, aus dem Exil in die Sowjetische Besatzungszone und nicht nach Westdeutschland zurückzukehren, auch Prominente wie Bertolt Brecht (der allerdings vorsichtshalber die österreichische Staatsbürgerschaft behielt) oder Stefan Heym.

Aber auch unter den DDR-Intellektuellen, die durchaus ein kritisches Verhältnis zu den realen Verhältnissen im »real existierenden Sozialismus« hatten (böse Zungen sprachen von einem »real vegetierenden Sozialismus«), war er das rettende »aber«: Zugegeben, vieles ist schlecht in der DDR, aber den Antifaschismus bejahe ich aus Überzeugung. Dass Nazis bei uns keine Chance haben, das ist doch in Ordnung. Als im Herbst 1989 die Diskussion um eine neue, eine demokratische Verfassung der DDR begann, plädierten viele an diesem Punkt für Kontinuität. Auch die reformierte DDR sollte sich als antifaschistischer Staat definieren.

Ungern demontiere ich, was anderen Menschen heilig ist. Als Aristoteles die Ideenlehre, das liebste Kind seines verehrten Lehrers Platon, kritisierte, schickte er eine Entschuldigung voraus: Obwohl mir beide lieb sind, ist es geboten, der Wahrheit den Vorzug zu geben. Amicus Plato, magis amica veritas.

In Wahrheit war der Antifaschismusmythos der SED eine Verdrehung historischer Tatsachen, eine billige Vergangenheitsentsorgung, ein elastisches Instrument zur Denunziation beliebiger Gegner und die Legitimation für eine weitere Diktatur auf deutschem Boden.

Dass man von »Faschismus« sprach und die Selbstbezeichnung »Nationalsozialismus« mied, lag zunächst nicht daran, dass darin peinlicherweise das Wort »Sozialismus« steckte, sondern daran, dass die kommunistische Theorie sich am italienischen Faschismus orientiert hatte, der ja früher in Erscheinung getreten war. Die erste kommunistische Faschismustheorie interpretierte ihn als Abart der Sozialdemokratie, aus der Mussolini stammte. Die spätere und bis zuletzt rezitierte interpretierte ihn als die Ideologie der aggressivsten Kreise des Monopolkapitals. Sie war also vollständig in die Klassenkampftheorie integriert. Damit wurden nicht nur die antibürgerlichen, auch antikapitalistischen Elemente des Faschismus und des Nationalsozialismus und ihr revolutionäres Pathos ausgeblendet, sondern auch das Element, das den Nationalsozialismus vom italienischen Faschismus unterschied: der exzessiv aggressive, ja eliminatorische Antisemitismus. Nicht wenige deutsche Juden sind aus Nazideutschland ins faschistische Italien geflohen und brauchten dort nicht um ihr Leben zu fürchten – bis nach Mussolinis Sturz die Wehrmacht Italien besetzte.

Der Antifaschismusmythos besagte Folgendes: Die Nazis haben vor allem die Kommunisten verfolgt und den einzigen sozialistischen Staat, die Sowjetunion, überfallen. (Dass Hitler mit Stalin vor dem Überfall auf Polen einen Pakt geschlossen hatte, wurde verschwiegen.) Die ruhmreiche Rote Armee aber hat die Nazis besiegt. Jetzt sitzen sie im Westen und fordern Revanche. Die imperialistischen Mächte bereiten einen dritten Weltkrieg gegen das sozialistische Lager vor. Die Streiks und Demonstrationen des 17. Juni 1953 wurden als faschistischer Putsch denunziert. Und mit dem Bau des »antifaschistischen Schutzwalls« am 13. August 1961 seien die imperialistischen Kriegspläne durchkreuzt worden. Denn »der Sozialismus siegt« mit historischer Notwendigkeit, wie die Klassiker des Marxismus-Leninismus bewiesen haben. Böse Zungen lasen jene beliebte Losung, die an vielen Häuserwänden prangte, allerdings ein bisschen anders: Der Sozialismus siecht.

Und die DDR gehört an der Seite der Sowjetunion zu den Siegern der Geschichte. Deshalb ist Wiedergutmachung unsere Sache nicht. Denn durch die Abschaffung des Privateigentums an Produktionsmitteln waren ja angeblich die sozialökonomischen Wurzeln des Faschismus ausgerissen. Antisemitismus allerdings vertrug sich auch mit den neuen Produktionsverhältnissen, wie Stalins letzte Schauprozesse gegen jüdische Ärzte und die Kampagne gegen polnische Juden im kommunistischen Polen belegt haben – und Antizionismus ohnehin.

Die Täter, das waren immer die anderen, als wäre 1945 im Osten die Bevölkerung ausgetauscht worden. Der Antifaschismus war ein Erinnern ohne Scham. Deshalb hatten die Demonstrationen zum 8. Mai, dem »Tag der Befreiung«, immer etwas Verlogenes bei sich.

Auch die Bodenreform wurde mit dieser Ideologie begründet, als wäre der deutsche Adel Hitlers Rückhalt gewesen. Dem Adel waren die Nazis oft schon aus Gründen des Stils und des guten Geschmacks zuwider, und dieses Kriterium ist keineswegs ganz und gar unpolitisch. Bekanntlich waren am Attentat auf Hitler vom 20. Juli besonders viele aus dem Adel beteiligt. Durch die Verbindung von Faschismus und Kapitalismus konnten nun auch die kapitalistischen Staaten mit dem Faschismus in Verbindung gebracht werden, also diejenigen, die vom Westen aus Hitlerdeutschland bekämpft und die Sowjetunion mit kriegswichtigen Gütern versorgt hatten. Der »US-Imperialismus« erschien nun als Hitlers Nachfolger. Als Tito sich mit Stalin überwarf, wurde für ihn der Ausdruck »Titofaschismus« erfunden und unter diesem Vorwurf führenden Kommunisten in anderen sozialistischen Ländern der Schauprozess gemacht. Schließlich wurde der Staat Israel in diese abstruse Feinbildkonstruktion als »Speerspitze des Imperialismus« integriert.

Als die UN-Vollversammlung unter kräftiger Mitwirkung der sozialistischen Staaten den Zionismus als Rassismus verurteilte, haben die evangelischen Bischöfe in der DDR dagegen in einem Brief an die Kirchengemeinden Widerspruch eingelegt und an den Zusammenhang zwischen der deutschen Judenverfolgung und der Gründung des Staates Israel erinnert. Dass dazu Mut gehörte, können sich diejenigen nicht vorstellen, die eine Diktatur nicht erlebt haben.

Schicksale von tragischer Absurdität haben sich in jenen Zeiten ereignet. Kommunisten jüdischer Abstammung, die in die Sowjetunion geflohen waren, kamen in Stalins Lagern um, während ihre Kinder in der Schule als Faschisten beschimpft wurden, weil sie aus Deutschland kamen. Als Stalin mit Hitler einen Pakt schloss, ließ er die antifaschistische Literatur aus den Bibliotheken entfernen. Es hat deutsche Kommunisten gegeben, die Stalins Lager überlebt haben, weiter treue SED-Mitglieder blieben und bis 1989 nicht einmal ihren Kindern von ihrer Lagerhaft erzählt haben.

Hilde Benjamin, Justizministerin in der DDR, hat mit eiserner Hand die Aktivisten der Streiks vom 17. Juni 1953 verfolgt. Sie hatte ihre jüdischen Angehörigen in den KZs der Nazis verloren. Nicht wenige Verfolgte des Naziregimes haben aufgrund ihrer Erfahrungen für die kommunistische Diktatur plädiert. Darüber habe ich oft gerätselt. Es ist aber wohl gar nicht so schwer nachzuvollziehen. Sie zogen aus der Nazidiktatur die Konsequenz, dass nun die Antifaschisten die totale Macht in den Händen haben müssten, um ihre Feinde, auch die innenpolitischen, total ausschalten zu können. »Wer wen?« hieß die Formel. Zum Zeugen wurde Goethe aufgerufen. »Du musst steigen oder sinken, du musst herrschen und gewinnen oder dienen und verlieren, leiden oder triumphieren, Amboss oder Hammer sein«, ein beliebtes Aufsatzthema und Motto für Jugendweiheansprachen in der DDR. Goethe aber hatte diese Maxime nicht etwa selbst empfohlen, sondern dem Verführer Cagliostro (in *Der Groß-Cophta*) in den Mund gelegt. So etwa wurde der Anspruch verwirklicht, die besten deutschen Traditionen fortzusetzen. Selbstverständlich wusste Goethe, dass unter dieser Maxime kein Mensch edel, hilfreich und gut wird, vom christlichen Gebot der Feindesliebe ganz zu schweigen. Es war das erklärte Ziel der kommunistischen Pädagogik, zum Hass gegen die Feinde des Sozialismus zu erziehen. Weil Hass blind macht, sind Opfer nicht immer die besten Ratgeber.

Das Grundübel des »Antifaschismus« war die Logik der Umkehrung, die Gefangenschaft in der Alternative. Es ist ein bis heute verbreitetes Denkmuster: Das Vorzeichen vor der Klammer wird geändert, was in Klammern steht, bleibt unberührt. Dann ist das angeblich ganz Neue nur die Wiederkehr des Alten: statt rechter Diktatur nun linke Diktatur, Cagliostros Logik. Man findet diese Logik heute auf Schulhöfen, wo »Rechte« und »Linke« sich bekämpfen, ohne das Gemeinsame zu bemerken: Gewalttätigkeit.

Das Grundgesetz hat eine ganz andere Konsequenz aus der Nazizeit gezogen: Die Grundrechte dürfen nie außer Kraft gesetzt werden. Die Macht muss geteilt werden, damit sie kontrollierbar bleibt. Dies und nicht jener fanatische Dualismus macht das Erbe der europäischen Aufklärung aus. In Ostdeutschland ist bis heute vielen das Prinzip der Gewaltenteilung schlichtweg unbekannt. Es hat ihnen niemand erklärt.

Die SED-Herrschaft eine Diktatur zu nennen ist keineswegs denunziatorisch. Sie verstand sich nämlich selbst als »Diktatur des Proletariats«, war aber in Wahrheit die des Politbüros. Und Lenin hatte unumwunden erklärt: »Diktatur bedeutet … eine unbeschränkte, sich auf Gewalt und nicht auf Gesetze stützende Macht«[4].

Trotzdem finden es manche anrüchig, von den beiden deutschen Diktaturen zu sprechen. Denn das bedeute eine Relativierung des Holocaust. Der darf tatsächlich nicht relativiert werden, da stimme ich zu.

Vergleichen wir einmal das Jahr 1937 mit dem Jahr 1974 in der DDR. Keine Arbeitslosen, ein herrliches Urlaubsprogramm für die arbeitende Bevölkerung, dort »Kraft durch Freude«, hier »FDGB-Feriendienst« genannt, die Aussicht auf ein eigenes Auto, Volkswagen dort, Trabant hier, und das Gefühl: Es geht bergauf. Ja, es gab Bevölkerungsgruppen, die diskriminiert wurden, die Rassenfeinde dort, die Klassenfeinde hier, aber das war doch eine Minderheit, die Mehrzahl der Bevölkerung war doch einigermaßen zufrie-

---

4 Lenin, *Werke*, hrsg. vom Institut für Marxismus-Leninismus beim ZK der SED, Berlin (Ost) 1961ff., Bd. 10, S. 211.

den. 1937 hatte der Zweite Weltkrieg bekanntlich noch nicht begonnen. Die Olympiade hatte gerade stattgefunden. Die Vernichtungslager waren noch nicht erfunden. Aber die Weichen waren bereits gestellt. Denn die Grundrechte waren längst kassiert durch das Ermächtigungsgesetz, die Einparteienherrschaft war installiert, die öffentliche Meinung durch Propaganda manipuliert – wie in der DDR 1974. Die Dramatisierung der Nazizeit, die die Jahre vor 1939 auslässt, ist zugleich ihre Verharmlosung. Diktatoren unterdrücken die Freiheit und ihre Feinde und Gegner, aber die Masse der Bevölkerung möchten sie natürlich auf ihrer Seite haben, und dafür denken sie sich mancherlei Wohltaten aus.

Oder nehmen wir einmal an, die Nazis wären 1941 nicht zur systematischen Vernichtung der europäischen Juden übergegangen, hätten aber ihre bisherige Politik der Verfolgung und Diskriminierung der Juden und der anderen, die sie zu Volksschädlingen erklärt hatten, fortgesetzt. Auch dann hätten wir Grund genug, uns dieses Zivilisationsbruchs in der deutschen Geschichte zu schämen. Wer das bestreitet, verharmlost die NS-Diktatur. Er würde verdunkeln, dass der Holocaust nur der letzte Schritt einer Entwicklung war, die 1933 begann.

Und wer mit dem Hinweis auf die Einmaligkeit des Holocaust für unstatthaft erklärt, von den beiden deutschen Diktaturen zu reden, verharmlost die SED-Diktatur. Er untergräbt die Bildung eines demokratischen, und das muss immer heißen: eines antitotalitären Konsenses. Für diejenigen, die die stalinistische Zeit der SED-Herrschaft erlebt haben, muss solch ein Verdikt geradezu beleidigend wirken. Die unstrittige Tatsache, dass auch in der stalinistischen Zeit der SED-Diktatur etwas dem Holocaust Vergleichbares nicht vorgekommen ist, darf doch nicht dafür herhalten, die

Verbrechen der SED-Herrschaft zu relativieren. Das wäre eine subtile Verhöhnung der Opfer

Das Verdikt gegen den Diktaturenvergleich wird oft mit dem Ergebnis des »Historikerstreits« begründet. Es ging dabei um die These von Ernst Nolte, Stalins Terror sei Vorgänger und Vorbild für Hitlers Terror gewesen. Dagegen wurde eingewandt, die Vernichtung der europäischen Juden durch das nationalsozialistische Deutschland dürfe durch den Hinweis auf Stalins Gulag nicht relativiert werden. Stalin dürfe nicht zum Alibi für Hitler werden. Das unterschreibe ich. Aber deshalb kann doch nicht der Vergleich der Diktaturen des 20. Jahrhunderts unzulässig sein. Verglichen wird immer Verschiedenes mit dem Ziel, Gemeinsamkeiten und Unterschiede zu erfassen. Totalitarismustheorien sind keineswegs im Ansatz verfehlt. Sie versuchen zu begreifen, wie diese Zivilisationsbrüche der Moderne möglich wurden. Mich interessiert hier gar nicht die Frage, ob Hitler sich Stalin zum Vorbild genommen hat, sondern die Kontinuität der zweiten Diktatur auf deutschem Boden mit der ersten, der nationalsozialistischen.

Gemeinsam war den beiden Diktaturen:

- die Ablehnung der Gewaltenteilung zugunsten eines Führerprinzips (im Sozialismus hieß das: führende Rolle der Partei);
- die prinzipielle Ablehnung einer unabhängigen Justiz;
- die völlige Instrumentalisierung der Medien, der Kultur, des gesamten geistigen Lebens;
- die Denunziation moderner (missliebiger) Kunst als entartet oder dekadent;
- die Idealisierung der »Gemeinschaft« zulasten individueller Rechte und individueller Selbstbestimmung;
- der Antiliberalismus (Antikapitalismus) bei gleichzeitiger Technikverherrlichung;

- die Propagierung einer revolutionären pseudowissenschaftlichen Weltanschauung, die bewusst mit den christlich geprägten Traditionen brach;
- der Missbrauch der Sozialpolitik zum Ersatz für die Bürgerfreiheit;
- die Installation einer Geheimpolizei;
- der Fanatismus und die Feindbildpflege;
- der Jugendkult;
- die Massenmobilisierungen.

Trotzdem bleiben gravierende Unterschiede:

1. Das NS-Regime war hausgemacht deutsch. Die Verachtung der Weimarer Demokratie war kein Proprium der Nazis, sie war bei den Kommunisten ebenso stark, aber auch im Bürgertum verbreitet. Das SED-Regime dagegen war aus der Sowjetunion importiert. In der DDR hatten wir es immer nur mit Satrapen zu tun. Der Schlüssel für Veränderungen lag in Moskau. Wir bewundern diejenigen, die ein Attentat auf Hitler geplant haben. Ein Attentat auf Ulbricht oder Honecker wäre schlicht sinnlos gewesen. Moskau hätte einen Nachfolger inthronisiert, fertig. In der DDR konnte keine Opposition ins Zentrum der Macht vordringen. Übrigens: Die evangelische Kirche in Deutschland hatte eine gewisse Mitschuld an der Machtergreifung Hitlers. An der Machtergreifung der Kommunisten hat sie überhaupt keine Schuld. In der Nazizeit war die evangelische Kirche gespalten, nicht nur politisch und kirchenpolitisch, sondern auch theologisch. Die evangelische Kirche in der DDR war sehr pluralistisch, aber einen Gegensatz wie den zwischen Deutschen Christen und Bekennender Kirche hat es in ihr nicht gegeben.

2. Das NS-Regime hatte es von vornherein ausdrücklich auf Eroberung (»Volk ohne Raum«) und auf die Verfolgung der Juden abgesehen. Spätestens seit dem Ausbruch des Zwei-

ten Weltkriegs mussten die Wissenden sagen: *Es kann nicht mehr schlimmer kommen.* In der DDR dagegen mussten wir Älteren jedenfalls sagen: *Es war schon einmal schlimmer* – nämlich unter Stalin und Ulbricht. Wilde Verhaftungen und Haft ohne Gerichtsurteil gab es unter Honecker kaum noch, »Feindsender hören« wurde toleriert, das Risiko bei Ost-West-Kontakten hatte sich erheblich vermindert. Das Feindbild wurde zwar bis zuletzt aufrechterhalten, aber die Kommunisten haben mit ihren »Feinden« verhandelt. Am Ende sind sie selbst daran gescheitert, dass sie sich auf eine Außenpolitik der begrenzten Kooperation eingelassen haben und deshalb eine Innenpolitik der totalitären Konfrontation nicht durchhalten konnten. Das SED-Regime hat keinen Krieg vom Zaun gebrochen und keine Vernichtungslager installiert. Das SED-Regime hat allerdings den Einmarsch in die CSSR kräftig unterstützt, hat eine intensive Militarisierung der Gesellschaft betrieben und für den Fall der Fälle Internierungslager geplant. Die völlige Gleichsetzung beider Diktaturen ist eine Verharmlosung des Nationalsozialismus. Wer aus Nazideutschland flüchtete, rannte um sein Leben. Diejenigen, die in den letzten Jahren Ausreiseanträge gestellt haben, wollten zumeist ihre Lebenschancen verbessern. Manche hatten sich an den DDR-Verhältnissen wundgerieben. Und der Häftlingsfreikauf hat schließlich bewirkt, dass für politische Gefangene die Höchststrafe war: ab nach Westen.

3. Beide Diktaturen waren ideologische Diktaturen. Und doch gibt es auch hier Unterschiede. Die Nazis haben sich gar nicht erst um »Klassiker« bemüht. Ihre Ideologie war ein einziger Albtraum. Die Kommunisten haben sich auf Texte berufen. Das war immerhin eine Kontrollinstanz. Und die sozialistische Ideologie war eine Perversion von Motiven der Aufklärung. Das hat zwar einerseits die Verführungskraft dieser Ideologie erhöht, andererseits aber auch

für den, der dazu bereit war, eine Auseinandersetzung ermöglicht.

4. Und deshalb haben beide Diktaturen auch ein völlig verschiedenes Ende gefunden. 1945 sprach man von Zusammenbruch. Die zerstörten Städte, die vielen Flüchtlinge und vaterlosen Familien, der Hunger warfen die Bevölkerung zurück auf das Überleben. Die Gräuel der Nazizeit wurden für viele verdeckt durch die Not und die »Schmach« des verlorenen Krieges. Sehr viele hielten auch 1945 noch Hitler für einen großen Führer und den Nationalsozialismus für eine gute Sache. Die Alliierten stellten das deutsche Volk unter Kuratel. Sie verordneten *reeducation* und Entnazifizierung, aber der Ausbruch des Kalten Krieges ließ beides schnell zu Ende gehen.

1989 hat die Bevölkerung der DDR das SED-Regime abgeschüttelt. Offenbar wollte auch die Mehrzahl der SED-Mitglieder eine grundlegende Veränderung der Verhältnisse, wenn auch unklar war, welche.

Göring soll gesagt haben: »Wer Jude ist, bestimme ich.« Ähnlich hat es die »antifaschistische« SED mit den »Faschisten« gehalten. Nach dem 17. Juni 1953 kam es zu einer »Säuberung« der SED. Wer zurückgewichen war oder gar Verständnis für die Forderungen der Demonstranten gezeigt hatte, verlor seinen Posten. Bis 1954 wurde etwa die Hälfte der SED-Funktionäre auf allen Ebenen ausgewechselt. Nicht wenige wurden ausgeschlossen. Bei den Neuaufnahmen war es nun nicht mehr so wichtig, ob jemand früher Nazi war. Im Februar 1954 ermitteln parteiinterne Statistiker, dass der Anteil ehemaliger NSDAP-Mitglieder in der SED zunimmt. Waren es bisher 8,6 Prozent, sind es nun bei den um Aufnahme ersuchenden Kandidaten 9,3 Prozent. Bei ehemaligen Mitgliedern der SA und SS stieg die Zahl gar von 6,1 auf 9,9 Prozent. Als die SED-Kreisleitung Pasewalk am 27. Januar 1954 eine Kommission bilden wollte, um den steigenden Anteil von Altnazis in der SED des Kreises zu untersuchen, wurde ihr das strikt verboten.[5]

2. »Die DDR war kein Unrechtsstaat.«

War die DDR ein Unrechtsstaat oder nicht? Das ist ein Streit, bei dem noch immer die Wogen hochgehen. »Die DDR war kein Unrechtsstaat«, das beleidigt diejenigen, die in der DDR zu Unrecht im Gefängnis gesessen haben, aus politischen Gründen vom Studium ferngehalten wurden, die Schikanen der Stasi über sich ergehen lassen mussten oder enteignet wurden. »Die DDR war ein Unrechtsstaat«, das empört nicht nur die DDR-Elite, das stößt heute auch auf Widerspruch bei solchen ehemaligen DDR-Bürgern, die seinerzeit mit der SED gar nicht viel am Hut hatten. Warum das? Der Satz empört, wenn er von West nach Ost herübertönt. Er wird als Vorwurf gehört: Ihr habt doch alle mitgemacht. Dagegen wendet sich der ostdeutsche Identitätstrotz, die DDR-Identität *post festum*. So schlecht war das Leben in der DDR gar nicht. Wir bestreiten gar nicht, dass es in der DDR Unrecht gab, aber wie sieht das denn heute aus? Ein ostdeutscher Ministerpräsident hat gefragt: »Wie viel Unrecht muss eigentlich geschehen, damit ein Staat Unrechtsstaat genannt werden darf?« Eine fatale Frage, die am Kern des Problems völlig vorbeigeht.

---

5 Ilko-Sascha Kowalczuk, *17. Juni 1953: Volksaufstand in der DDR. Ursachen – Abläufe – Folgen*, Bremen 2003, S. 266. Über NSDAP-, SA- und SS-Mitglieder in der SED und in wichtigen Funktionen in der DDR informiert Henry Leide, *NS-Verbrecher und Staatssicherheit. Die geheime Vergangenheitspolitik der DDR*, Göttingen 2005, S. 45ff.

Ostdeutsche spüren wohl auch die Zumutung, ihre Biographie zur allgemeinen kritischen Begutachtung auf der Brust zu tragen. Dazu kommt: Erinnerung vergoldet. Und tote Hunde beißen nicht. Die geheime Angst vor dem Unheimlichen, dessen Namen man nicht nannte (meist hieß die Stasi »die Firma«) ist jetzt gegenstandslos, man tilgt sie also.

»Die DDR ein Unrechtsstaat«, das ist für die einen eine maßlose Dramatisierung, die nur von den heutigen Missständen ablenken soll. »Die DDR kein Unrechtsstaat«, das ist für die anderen eine maßlose Verharmlosung, bei der Diktatur und Demokratie in einen Topf geworfen werden. Was nun?

Zwei schlichte Tatsachen helfen uns weiter:

Erstens: »Unrechtsstaat« ist kein lexikonfähiges Wort. Jeder kann sich unter diesem Wort denken, was er will, und sich anschließend empören über denjenigen, der sich seinerseits darunter dachte, was er wollte, bloß eben etwas anderes.

Zweitens: Wohl aber ist definiert, was ein Rechtsstaat ist. Selbstverständlich ist das nicht ein Staat ohne Unrecht – den gibt's gar nicht. Sondern es ist ein Staat, der selbst nach Regeln des Rechts zu handeln hat, ein Staat, dessen Macht durch die Grundrechte der Bürger und durch die Gewaltenteilung in Legislative (Parlament), Exekutive (Regierung und Verwaltung) und Judikative (die Gerichte) begrenzt ist, ein Staat, in dem der Rechtsweg (Gerichte) jedem offensteht, und zwar auch gegen Behördenentscheidungen (Verwaltungsgerichte), ja sogar gegen Gesetze (Verfassungsgericht). Es sind also bestimmte Institutionen, die den Rechtsstaat ausmachen. Sie garantieren die formale Gerechtigkeit und die Rechtssicherheit. Was materialiter gerecht ist, darüber wird unvermeidlich immer auch gestritten.

Es ist völlig klar, dass die Bundesrepublik Deutschland in diesem Sinne ein Rechtsstaat war und ist und dass die DDR in diesem Sinne nie ein Rechtsstaat sein wollte.

Ich erinnere daran, wie die Verwaltungsgerichtsbarkeit, also die Möglichkeit, gegen Behördenwillkür die Gerichte anzurufen, in der DDR verschwand.

Das Gesetz Nr. 36 des Kontrollrats vom 10. Oktober 1946 hatte angeordnet: »Zur Entscheidung von Verwaltungssachen werden Verwaltungsgerichte in den einzelnen Zonen und in Berlin wiedererrichtet.« Diese Anordnung ist auch in der sowjetischen Besatzungszone befolgt worden. Die Verwaltungsgerichtsbarkeit wurde in den Länderverfassungen verankert, allerdings mit starken Einschränkungen, die etwa dem sächsischen Landtag erlaubten, Verwaltungsgerichtsentscheidungen zu verhindern Auch die erste Verfassung der DDR von 1949 sah Verwaltungsgerichte vor, verbunden mit ähnlichen Einschränkungen der Gewaltenteilung. Das vorgesehene oberste Verwaltungsgericht wurde aber nie eingerichtet.

Aber auf der berüchtigten Zweiten Parteikonferenz der SED (9.–12. Juni 1952) wurde ein neuer Kurs proklamiert: Aufbau des Sozialismus in der DDR und das hieß: Die DDR wird nach dem Muster der Sowjetunion umgestaltet. Mit Gesetz vom 23. Juli 1952 wurden die Länder abgeschafft und in vierzehn Bezirke aufgeteilt. Es trägt den irreführenden Namen: »Gesetz über die weitere Demokratisierung des Aufbaus und der Arbeitsweise der staatlichen Organe in den Ländern der DDR«. Mit den Ländern verschwanden auch die Verwaltungsgerichtsbarkeit und die Finanzgerichtsbarkeit. Auch die kommunale Selbstverwaltung wurde bei dieser Gelegenheit abgeschafft.

Es folgte das schlimmste Jahr der DDR-Geschichte, das übrigens auch in der DDR weitestgehend verdrängt und vergessen worden ist, weil davon nicht gesprochen werden durfte. Von August 1952 bis Ende Januar 1953 kam es zu 1250 politisch motivierten Verfahren gegen Bauern mit vielen Zuchthausstrafen, weil sie das erhöhte Ablieferungssoll nicht erreichten oder daraus resultierende Steuerschulden nicht begleichen konnten. Ich nenne nur ein Beispiel: In Prenzlau wurde ein Bauer zu fünf Jahren Zuchthaus verurteilt und enteignet, weil er aus Krankheitsgründen das Soll nicht erfüllt hatte. Mehr als 15.000 Bauern flüchteten damals nach Westen. 500.000 ha lagen schließlich brach. Aufgrund des »Gesetzes zum Schutze des Volkseigentums« wurden bis Ende 1953 ca. 10.000 Personen verurteilt. Auch dafür ein Beispiel: Ein Lagerarbeiter aus Luckenwalde wurde zu drei Jahren Haft verurteilt, weil er den Diebstahl von einem Paar Hausschuhe durch einen anderen geduldet hatte. Der private Handel und Großhandel wurde mittels systematisch eingesetzter schikanöser Steuerprüfverfahren zerschlagen. Bei der Zerschlagung des Großhandels wurden im Anschluss an 3000 Betriebsprüfungen 2100 Strafverfahren eingeleitet, 2300 Personen verhaftet und ein Vermögen von 335 Millionen Mark eingezogen. In der »Aktion Ungeziefer« wurden ca. 12.000 Personen aus dem Grenzstreifen zwangsumgesiedelt. März/April 1953 kam es zu einem regelrechten Kirchenkampf. Die Junge Gemeinde wurde als Tarnorganisation des US-Imperialismus denunziert. Beleg war der Satz: »Liebet eure Feinde«. Ca. 3000 Jugendliche wurden von den Oberschulen verwiesen, weil sie sich in den tribunalartigen Veranstaltungen vor versammelter Schülerschaft nicht von der Jungen Gemeinde lossagten. Ca. 70 Pfarrer und Jugendleiter waren inhaftiert. Der Religionsunterricht in den Räumen der Schule, durch die DDR-Verfassung garantiert, wurde unter Bruch dieser Verfassung verboten.

Nach Stalins Tod wurde die SED-Führung vom 2. bis 4. Juni nach Moskau zitiert und ihr auferlegt, sämtliche Repressionen abzubrechen, was auch umgehend geschah – bis auf die Normerhöhungen für die Arbeiter, die erst im Mai verfügt worden waren und deshalb in der sowjetischen Liste der zu widerrufenden Repressionen nicht vorkamen. Weil sich die Arbeiter zu Recht übergangen sahen, traten sie in den Streik. Daraus wurde in wenigen Stunden ein landesweiter Aufstand, den einen Tag später, am 17. Juni, die sowjetischen Panzer erstickten.

Die Sowjetführung hatte der SED-Führung auch auferlegt, »Maßnahmen zur Stärkung der Gesetzlichkeit und Gewährung der Bürgerrechte zu treffen« und »von harten Strafmaßnahmen, die durch Notwendigkeit nicht hervorgerufen werden, abzusehen«. Dazu kam es nicht mehr. Nach dem 17. Juni folgte eine zweite Welle des Justizterrors.

Das ist der Zusammenhang, in dem die Verwaltungsgerichtsbarkeit in der DDR verschwand.

Erst im vorletzten Jahr der DDR gab es einen kleinen Schritt in Richtung auf eine Verwaltungsgerichtsbarkeit, nämlich mit dem »Gesetz über die Zuständigkeit und das Verfahren der Gerichte zur Nachprüfung von Verwaltungsentscheidungen« vom 14. Dezember 1988, das erst am 1. Juli 1989 in Kraft trat. Bei den Kreisgerichten konnte nun eine Verwaltungsentscheidung darauf überprüft werden, ob sie »gegen Gesetze und andere Rechtsvorschriften verstößt« und ob »das Verfahren … nach den dafür geltenden Rechtsvorschriften durchgeführt wurde« (§ 9). Der Beschluss war unanfechtbar. Das Kreisgericht konnte die Verwaltungsentscheidung aufheben und zur erneuten Entscheidung zurückverweisen oder das Verwaltungsorgan verpflichten, die Verwaltungsentscheidung mit Gründen zu versehen.

Anlass für diesen erstaunlichen Schritt war die Kritik, die die DDR innerhalb der KSZE hinnehmen musste für ihre Praxis, Reise- und Ausreiseanträge ohne Begründung abzulehnen.

Man wollte einer Rüge bei der Wiener KSZE-Folgekonferenz Januar 1989 zuvorkommen. Auch in den innerdeutschen Verhandlungen und vonseiten der evangelischen Kirchen ist dieses Problem immer wieder angesprochen worden.

Übrigens wurde 1990 gemunkelt, führende Stasi-Leute – denen man ja manches nachsagen kann, aber in aller Regel nicht Dummheit –, hätten sich für die schnelle deutsche Einigung ausgesprochen, da ihnen der Rechtsstaat mehr Schutz geben werde als diese unberechenbaren Oppositionellen in dieser Übergangssituation. Sie wussten also sehr genau, was sie uns vorenthalten hatten und nun für sich wünschten.

Deutsche *Demokratische* Republik war die offizielle Bezeichnung dieses Staates. Man muss aber wissen, was dabei unter Demokratie verstanden wurde. Im offiziösen Wörterbuch der Philosophie hieß es dazu: »Demokratie ist ... eine Organisation zur systematischen Gewaltanwendung einer Klasse gegen die andere.« Demnach ist Demokratie immer Diktatur, auch die sozialistische. »Die Diktatur des Proletariats ist ein qualitativ neuer Typ der Demokratie.« »Das demokratische Wesen der Herrschaft der Arbeiterklasse ... erfordert ..., dass dieselbe Herrschaft der Arbeiterklasse gegenüber den Feinden des Sozialismus Diktatur ... ist und ihnen gegenüber gegebenenfalls diktatorische Maßnahmen anwendet.«[6] Hier ist, wohlgemerkt, von der Innenpolitik die Rede. Feinde haben also keine Rechte. Was da fehlt, ist der Gedanke der Rechtsgemeinschaft aller Bürger, die Gleichheit vor dem Recht. Und ich zitiere hier keine extreme Sondermeinung, sondern das, was offiziell jedem in Schule und Studium beigebracht wurde.

---

6 Günther Heyden, Art. Demokratie, in: *Philosophisches Wörterbuch*, hrsg. von G. Klaus / M. Buhr, Bd. 1, 7. Aufl. Leipzig 1970, S. 225.

Diesem machtversessenen Verständnis von Politik und Recht war auch das Verfassungsverständnis der SED untergeordnet. Die Verfassung war nicht die möglichst stabile Spielregel für ein freies Spiel, sondern einer Landkarte vergleichbar: Wenn eine bestimmte Wegstrecke zurückgelegt ist, muss umgeblättert werden. 1967 wurde eine neue DDR-Verfassung vorbereitet. Dazu sagte Ulbricht in einer Volkskammerrede: »Die Verfassung von 1949 hat unserem Volk geholfen, den Weg des Sozialismus zu beschreiten.«[7] Aber nun ist der »alte Rahmen ... zu eng geworden«. Weil das Volk unter Führung der SED »die Verfassung des Jahres 1949 verwirklichte«, muss nun eine neue her. Auch die Verfassung war also so etwas wie ein Plan. Und die Planungskompetenz lag bei den Kennern der historischen Gesetzmäßigkeiten. »Die historische Entwicklung hat die neue Verfassung der Deutschen Demokratischen Republik ... auf die Tagesordnung der deutschen Geschichte gesetzt.«[8] Ihr liege, so sagt Ulbricht ausdrücklich, die wissenschaftliche Prognose der SED zugrunde.[9]

Ich erzähle eine Geschichte aus den 70er Jahren. Mein Nachbarpfarrer hatte etwas bei Gericht zu erledigen und sah da eine Verhandlung wegen Staatsverleumdung angezeigt. Da er noch nie eine Gerichtsverhandlung erlebt hatte,

---

7 Walter Ulbrichts Rede vor der Volkskammer vom 1. Dezember 1967, als Separatdruck veröffentlicht von der Volkskammer, S. 3.

8 Ebd., S. 21.

9 Bei der Ausarbeitung des vorliegenden Verfassungsentwurfs »haben wir uns von der wissenschaftlichen Vorschau, von der Prognose leiten lassen, die den Beschlüssen des VII. Parteitages der Sozialistischen Einheitspartei Deutschlands zugrunde lag«. Walter Ulbricht, *Bericht des Vorsitzenden der Kommission zur Ausarbeitung einer sozialistischen Verfassung*, Separatdruck der Volkskammer 1968.

ging er hin. Er war der einzige Zuhörer. Der Angeklagte hatte keinen Anwalt. Zwei Lehrlinge behaupteten als Zeugen, der Angeklagte habe in der Gaststätte unter Alkohol gesagt, die Algerier seien Kameltreiber und die DDR eine Sowjetrepublik. Da sie sich aber in Widersprüche verwickelten, wurde die Verhandlung vertagt. Da der Pfarrer nun Name und Adresse des Angeklagten gehört hatte, hat er seine Frau besucht. Sie wusste nichts von der Gerichtsverhandlung. Ihr Mann sei abgeholt worden, und seitdem habe sie nichts erfahren. Der Pfarrer hat ihr angeboten, einen Rechtsanwalt zu besorgen. »Ja, geht denn das so einfach?«, hat die Frau gefragt. Der Schwiegervater kam dazu, bedankte sich für die Hilfe und erklärte: »Wissen Sie, ich bin SED-Mitglied, da kann ich mich in der Sache nicht zum Fenster rauslehnen.« Wie die Sache ausging, kann ich nicht berichten, denn nach Einschaltung des Rechtsanwalts fand die nächste Gerichtsverhandlung unter Ausschluss der Öffentlichkeit statt. Der Mann hatte wohl einen Ausreiseantrag gestellt.

Nun darf aus all dem nicht gefolgert werden, die DDR-Bevölkerung sei jeder staatlichen Willkür schutzlos ausgeliefert gewesen. Diktatoren wollen nicht gehasst, sondern geliebt werden und tun dafür auch einiges. Sie wünschen sich zufriedene Untertanen. Nur wenn die Kinder nicht artig waren, dann wurde Papa Staat böse.

Unter Honecker wurde das Eingabewesen stark ausgebaut. Wer sich also von einer örtlichen Behörde ungerecht behandelt fühlte, schrieb eine Eingabe an Honecker. Die Eingaben wurden von einem Psychiater und einem Stasi-Offizier überprüft. Wenn sie diese Filter unbeanstandet passiert hatten, hatten sie gute Erfolgsaussichten. Honeckers Eingabenbüro forderte die örtlichen Behörden auf, Bericht zu erstatten, und das allein konnte oft Wunder wirken. Man konnte gelegentlich durch eine Eingabe etwas erreichen, was nach dem Buchstaben des Gesetzes und unter dem Gesichtspunkt der Gleichbehandlung fragwürdig war. Man ging kein finanzielles Risiko ein. Einen Rechtsanwalt brauchte man auch nicht. Deshalb war das Eingabenwesen durchaus beliebt. Aber es war kein Rechtsweg, sondern ein feudaler Gnadenerweis. Ein Gnadenrecht kann viel stärker den Einzelfall berücksichtigen als ein Rechtsstaat. Das berühmte salomonische Urteil würde im Rechtsstaat wegen Verfahrensfehlern kassiert.

Auch sonst zeigte die DDR-Wirklichkeit feudale Züge. Die Betriebe und LPGs ähnelten Feudalhöfen. Der Chef kümmerte sich um seine Leute und baute zum Beispiel ein Betriebsferienheim an der Ostsee. Der Betrieb nebenan hatte vielleicht bloß eines im Harz. Das Baumaterial wurde irgendwie aus dem Plan abgezweigt, die Baubrigade des Betriebs an die Küste beordert, und der Ökonom hatte das alles irgendwie glatt zu ziehen.

Auch die Bedingungen einer Mangelgesellschaft haben das Diktatorische erheblich gemildert. Man war aufeinander angewiesen: Hilfst du mir, helfe ich dir. In gewisser Weise war ja das Geld tatsächlich abgeschafft, denn der entscheidende Zugang zu knappen Gütern waren die Beziehungen. Wer über knappe Güter verfügte, und sei es als Verkäuferin, der konnte im Spiel der Beziehungen dieser Gesellschaft von Jägern und Sammlern mitspielen.

Gelegentlich konnte man auch sanften Druck auf Behörden ausüben, nämlich vor den Wahlen. Jemand ging vor der Wahl zum Wohnungsamt und erklärte: Wenn ich bis zum Wahltag keine Wohnung habe, gehe ich nicht zur Wahl. Auch das war sehr wirksam. Wenn man überhaupt etwas Gutes über die Wahlen in der DDR sagen kann, dann dieses, dass sie zu kleinen Behördenerpressungen gut waren.

Es war tatsächlich für viele DDR-Bürger alles gar nicht so schlimm, aber es war schlimm, dass das eben nur Glückssache war, Gnade und nicht Recht, Geschenke für Wohlverhalten und nicht durchsetzbare Ansprüche. Es ist schon richtig, im Rechtsstaat ist es komplizierter, zu seinem Recht zu kommen, als auf jenem feudalen Eingabenwege. Man muss Fristen und Verfahrensschritte berücksichtigen, sonst kann ein noch so berechtigter Anspruch verloren sein, und es kann etwas, was in der Tat dem gesunden Menschenverstand als ungerecht erscheint, wegen solcher Verfahrensfehler dann trotzdem Gültigkeit erlangen. Das empfinden manche Ostdeutsche als ungerecht. Es ist aber eine Bedingung für die Rechtssicherheit oder die formale Gerechtigkeit.

Und wer mit Justizwillkür persönlich nichts zu tun hatte, darf doch nicht diejenigen vergessen, die in diese Mühlen gerieten.

3. »Die Verhältnisse in der DDR waren gerechter als heute.«

Zu DDR-Zeiten hatten wir alle gute Gründe, Ungerechtigkeiten zu beklagen, an erster Stelle die Ungerechtigkeit vorenthaltener Rechte: Wir durften nicht reisen, wir durften unsere politische Meinung nicht frei äußern, und wer die falsche Weltanschauung hatte, durfte nicht studieren. Aber auch ein Mangel an Verteilungsgerechtigkeit wurde beklagt. In der Mangelwirtschaft bekam man oft die einfachsten Dinge und die notwendigen Ersatzteile nicht. Manche hatten Westgeld, andere nicht. Die Privilegien der Funktionäre empörten, zumal sie dem von ihnen selbst verkündeten Gleichheitsprinzip manifest widersprachen.

Dass es in der DDR gerechter zugegangen sei, ist eine Behauptung aus dem Rückblick, unter dem Eindruck von

Ungerechtigkeitserfahrungen nach dem Ende der DDR. Die gibt es reichlich, aber sie ließen sich zu einem großen Teil gar nicht vermeiden, sondern höchstens mildern. Zwei Arten von Ungerechtigkeitserfahrungen lassen sich hier unterscheiden.

Erstens: Bei jeder Revolution gibt es Verlierer, nämlich, in ihrer eigenen Sprache: die herrschende Klasse. Sie verlieren ihre Machtposition, ihren Einfluss oder auch nur ihr Prestige. Sie müssen umgehen mit der Last, nicht recht gehabt zu haben. Die Betroffenen empfinden das fast immer als ungerecht. Nur wenige sind zu der Einsicht fähig, dass das, was ihnen da widerfährt, ausgleichende Gerechtigkeit ist und nicht Unrecht. Ob es beim Elitenwechsel immer gerecht zugegangen ist, ist eine andere Frage. Man kann Stasi-Vorwürfe auch instrumentalisieren. Dank der Stasi-Unterlagen-Behörde ist das aber in den neuen Bundesländern viel seltener vorgekommen als in anderen ehemals sozialistischen Staaten. Und es stand ja jedes Mal der Rechtsweg offen, der dank westlichen Personalimports sehr schnell funktionierte, anders als zum Beispiel in Russland. Die Gerichte haben sehr sorgfältig gearbeitet und manche voreilige Kündigung korrigiert.

Zweitens: Transformationsprozesse sind ungerecht. Sie gleichen nämlich Naturprozessen, und die verlaufen bekanntlich nicht nach Kriterien der Gerechtigkeit. Die Erfindung des mechanischen Webstuhls hat die schlesischen Handweber Mitte des 19. Jahrhunderts um Lohn und Brot gebracht. Gerecht war das nicht. Maschinenstürmerei half aber auch nicht. Das Bessere ist der Feind des Guten. Ein Fotograf, der Kundenfilme entwickelte und von Hand die Fotos herstellte, wusste mit dem Mauerfall, dass damit Schluss war, denn nächstens würden die Automaten kommen. Er musste seine Berufstätigkeit vollkommen umstellen.

Er konnte aber wenigstens verstehen, warum das so war. Dass in der Landwirtschaft nur noch ein Fünftel der Beschäftigten für dieselben Flächen gebraucht wurde und die anderen in ihrem Dorf auf keine Ersatzarbeitsplätze hoffen konnten (wenn nicht der Tourismus eine Chance bot oder die Bio-Landwirtschaft – vorausgesetzt, es gab Kunden), war für viele nicht ebenso einsichtig. Sie empfinden ihr Schicksal als ungerecht, auch wenn sie dank Arbeitslosenunterstützung nicht in materielle Not geraten. Seit Generationen haben sie womöglich hier gelebt. Dass sie Haus und Hof und Vieh jetzt aufgeben sollen, um anderswo Arbeit zu finden, empfinden sie als ungerechte Zumutung. Sie sind doch hier zu Hause. Aber ihre Arbeitswelt ist untergegangen. Die hatte in der DDR eine viel größere Bedeutung als in der Bundesrepublik. Die LPGs waren so etwas wie ein autarker Gutshof. Man hat zusammen gearbeitet und zusammen gefeiert. Die LPG hatte einen Kindergarten und irgendwo ein schönes Ferienheim. Und im Ort gab's den Laden für den täglichen Bedarf vor der Tür. Es gab eine Schlosserei und eine Baubrigade, und man half sich gegenseitig. Das Autarkieprinzip widersprach zwar allen Regeln effektiver Arbeitsteilung, war aber eine beschränkte, vertraute Welt für sich. Dass sie verschwand, wird als ungerecht empfunden. Aber auch diejenigen, die sich der Beschränktheiten dieser Welt bewusst waren und ihr entfliehen wollten, empfinden ihr Verschwinden als Verunsicherung. Auch der Verlust einer schäbigen Normalität verunsichert. Man kann aber nicht die Mauer wegreißen und das Echo stehen lassen.

Die Ostdeutschen hatten zweifellos die unangenehmere Besatzungsmacht und die größeren Kriegsfolgelasten zu tragen. Nun, mit dem Ende der DDR, waren wieder sie es, die die Lasten der Umstellung tragen mussten. Auch das kann niemand ernsthaft als gerecht bezeichnen. Es ist tragisch.

Dass es tragische Situationen gibt, will vielen in Ost und West nicht in den Kopf. Sie suchen für jede Ungerechtigkeit (oder was sie dafür halten) einen Schuldigen, dem sie Versagen vorwerfen können. Wenn es ihn aber in Wahrheit gar nicht gibt, suchen sie den Sündenbock. Für viele Ostdeutsche ist der Westen schuld, die Treuhand, die Bundesregierung, das System. Für viele Westdeutsche sind die Ostdeutschen schuld, weil sie träge, autoritätsgläubig – und rechtsextrem seien. Tragische Situationen lassen sich besser ertragen, wenn sie von beiden Seiten wenigstens anerkannt werden als das, was sie sind: eine Zumutung, aber leider unvermeidlich. Mit den Schuldzuweisungen hin und her gerät ganz aus dem Blick, dass diese tragischen Momente nur der kleinere Nachteil des größeren Vorteils sind, der Einheit in Freiheit.

Warum soll die DDR gerechter gewesen sein?

Dass man bei Gericht in höherem Maße sein Recht bekam, kann niemand ernsthaft behaupten, denn man mied den Rechtsweg als vermintes Gelände.

An erster Stelle wird genannt werden: Es gab in der DDR keine Arbeitslosigkeit. Ganz stimmt das ja nicht. Gelegentlich verloren Bürger aus politischen Gründen ihren Arbeitsplatz, zum Beispiel wegen eines Ausreiseantrags. Andere durften aus politischen Gründen nicht studieren. Die Sache hat aber noch einen anderen Haken. Denn es gab eine verdeckte Arbeitslosigkeit, die auf 16 Prozent geschätzt wird. Das heißt, es waren mehr Menschen beschäftigt, als in einem modernen Betrieb für dasselbe Produkt nötig sind. Die Betriebe leisteten sich Verwaltungswasserköpfe. Auch deshalb erreichte die DDR-Wirtschaft nur 30 Prozent der westlichen Arbeitsproduktivität, und auch deshalb waren unsere Produkte 1990 zu teuer für den Weltmarkt. Die hohe Arbeitslosigkeit auf den Dörfern kommt ja daher, dass heute ein Bruchteil der Beschäftigten dieselben Flächen bewirtschaftet. Dadurch ist die ostdeutsche Landwirtschaft konkurrenzfähig. Würde man die doppelte Anzahl für denselben Ertrag beschäftigen, könnte man ihnen logischerweise nur die Hälfte des derzeitigen Lohnes zahlen, oder die Produkte würden doppelt so teuer, und keiner würde sie kaufen.

Schließlich sollten nicht die systembedingten Arbeitsplätze übersehen werden. Parallel zum »Staatsapparat« gab es den Parteiapparat auf allen Ebenen, was mindestens eine Verdopplung der hierfür notwendigen Arbeitsplätze bedeutete. Die Arbeitsplätze der weit überproportionierten Sicherheitskräfte (Volksarmee, Volkspolizei, Stasi) mussten teils ersatzlos wegfallen, teils reduziert werden. »Stasi in die Produktion«, haben die Demonstranten im Herbst 1989 gefordert. Und ich nenne noch das Heer von Staatsbürgerkundelehrern und Dozenten des Marxismus-Leninismus, für die es schlicht keine Verwendung mehr gab. Den obligatorischen Marxismus-Leninismus-Unterricht für alle Studenten hat die SED im Dezember 1989 eingestellt. Sie wusste also, was von ihm zu halten war. Eine Staatsbürgerkundelehrerin in der Schule meiner Tochter meldete sich nach dem Mauerfall krank und erschien nie wieder. Sie hat auf ihre Weise auch begriffen, was die Stunde geschlagen hatte.

Vielleicht wird jemand auch die billigen Mieten und die niedrigen Energiepreise als gerechter bezeichnen. Er müsste aber dann vergessen, dass der billigen Mieten wegen die Häuser verfielen und alle Winter wieder das Heizmaterial knapp wurde, auch der Verschwendung wegen. Dann waren Koks und Kohle zwar billig, aber nicht zu haben. Da sich die Heizungsventile regelmäßig festfraßen (thermostatische Ventile gab es in der DDR nicht), wurde in den Neubauten die Raumtemperatur durch Lüften geregelt.

Und niemand wünscht sich den schlechten Wohnungsstandard und die Wohnungsnot von 1990 zurück.

Wahrscheinlich finden es manche auch als gerechter, dass in der DDR die »Waren des täglichen Bedarfs« billiger waren als heute und dass es bei ihnen über 30 Jahre keine Preiserhöhungen gab. Ein Brötchen kostete 5 Ost-Pfennige. Allerdings müsste man berücksichtigen, dass die Einkommen in der DDR, 1:1 gerechnet, niedriger waren als im Westen. Facharbeiter verdienten etwa die Hälfte, insgesamt wurde etwa 30 Prozent West verdient. Trotzdem blieb das Brötchen erheblich billiger als im Westen. Es wurde aber nicht etwa billiger produziert, sondern subventioniert. Das hatte absurde Folgen. Da es kein Getreide zu kaufen gab (das war vollständig verplant), wurde Brot statt Korn an die Hühner verfüttert, und die Eier wurden trotzdem mit Gewinn bei den Aufkaufstellen abgeliefert. Obst und Gemüse waren in der DDR immer knapp. Das lag daran, dass die Landwirtschaftlichen und Gärtnerischen Produktionsgenossenschaften nicht für einen Bedarf am Markt eigenverantwortlich produzieren durften, sondern die Planvorgaben zu erfüllen hatten. Deshalb wurden die Kleingärtner ermuntert, ihre Erträge den Kaufhallen anzubieten. Zur Steigerung der Motivation (also doch ein bisschen Marktwirtschaft) lag der Aufkaufpreis über dem Abgabepreis (Einzelhandelsverkaufspreis, EVP). Man konnte also seine Pflaumen zur Kaufhalle bringen und anschließend mit Gewinn von einer dritten Person zurückkaufen lassen, durfte sich aber nicht erwischen lassen.

In der DDR lag ein traditionsreiches Spargelanbaugebiet von 625 ha, rund um Beelitz in Brandenburg. Nachdem bereits ab 1939 der Spargelanbau reduziert worden war, wurden die Spargelbauern nach 1945 mit einem Soll von Kartoffeln belegt, also mussten sie die Spargelfelder umpflügen. Denn Spargel sei ein kapitalistisches Gemüse ohne Nährwert. In den 60er Jahren entdeckte man, dass sich Spargel gewinnbringend nach Westberlin verkaufen lässt. Also wurde der Spargelanbau wieder begrenzt zugelassen, für den Export. Nur einmal habe ich in der DDR Spargel kaufen können. Nach dem Reaktorunfall von Tschernobyl haben die Westberliner den Beelitzer Spargel nicht abgenommen, und wir haben ihn strahlend gekauft. Von 1990 bis 1998 ist der Spargelanbau von 20 ha auf 385 ha angewachsen. Solche Erfolgsgeschichten gibt es eben auch.

Aus ideologischen Gründen sollte es keine Preiserhöhungen beim täglichen Bedarf geben. In Wahrheit aber stiegen die Herstellungskosten. Also wurde ein Zwei-Preise-System eingeführt. Fensterglas wurde an die Bevölkerung zum alten Preis, an die Betriebe aber zu einem höheren, kostengemäßen Preis abgegeben. Dem Glaser wurde bei Bevölkerungsbedarf die Preisdifferenz vom Staat erstattet. Die staatlichen Preissubventionen beliefen sich auf ein Viertel des gesamten Staatshaushaltes. Das war erstens ein ungeheurer Verwaltungsaufwand, zweitens eine Gelegenheit für Betrügereien und drittens Augenwischerei, weil der Staat sich ja das Geld für die Subventionen schließlich doch irgendwo vom Bürger holen musste. Am Ende lief das Ganze auf einen Subventionsfilz hinaus und auf eine Entmündigung, die bis heute nachwirkt. Dem Bürger wurde vorenthalten, was diese Dinge wirklich kosteten. Die Folge war Verschwendung. Mangelwirtschaft und Verschwendung schließen sich nämlich keineswegs aus, sie bedingen einander sogar. Wenn es gerade mal nur 20er T-Träger gab, man brauchte aber bloß 10er, wurden eben 20er eingebaut. Und so weiter.

Die Subventionen musste der Staat ja irgendwo einnehmen. Also wurden die Industrieprodukte mit erheblichen Aufschlägen versehen. Ein Farbfernseher kostete für mich ein halbes Jahresgehalt. Und es wurden spezielle Geschäfte eingerichtet, in denen die »Waren des gehobenen Bedarfs« zu sehr gehobenen Preisen verkauft wurden. Sie hießen »Exquisit« und »Delikat«. Und dann gab es noch die Waren, die man nur für Westgeld kaufen konnte, nämlich im Intershop. Westgeld aber hatten nur diejenigen DDR-Bürger, die Beziehungen zum Westen hatten, was den SED-Genossen untersagt war. Oder die es schwarz eintauschten, was aber verboten war. Nur wenige Künstler oder Autoren hatten legale Einnahmen in Westgeld.

Die ungeheuren Subventionen in der DDR waren nicht gerechter, sondern ein ökonomischer Blödsinn, der die gesamtwirtschaftliche Rechnungsführung geradezu unmöglich machte.

Meistens wird man aber vor allem als gerechter empfinden, dass in der DDR der Unterschied zwischen den höchsten und den niedrigsten Einkommen kleiner war als heute. Das ist richtig. Ein Minister verdiente das Dreifache des offiziellen Durchschnittshaushaltseinkommens von 1000 Ost-Mark. Die Jagdhütten samt ausgedehnten Jagdrevieren (Betreten verboten) und die Datschen samt Bedienungspersonal waren »Volkseigentum«, allerdings zur exklusiven Nutzung der jeweiligen Funktionäre. Die relativ niedrigen Einkommen wurden aber kompensiert durch kostenlose Privilegien, mit der Folge, dass die Funktionäre bis zum Umfallen im Amt blieben, weil sie sonst alles verloren. Das war der sichere Weg zur Gerontokratie. Wie beginnt eine Politbürositzung? Erstens Einschalten der Herzschrittmacher. Zweitens Absingen des Liedes *Wir sind die junge Garde der Revolution*.

Burg Falkenstein war und ist ein beliebtes Wanderziel im Harz. In den 80er Jahren wurde ein größerer Teil für das Publikum gesperrt und den Funktionären des Bezirks zur stilvollen Erholung reserviert.

Als der Kreml-Chef Breschnew Bundeskanzler Helmut Schmidt in seinem Privathaus besuchte, wollte er nicht glauben, dass der Bundeskanzler in einer Reihenhaussiedlung wohnt.

Ist es denn überhaupt erstrebenswert, dass die Einkommen möglichst gleich sind? Über diese Frage wurde in der DDR ganz offiziell diskutiert, nämlich unter der Überschrift »Verwirklichung des sozialistischen Leistungsprinzips«. Karl Marx hatte für den Kommunismus das »Bedürfnisprinzip« verkündet: »Jeder nach seinen Fähigkeiten, jedem nach seinen Bedürfnissen.« Dieser Grundsatz hat eine christliche Vorgeschichte. In der Apostelgeschichte (2,44) heißt es von der *Jerusalemer Urgemeinde*: »Alle aber, die gläubig geworden waren, waren beieinander und hielten alle Dinge gemeinsam. Ihre Güter und Habe verkauften sie und teilten sie aus unter alle, nach dem jedermann not war« (vgl. auch 4, 32). Dies hat Nachahmer gefunden in den christlichen Klöstern und bei den Hutterern, die man seinerzeit *communistae* nannte. Auch die Kibbuzim in Israel praktizieren das »Bedürfnisprinzip«. Es handelt sich aber immer um kleine, familiäre Gemeinschaften persönlicher Vertrautheit, denen es auf Wohlstand und ökonomische Effizienz nicht ankommt, weil ihnen anderes wichtiger ist. Es sind asketische Gemeinschaften, die deshalb ihre »Bedürfnisse« auf das Notwendige beschränken. Und sie können nur in Nischen existieren, also als »alternative« Ausnahme. Die Jerusalemer Urgemeinde lebte auch von Kollekten derjenigen christlichen Gemeinden, die nicht alles verkauft hatten. Viele Klöster wurden reich, indem sie andere für sich arbeiten ließen. Und die Kibbuzim sind großenteils beim Staat verschuldet. Die Hutterer zahlen als Preis für ihre Autarkie den Verzicht auf fast alle technischen Güter, die es im 16. Jahrhundert noch nicht gab. Medizinische Leistungen der Moderne werden sie aber wohl nicht ausschlagen. Das sind die vier Beispiele in unserer Geschichte für die Abschaffung des Privateigentums an Produktionsmitteln. Sie belegen hinreichend, dass es eine familiäre Volkswirtschaft nach dem Bedürfnisprinzip niemals geben kann.[10]

Aber nicht aus diesen Gründen wurde das Leistungsprinzip propagiert, sondern aus der bitteren Erkenntnis, dass auch der neue sozialistische Mensch mehr leistet, wenn es ihm persönlich mehr bringt.

Die These, dass die annähernde Gleichheit der Einkommen ein brauchbares Maß für die Gerechtigkeit sei, lässt sich durch zwei Gedankenexperimente erschüttern.

Wenn alle dasselbe verdienen, aber so wenig, dass es zum Leben kaum reicht, werden wir das nicht als Sieg der Gerechtigkeit feiern, sondern als Misswirtschaft geißeln.

Oder nehmen wir an, jeder bekommt monatlich 2000 Euro. Der eine gibt sie monatlich aus, der andere spart die Hälfte, der Dritte verdient sich als Musiker am Wochenende 500 Euro monatlich dazu. Nach 10 Jahren hätte der eine nichts auf dem Konto, der andere 120.000 Euro, der Dritte gar 180.000 Euro (ohne Zinsen). Die Gleichheit wäre dahin. Nehmen wir an, der Zweite gibt all sein Geld für Graphiken aus. Es ist schwer zu begründen, dass er dann Vermögenssteuer zahlen muss. Genauso gut könnte man dann dem Ersten für sein lustiges Leben Vergnügungssteuer abverlangen.

Aber so viel, wie Popstars oder Fußballstars verdienen, kann doch gar niemand leisten! Das sieht aber offenbar das

10 Richard Schröder, Über das Eigentum, in: *Schnell privatisieren, entschlossen sanieren, behutsam stilllegen. Ein Rückblick auf 13 Jahre Arbeit der Treuhandanstalt und der Bundesanstalt für vereinigungsbedingte Sonderaufgaben (BvS)*, hrsg. von der BvS, Berlin 2003, S. 385–396.

Publikum anders. Es kauft die CDs und zahlt ungezwungen die Eintrittskarten, aus denen diese Gagen bezahlt werden können. Wem schadet das eigentlich?

Auch die exorbitanten Bezüge von Managern und Vorstandsmitgliedern sind kein wirtschaftliches Problem, sondern ein psychologisches. Sie verletzen das Gerechtigkeitsgefühl vieler, zumal in Zeiten, da Sozialleistungen für die Schwächsten begrenzt werden. Andererseits sind exzellente Manager (genauer: die dafür gehalten werden) tatsächlich ein knappes Gut, und das erzielt bei hoher internationaler Nachfrage enorme Preise.

Dass der Reichtum der Reichen, wenn er ordnungsgemäß versteuert wurde, in Deutschland jedenfalls weder die Armen arm macht noch den Staat, ergibt sich aus folgender Rechnung. Würde man 1000 Millionären je eine Million abnehmen und diese Milliarde an alle gleichmäßig verteilen, bekäme jeder 12 Euro einmalig. Umgekehrt würden 12 Euro von jedem Einwohner eine Milliarde zusätzlicher Staatseinnahmen ergeben. Das ist der Grund, warum man mit einer Umsatzsteuererhöhung, nicht aber mit einer Vermögenssteuererhöhung Großes bewegen kann. Übrigens ist Privatvermögen immer schon versteuert, wenn es mit rechten Dingen zuging.

Die ganz großen Vermögen werden außerdem oft auf Umwegen gemeinnützig. Sie gehen in Stiftungen ein, die Nützliches leisten, das der Staat gar nicht leisten kann – oder in Kunstsammlungen, die der Öffentlichkeit zugänglich werden.

Man kann ja an der Geschichte der DDR studieren, was aus den Häusern und Fabriken wird, wenn sie in »Volkseigentum« umgewandelt werden. Die Häuser sind verfallen, die Fabriken veraltet. Denn es war übersehen worden, dass zu den Eigentumsrechten die Erhaltungspflichten hinzukommen müssen. Und die kann gar nicht »das Volk« wahrnehmen, das können nur bestimmten Personen oder Personengruppen, die ein tätiges Interesse an der Erhaltung ihres Eigentums aufbringen.

Die ökonomische Gleichheit in der DDR hat sich übrigens bei der Währungsunion als Legende entpuppt. Da beim Umtausch alle Geldvermögen erfasst wurden, ergab sich auch eine Verteilungsstatistik. Ein Fünftel der Bevölkerung verfügte über vier Fünftel der Geldvermögen.[11] Diese Fünftel bildeten allerdings nicht, wie im Westen vermutet, die führenden Genossen. Deren Privilegien kamen aus dem »Volkseigentum«. Sie sparten sich die Mühen des Eigentümers und wohnten in dem Haus zur Miete, das die Wohnungsbaugenossenschaft nach ihren Wünschen umgebaut hatte und instandhielt. Die großen Geldvermögen dürften vor allem durch Nebenerwerb in der Landwirtschaft und durch Feierabendarbeit entstanden sein. Da auch die Handwerkerleistungen bilanziert, also verplant waren, wurde für den Bedarf der Bevölkerung die Feierabendarbeit erlaubt, für die keine Steuern und Abgaben entrichtet werden mussten. Daraufhin setzte sich das Marktgesetz von Angebot und Nachfrage durch. Handwerker konnten für die Stunde erheblich mehr verlangen, als ich zum Beispiel pro Stunde verdiente. Deshalb griffen notgedrungen viele DDR-Bürger selbst zur Kelle und wurden Amateur-Handwerker übers Wochenende. Diese »Aufhebung der Arbeitsteilung« war zwar ganz interessant und horizonterweiternd, aber ökonomisch höchst ineffektiv – oder Verschwendung.

---

11 Klaus Schroeder, *Der Preis der Einheit. Eine Bilanz*, München 2000, S. 150.

4. »Die DDR war 1989 nicht pleite, denn das Wirtschaftsvermögen der DDR betrug über 1200 Milliarden Ost-Mark.«

In einer *Großen Anfrage* der PDS an die Bundesregierung, die diese am 31. Januar 2000 beantwortet hat, heißt es: »Wie bewertet die Bundesregierung, dass aus dem von der DDR eingebrachten Gesamtvermögen, das von namhaften Ökonomen auf den Substanzwert von ca. 1365 Milliarden DM geschätzt wird, innerhalb weniger Jahre Treuhandtätigkeit ein angeblicher Schuldenberg von mehreren 100 Milliarden DM entstand?« Und weiter: »Wie beurteilt die Bundesregierung die Tatsache, dass in den ersten beiden Jahren der Veräußerung von Teilen der ehemaligen DDR-Volkswirtschaft durch die Treuhand von 1990 bis 1992 die Zahl der Vermögensmillionäre in den alten Bundesländern um fast 40 Prozent stieg?« Da wird suggeriert, die DDR-Wirtschaft sei ein Schatz gewesen, den Westdeutsche mittels der Treuhand den Ostdeutschen geraubt hätten. 1990 war von anderen Zahlen die Rede, nämlich von 1200 Milliarden Ost-Mark (nicht DM), aus denen sich nach der Währungsumstellung 1:2 die Summe von 600 Milliarden DM ergeben hätte, eine Zahl, die Ende 1990 öfter genannt wurde. Die PDS hat dieses angebliche Vermögen offenbar gleich noch einmal verdoppelt.

Ich habe nicht nachgeforscht, welche namhaften Ökonomen diese Berechnung des Gesamtvermögens der DDR erstellt haben, und auch nicht, was sie unter Substanzwert verstehen. Da es in der DDR keinen Markt für Unternehmen gab, gab es auch keinen Marktpreis für Unternehmen. Man konnte also nicht sagen: Das Trabantwerk hat den und den Wert, denn für diesen Preis ist es einmal von x an y verkauft worden. Volkseigentum war ja unverkäuflich. Wenn aber Unternehmen verkauft werden, besteht ihr Wert in der

Gewinnerwartung und allem, was sie ermöglicht, nämlich: attraktive Produkte zu attraktiven Preisen, das entsprechende Know-how und die Fachleute sowie ein effektiver Reparatur- und Ersatzteilservice und nicht zuletzt der eingeführte Markenname. Was hier attraktiv ist, bestimmen die Kunden oder Abnehmer. Ohne Kunden gibt es gar keine Gewinnerwartung. Der Wert eines Betriebes ist also gerade nicht seine dingliche »Substanz«, die Maschinen hinter den Fabrikmauern, auch nicht die Summe dessen, was in ihn hineingesteckt worden ist, sondern die Wertschätzung seiner Produkte oder Dienstleistungen durch Dritte – oder: das, was rauskommt. Diese schlichte Einsicht war vielen durch die marxistische Werttheorie verdunkelt. Die besagte nämlich, der Wert sei vergegenständlichte Arbeitskraft. Demnach hätten handgeschmiedete Nägel einen höheren Wert und berechtigterweise einen höheren Preis als solche aus dem Automaten, die streng genommen (fast) wertlos wären. Bloß: Leider kriegt man die wertvolleren Nägel selten los. Mit denen aus dem Automaten wird das große Geschäft gemacht. Das konnte sich Marx offenbar noch nicht vorstellen. In der DDR hat man aber tatsächlich in der Ökonomie mit dem Marx'schen Wertbegriff hantiert. Jeder Trabant sollte drei Motoren und einen Karosserie-Neuaufbau durchmachen, denn es steckt ja vergegenständlichte Arbeitskraft in dem Trabant. Das war zwar ein schönes Arbeitsbeschaffungsprogramm für Autoklempner, kam aber teurer als eine Karosserie vom Band. Reparierte Karosserien rosten nämlich schneller. Die Marx'sche Werttheorie hat schon Eugen Roth überzeugend widerlegt:

Ein Mensch malt, von Begeisterung wild,
drei Jahre lang an einem Bild.
Dann legt er stolz den Pinsel hin

und sagt: »Da steckt viel Arbeit drin.«
Doch damit war's auch leider aus:
die Arbeit kam nie mehr heraus.[12]

Die Marx'sche Mehrwerttheorie ist ökonomisch unbrauchbar und in den Wirtschaftswissenschaften bedeutungslos. Sie ist, dem Typ nach, wohl eher eine Theorie der Gerechtigkeit, aber diese Deutung haben Marxisten und zumal Leninisten immer entschieden zurückgewiesen, weil sie ihrer Politik die »wissenschaftliche« Legitimation entzogen hätte.

Aber aus der Gewinnerwartung musste sich doch der Wert der Betriebe bestimmen lassen! Irrtum. In einer zentralen Planwirtschaft ohne Markt lässt sich auch die Gewinnerwartung eines Betriebes kaum bestimmen. Die Betriebe hatten nicht die Aufgabe, durch Einkauf von Rohstoffen, Erstellung einer Produktpalette, günstige Produktion und Vermarktung ihrer Produkte Gewinn zu erzielen. Sie hatten den Plan zu erfüllen, d. h., sie bekamen Zuteilungen und hatten eine bestimmte Stückzahl eines bestimmten Produkts zu liefern. Die wurden vom Handel zu festen Preisen an die Kunden abgegeben. Die Politik entschied über die Produkte, die Produktion und die Preise bis ins Detail. Am ehesten war das mit einer Kriegswirtschaft zu vergleichen, bei der die ökonomischen Zusammenhänge zugunsten eines nichtökonomischen Ziels, des Sieges nämlich, auf Zeit außer Kraft gesetzt werden.

Ich erzähle Beispiele, die zu DDR-Zeiten erzählt wurden: Ein Betrieb bekam den Auftrag, einen Wasch-Vollautomaten zu entwickeln, der erheblich teurer sein sollte als der weit verbreitete Halbautomat, um von der Bevölkerung Geld abzuschöpfen. Da die Kunden rechnen konnten, kauften sie

12 Eugen Roth, *Ein Mensch …: heitere Verse*, Weimar 1935.

lieber weiter Halbautomat und Schleuder, weil das sehr viel billiger war. Man sieht, der kleine Mann lässt sich das wirtschaftliche Rechnen nicht austreiben. Darauf stellte der Handel den Antrag, den Vollautomaten auf Teilzahlung verkaufen zu dürfen. Das musste nämlich für jedes einzelne Produkt genehmigt werden. Das Zentralkomitee aber lehnte ab (mit so etwas haben die sich befasst!), weil doch der Vollautomat Geld abschöpfen sollte. (Bei Teilzahlung hätte er allerdings noch mehr abgeschöpft, nämlich plus Zinsen!) Der Betrieb musste aber seinen Plan erfüllen. Also wurden Scheunen angemietet, in denen die Vollautomaten gelagert wurden, die produziert werden mussten, aber nicht verkauft werden konnten. Der Betrieb hatte seinen Plan erfüllt. Sein Erfolg wurde völlig unabhängig vom Gewinn bemessen. In der sozialistischen Rechnungsführung war tatsächlich das Geld abgeschafft.

In einem Chemiebetrieb hatte man mit einem neuen Ammoniaksynthese-Ofen experimentiert. Dabei war er auf eine nebenstehende Produktionsanlage gestürzt und hatte sie zerstört. Zum Jahresende war der Plan nicht erfüllt, also gab es keine Jahresendprämie. Darauf erklärten die Arbeiter: Was können wir dafür, dass die da den Ofen haben umstürzen lassen? Wenn es keine Jahresendprämie gibt, bleiben wir zwischen Weihnachten und Neujahr zu Hause. Darauf erschien die Stasi im Betrieb, konnte aber nichts Staatsfeindliches an der Behauptung der Arbeiter finden, dass sie unverschuldet im Planrückstand seien. Wie löst man das Problem? Dafür waren die Ökonomen zuständig. Sie rechneten ein oder zwei Tage, dirigierten Züge mit Düngemittel statt nach Dresden in die Sowjetunion, denn Lieferungen in die Sowjetunion brachten Zusatzpunkte bei der Planerfüllung. Nach voller Entfaltung ihrer Rechenkünste konnten sie vermelden, der Betrieb habe doch den Plan erfüllt und die

Jahresendprämie könne bezahlt werden, und alle waren zufrieden. Irgendwie hatte sich der tatsächliche Produktionsausfall im sozialistischen Zahlenspiel aufgelöst. Es ist klar, dass man mit solch elastischen Parametern nicht den tatsächlichen Gewinn eines Betriebes berechnen kann.

Zur Währungsunion am 1. Juli 1990 wurde den Betrieben auferlegt, ihre DM-Eröffnungsbilanz zu erstellen, als Inventur vor dem Eintritt in die Marktwirtschaft. Genauso gut hätte man einen Analphabeten zum Diktat bestellen können. Kennzahlen und Statistiken gab es in den Verwaltungen der Betriebe und in den Ministerien massenhaft, aber für eine marktwirtschaftliche Eröffnungsbilanz waren sie untauglich. Sie maßen das Falsche – abgesehen davon, dass sie außerdem oft noch falsch maßen, sprich geschönt waren. Es brauchte ganze zwei Jahre, bis Mitte 1992 alle DM-Eröffnungsbilanzen vorlagen. Jene Substanzwert-Berechner konnten offenbar den Gesamtwert des DDR-Wirtschaftsvermögens ohne Kenntnis von Eröffnungsbilanzen erfühlen oder erahnen.

Planwirtschaft ist innovationsfeindlich. Deshalb geriet die sozialistische Wirtschaft zunehmend ins Hintertreffen. Zwar hat die Sowjetunion für militärische Zwecke und die Weltraumfahrt Spitzentechnologien entwickelt, aber diese von der zivilen Wirtschaft der Geheimhaltung wegen völlig abgeschirmt. Bis in die 60er Jahre war das technologische Niveau in Ost und West noch vergleichbar. Kameras wurden mit Gewinn exportiert. Auch zuletzt konnten sie sich mit ihrer optischen und feinmechanischen Qualität sehen lassen. Man hatte aber die Elektronisierung verpasst, also Belichtungsautomatik oder Autofokus. Ohne dies konnte man sie nicht einmal mehr in Dritte-Welt-Länder exportieren, denn auch dort standen sie erfolglos neben der japanischen Konkurrenz.

Wie die Politik in die Wirtschaft eingriff, lässt sich auch an der Geschichte des Trabant erläutern. Dass 30 Jahre lang dasselbe Auto produziert wurde, lag nicht an der Beschränktheit der Ingenieure. Ab 1962 wurde ein neuer Trabant entwickelt, dessen Karosserie mit Fließheck Ähnlichkeiten mit dem späteren Golf I hatte, ein damals geniales Design. 1967 sollte er in Produktion gehen. Aber ein Jahr vorher stoppte das Politbüro die Entwicklungsarbeit und ließ alle Prototypen vernichten. Dasselbe wiederholte sich noch einmal. Der Trabant 1100/1300 war mit einem 45-PS-Viertaktmotor ausgerüstet und sollte 1984 in Serie gehen. Es gibt Fotos, der Wagen sah flott aus. Bis 1979 waren 35 Millionen Ost-Mark in die Entwicklung investiert worden. Das war dem Politbüro offenbar zu viel. Denn in diesem Jahr stoppte es die Entwicklung. Fragt mich nicht, warum. Das Geld war damit freilich futsch.

Ähnlich erging es der Flugzeugindustrie in der DDR. Unter Ulbricht wurde sie aufgebaut. An der TU Dresden wurden die Ingenieure ausgebildet. Zwei Prototypen wurden entwickelt. Dann kam der Beschluss des RGW, genauer der sowjetischen Führung, dass die DDR keine Flugzeuge bauen sollte. Im Dresdner Flugzeugwerk wurden nun Mähdrescher repariert und Zeltgestänge gefertigt.

Die SED rühmte sich immer, dass die Gewinne der Betriebe nicht in die Taschen der Kapitalisten flossen, sondern in den Staatshaushalt. Sie verschwieg, dass auch die Schulden, Pleiten und verschwendeten Millionen auf dem Staatshaushalt lasteten.

Über den wahren Zustand der DDR-Wirtschaft bis 1989 gibt es zwei unverdächtige Zeugen.

Erstens die Witze, die man sich in der DDR erzählte.

»Die sieben Weltwunder der DDR:

1. Obwohl niemand arbeitslos ist, hat die Hälfte nichts zu tun.
2. Obwohl die Hälfte nichts zu tun hat, fehlen Arbeitskräfte.
3. Obwohl Arbeitskräfte fehlen, erfüllen und übererfüllen wir die Pläne.
4. Obwohl wir die Pläne erfüllen und übererfüllen, gibt es in den Läden nichts zu kaufen.
5. Obwohl es in den Läden nichts zu kaufen gibt, haben die Leute fast alles.
6. Obwohl die Leute fast alles haben, meckert die Hälfte.
7. Obwohl die Hälfte meckert, wählen 99,9 Prozent die Kandidaten der Nationalen Front.«

Oder: »Was passiert, wenn der Sozialismus in der Sahara eingeführt wird? Fünf Jahre nichts, dann wird der Sand knapp.«

»Von allen bisherigen Gesellschaftsordnungen hat der Sozialismus etwas übernommen: vom Kapitalismus die vielen Krisen, vom Feudalismus die vielen Könige, von der Sklavenhalterordnung den Umgang mit dem Menschen und von der Urgesellschaft die Produktionsmethoden.«

Nun der zweite Zeuge. Gerhard Schürer war einer der wenigen Spitzenfunktionäre der SED, die nach 1990 ehrlich bemüht waren, Rechenschaft abzulegen darüber, was er gewusst und getan hatte.

Seit 1978 hatte er immer wieder versucht, die Wirtschaftspolitik der SED zu korrigieren – vergeblich.[13] 1989 hat er

---

13 Andreas Malycha, Ein vertrauliches Gespräch von Gerhard Schürer, Chefplaner der DDR, mit der Stasi über die Wirtschaftspolitik der SED im April 1978, in: *Vierteljahrshefte für Zeitgeschichte* 49 (2011),

Honecker ausführliche Reformvorschläge gemacht. Der hat sie Günter Mittag weitergegeben, der im Politbüro für Wirtschaftsfragen zuständig war. Und der hat bloß erklärt, die Vorschläge widersprächen den Beschlüssen des 8. Parteitags. Damit war die Sache erledigt.

Ein anderes Mal hat Schürer Honecker einen ehrlichen Entwurf für den Staatshaushalt mit 8 Milliarden Ost-Mark Defizit vorgelegt. Darauf hat Honecker erklärt: Im Sozialismus gibt es kein Staatsdefizit – er solle den Plan überarbeiten. Das hat Schürer mithilfe der üblichen Tricks getan. Honecker dazu: Na bitte, warum nicht gleich?

Schürers grundsätzliche Kritik an der sozialistischen Planwirtschaft lautet: Sie hat dem Subjektivismus Tor und Tür geöffnet. Die Funktionäre konnten Anordnungen treffen und Ziele vorgeben, wie sie gerade wollten, ohne Rücksicht auf die ökonomischen Zusammenhänge und Folgen.

Egon Krenz muss etwas von der Vogel-Strauß-Politik im Politbüro geahnt haben. Nachdem er Honecker abgelöst

---

S. 283–305; Hans-Hermann Hertle, Gespräch mit Gerhard Schürer: »Es wäre besser gewesen, wir wären früher pleite gegangen!« in: *Deutschland Archiv* 25 (1992), S. 132–141; ders., Der Weg in den Bankrott der DDR-Wirtschaft. Das Scheitern der »Einheit von Wirtschafts- und Sozialpolitik« am Beispiel der Schürer/Mittag-Kontroverse im Politbüro 1988, in: *Deutschland Archiv* 25 (1992), S. 127–131; ders., »Das reale Bild war eben katastrophal!«. Gespräch mit Gerhard Schürer, in: *Deutschland Archiv* 25 (1992), S. 1031–1039; Gerhard Schürer, Planung und Lenkung der Volkswirtschaft in der DDR – Ein Zeitzeugenbericht aus dem Zentrum der DDR-Wirtschaftslenkung, in: Eberhard Kuhrt u. a. (Hrsg.), *Die Endzeit der DDR-Wirtschaft – Analysen zur Wirtschafts-, Sozial- und Umweltpolitik* (Am Ende des realen Sozialismus. Beiträge zu einer Bestandsaufnahme der DDR-Wirklichkeit in den 80er Jahren, hrsg. von Eberhard Kuhrt u. a. im Auftrag des Bundesministeriums des Innern, Bd. 4), Opladen 1999, S. 61–98.

hatte, beauftragte er die führenden Wirtschaftsfunktionäre, ihm die Lage der DDR-Wirtschaft ungeschminkt darzustellen. Dieses Gutachten ist als Schürer-Gutachten bekannt geworden und im Internet zugänglich.[14] Es ist auf den 30. Oktober 1990 datiert. Auch der Modrow-Regierung ist es bekannt gewesen, aber als »geheime Verschlusssache«. Dem Runden Tisch war es unbekannt. Bei der letzten Sitzung des Zentralkomitees der SED Ende 1989 fragte jemand: Wir haben gehört, die DDR hätte Staatsschulden. Stimmt das? Darauf Krenz: Dazu kann ich nichts sagen, da müsste erst die Volkskammer die Vorschriften über die Staatsgeheimnisse ändern. Bei den Koalitionsverhandlungen nach der Volkskammerwahl kannte nur Lothar de Maizière das Gutachten. Es wurde erst in der zweiten Hälfte des Jahres 1990 öffentlich.

Krenz hat den Inhalt dieses Gutachtens bei seinem Antrittsbesuch Michail Gorbatschow vorgetragen. Der hat geantwortet: Dass es um die DDR-Wirtschaft so schlecht bestellt sei, überrasche ihn. Aber die Sowjetunion könne der DDR nicht helfen, sie habe selbst wirtschaftliche Probleme genug.

In diesem Gutachten liest man, dass über die Hälfte der Maschinen und der Infrastruktur verrottet sei, weil notwendige Investitionen seit 1970 unterblieben seien – zugunsten des Konsums. Die Arbeitsproduktivität sei 40 Prozent niedriger als die westdeutsche (in Wahrheit waren es 70 Prozent). Durch den hohen Reparaturbedarf liege der Anteil manueller Tätigkeit in der Industrie viel zu hoch. Geldmangel hin-

---

14 Gerhard Schürer / Gerhard Beil / Alexander Schalck / Ernst Höfner / Arno Donda, Vorlage für das Politbüro des ZK der SED. Analyse der ökonomischen Lage der DDR mit Schlussfolgerungen, in: *Deutschland Archiv* 25 (1992), S. 1120ff.; auch zugänglich unter www.bstu.bund.de.

dere daran, neu entwickelte Produkte auch zu produzieren.

Die Inlandsverschuldung des Staates (gegenüber »dem Kreditsystem«, wozu auch die Sparguthaben zählten) sei von 1970 bis 1989 von 12 auf 123 Milliarden Ost-Mark gestiegen, die Auslandsverschuldung in Devisen im selben Zeitraum von 2 auf 49 Milliarden DM. Der jährliche Schuldendienst betrage 150 Prozent der jährlichen Deviseneinnahmen der DDR. Eine Exportsteigerung sei mangels geeigneter Güter derzeit nicht möglich. Der Westimport des Jahres übersteige den Westexport um 14 Milliarden. »Allein ein Stoppen der Verschuldung würde im Jahre 1990 eine Senkung des Lebensstandards um 25–30 Prozent erfordern und die DDR unregierbar machen.« Man müsse mit der Bundesregierung über einen weiteren Kredit von 25 Milliarden DM verhandeln.

Der Bundesregierung solle angeboten werden, dass das gegenwärtige Grenzregime bis zum Jahre 2000 überflüssig werden solle. Dieser Passus wurde nicht in das Protokoll des Politbüros übernommen.

Schürer et al. hatten die Devisenverschuldung der DDR zwar zu hoch angesetzt, weil ihnen die Devisenreserven von Schalck-Golodkowskis KoKo-Imperium nicht bekannt waren. Für einen Bankrott ist aber nicht die Höhe der Schulden, sondern die Zahlungsunfähigkeit entscheidend.

Das Gutachten macht Vorschläge für eine Wirtschaftsreform, von denen ich folgende hervorhebe:

1. »Drastischer Abbau von Verwaltungs- und Bürokräften.« Der Anteil nicht produzierender Mitarbeiter war bei den Ostbetrieben viel höher als im Westen, wegen der Planwirtschaft mit ihrer zentralistischen Regulierungswut. Das erhöhte die Produktionskosten und verringerte die Arbeitsproduktivität.

2. »Bedeutende Einschränkung von Arbeitsplätzen.« Das heißt: es wird Arbeitslose geben, weil zu viele in den Betrie-

ben beschäftigt sind, die gar nicht gebraucht werden, es also verdeckte Arbeitslosigkeit gibt. Sie wird auf 16 Prozent geschätzt. Es kam aber noch etwas hinzu. Die DDR hat zur Vermeidung von Arbeitslosigkeit und um das Recht auf Arbeit zu garantieren die Automatisierung und Rationalisierung bewusst gebremst. Der DDR-Planungschef Schürer nahm an, dass die Arbeitsproduktivität der DDR um 40 Prozent niedriger sei als in der Bundesrepublik. Heute wird angenommen, dass sie 30 Prozent der westlichen betrug. Wenn also im Westen 30 Arbeitsstunden für ein bestimmtes Produkt aufgewendet wurden, waren im Osten vor der Sanierung 100 Arbeitsstunden nötig. Wenn man die Arbeitsproduktivität steigert, muss man entweder mit derselben Anzahl Beschäftigter mehr Güter produzieren – aber woher zusätzliche Kunden nehmen, die Märkte waren ja gesättigt –, oder man muss die Anzahl der Beschäftigten reduzieren. Und so kam es zu den enormen Arbeitslosenzahlen.

3. »Grundlegende Veränderung in der Subventions- und Preispolitik.« Er meint damit: Man solle aufhören, Dinge unter ihren Herstellungskosten zu verkaufen. In der DDR wurden die Grundnahrungsmittel und die Energie unter den Herstellungskosten verkauft. Auch die Mieten waren enorm subventioniert, das heißt künstlich niedrig gehalten. Die Folge davon war, dass die Häuser verfielen. Diese Subventionen – 1989 beliefen sie sich auf 50 Milliarden jährlich! – hatten weitere absurde Folgen. Man verfütterte lieber Brot als Korn an die Hühner, weil das Brot billiger war. Die Kleintierzüchter bekamen für das Kaninchen einen höheren Aufkaufpreis, als es dann im Laden kostete. Das Geld für diese riesigen Subventionen fiel natürlich nicht vom Himmel. Es wurde dadurch eingesammelt, dass alle technischen Güter künstlich verteuert wurden.

Der technologische Rückstand der DDR war vor allem

dadurch zustande gekommen, dass man die Elektronisierung verpasst hatte. Bekanntlich wollte Honecker das wettmachen und ließ einen 256-Kilobyte-Chip entwickeln, der mit viel Pomp gefeiert wurde. Schürer berichtet von diesem Chip: Die Produktionskosten beliefen sich auf 536 Ost-Mark, verkauft wurde er für 16 Ost-Mark, im Westen kostete derselbe Chip 6 West-Mark. Mit einer Milliarde jährlich wurde die Chip-Produktion subventioniert. Schürer empfahl damals, auf solchen wahnsinnig teuren Ehrgeiz zu verzichten – vergeblich.

4. »Senkung des Planungs- und Verwaltungsaufwandes«, das heißt also: mehr Markt.

5. »Klein- und Mittelbetriebe aus den Kombinaten ausgliedern.« Das sollte mehr Flexibilität bringen. Die Kombinate waren zu groß und zu träge.

6. »Die Rolle des Geldes als Maßstab für Leistung, wirtschaftlichen Erfolg und Misserfolg ist wesentlich zu erhöhen.«

Die Planwirtschaft hat die Betriebe zugunsten einer zentralen Lenkung kastriert. Die VEBs durften keine Preise festlegen. Sie waren auch nicht für die Materialbeschaffung, den Verkauf und das Vertriebsnetz oder die Kundenwerbung zuständig. Sie durften nicht über ihre Investitionen und ihre Produkte entscheiden. Das alles wurde von außen zentral festgelegt. Entscheidend war nicht der Gewinn in Geld, resultierend aus der betriebswirtschaftlichen Bilanz, sondern die Planerfüllung, die nach einer Vielzahl von Plankennzahlen bemessen wurde. Daher der große Verwaltungsaufwand. Das also will Schürer ändern.

Die Betriebe verfügten über sehr gute Facharbeiter, sehr gute Ingenieure, aber kaum über erprobte Betriebs-Kaufleute und keine erfahrenen Marketing-Spezialisten. Dieses Manko wurde ihnen beim Eintritt in die Marktwirtschaft oft zum Verhängnis und hat die Arbeit der Treuhand ungemein erschwert. Zum 1. Juli 1990, also zur Währungsunion, sollten alle Unternehmen der DDR eine DM-Eröffnungsbilanz erstellen. Aber es kam nichts. In den Betrieben wusste niemand, wie man eine »echte« marktwirtschaftliche Betriebsbilanz macht. Es fehlten die notwendigen Angaben, da die Planwirtschaft von ihnen andere Angaben eingefordert hatte. Diese Eröffnungsbilanzen zum 1. Juli 1990 lagen erst im Oktober 1992 vollständig vor. Deshalb gab es 1990 noch gar keine seriöse Grundlage für eine Schätzung des Industrievermögens der DDR.

Ein anderes Gutachten vom September 1989, das nicht einmal dem Politbüro zugänglich gemacht wurde, legte dar, dass die Kreditwürdigkeit der DDR im Westen auf Finanzmanipulationen beruhe, also vorgespiegelt sei.[15]

Zehn Tage nach Schürers Reformprogramm öffnete sich die Mauer. Ein Jahr später war Deutschland vereinigt. Schürers Reformprogramm musste – unter völlig veränderten Rahmenbedingungen – die Treuhand durchführen.

Öffentlich wurden diese Gutachten erst Mitte 1990. Aber Lothar de Maizière hatte sie als Mitglied des Modrow-Kabinetts bereits gesehen. Bei den Koalitionsverhandlungen nach den freien Wahlen zur Volkskammer forderte Harald Ringstorff (SPD), die Erträge der Privatisierung der DDR-Wirtschaft sollten durch Anteilscheine der Bevölkerung zugutekommen. Lothar de Maizière fragte zurück, wie er darauf komme, dass diese Privatisierung mit einem Plus abschließen werde.

Hans Modrow ist am 1. November 1989 ein Memoran-

15 Geheime Kommandosache Schalck u. a. vom 28. September 1989, in: DDR-Lexikon (http://www.ddr-wissen.de/wiki/ddr.pl?Geheime_Kommandosache_Schalck).

dum übergeben worden, in dem es hieß, 1991 werde die Zahlungsunfähigkeit der DDR eintreten. Als Lothar de Maizière ein halbes Jahr später sein Amt als Ministerpräsident antrat, lautete die Auskunft der DDR-Fachleute, ohne Wiedervereinigung werde der Staatsbankrott der DDR noch im selben Jahr eintreten. Immer wieder wird behauptet, ein Staat könne gar nicht pleitegehen. Das ist Wortklauberei. Ein Staat kann nicht verschwinden wie eine liquidierte Firma, aber zahlungsunfähig kann er werden. Und dann wird er unter Kuratel gestellt von denen, die ihm aus der Pleite helfen und entsprechende Auflagen machen, zum Beispiel dem Weltwährungsfonds. Und dies genau befürchteten Schürer u. a. in ihrem Gutachten ausdrücklich.

Andere relativieren die Zahlungsunfähigkeit der DDR in Devisen mit dem Argument, die öffentliche Hand habe doch heute in Deutschland das Vielfache an Schulden. Das ist aber ein allzu einfältiges Argument. Nicht die Höhe der Schulden (Kredite), sondern die Zahlungsfähigkeit, die Bedienung der Schulden ist entscheidend. Manche Bürger müssen wegen einiger Tausend Euro Schulden Privatinsolvenz anmelden, weil sie keine Einnahmen haben, während Unternehmen mit -zig Millionen Krediten beste Geschäfte machen, weil sie entsprechende Einnahmen haben.

5. »Die DDR-Bürger haben den Staat verdient, den sie hatten.«

Auf dem ersten Flugblatt der Geschwister Scholl hieß es: »Vergesst nicht, dass ein jedes Volk diejenige Regierung verdient, die es erträgt.« Das war unter Lebensgefahr während der Diktatur zu den Mitbürgern gesagt. Wolfgang Herles zitiert das und fragt: »Galt dieser Satz nicht auch in der

DDR?« »Es waren ganz wenige, die wirklich bereit waren, für die Freiheit ihr Leben zu riskieren.«[16] Ich finde, ein solcher Satz steht ihm nicht zu. Er selbst gehört, im Unterschied zu den Geschwistern Scholl, nicht zu jenen wenigen, und zwar mangels Gelegenheit. Schwerlich hat er je für seine Überzeugungen empfindliche Nachteile hinnehmen müssen. Er kann auch nie einem Stasi-Verhör ausgesetzt gewesen sein. Denn er hat zeitlebens in einem freiheitlichen Gemeinwesen gelebt, und das war nicht sein Verdienst. Sollen wir uns etwa schämen, wenn wir noch leben und bloß verhört, aber nicht verhaftet worden sind? Herles sitzt auf einem sehr hohen Ross. Mich erinnert er an einen Römer, der bei Wein und Oliven im Kolosseum sitzt, dem blutigen Gladiatorenkampf unten im Ring zusieht und Prädikate verteilt: Du warst mutig, du warst feige.

Auch Uwe Müller macht die DDR-Bevölkerung für die DDR-Misere verantwortlich. Staat und Bevölkerung hätten sich wechselseitig erpresst und die ostdeutsche Bevölkerung habe sich durch Staatsgeschenke ruhig stellen lassen.[17] Müller hat da etwas missverstanden. Der Einzelne konnte den Behörden drohen: Wenn ich nicht endlich eine Wohnung bekomme, gehe ich nicht zur Wahl. Das wirkte oft – aber nur bei unpolitischen Forderungen. Ein Aufruf zum Wahlboykott wäre als Boykotthetze hart bestraft worden, auch eine abgehörte Verabredung einiger, von Streikdrohungen, Demonstrationen, Flugblattaktionen ganz zu schweigen. Müller hat die Stasi vergessen. In der DDR sind sogar Protestbriefschreiber verhaftet worden.

Während der Prozesse gegen die Mitglieder des Politbü-

16 Wolfgang Herles, *Wir sind kein Volk. Eine Polemik*, München 2004, S. 171.

17 Uwe Müller, *Supergau deutsche Einheit*, Berlin 2005, S. 52.

ros konnte man öfters lesen, es müsse den ehemaligen DDR-Bürgern im Nachhinein peinlich sein, mit der Beschränktheit ihrer Herrscher konfrontiert zu werden. Die verschwiegene Voraussetzung: Hätten sie das gewusst, hätten sie sie zum Teufel gejagt. Aber wie, bitte? Hätten wir sie abwählen sollen? Es gab keine freie Wahlen. Oder hätten wir in den Generalstreik treten sollen? Es war die Erfahrung von 1953 in der DDR, 1956 in Polen und Ungarn, 1968 in der Tschechoslowakei und 1989 in China: Gegen Panzer sind Demonstranten machtlos. Da hilft auch Zivilcourage nichts. An ein paar schlichte Sachverhalte möchte ich erinnern:

1945 wurden die Besatzungsmächte nicht nach Verdienst oder Charakterstärke der deutschen Teilbevölkerungen verteilt.

1953 hat die DDR-Bevölkerung zu beachtlichen Teilen Freiheitswillen bewiesen. Was als Streik der Arbeiter gegen Lohnkürzungen begonnen hatte, wurde in wenigen Stunden zu einem landesweiten Aufstand mit politischen Forderungen: freie Wahlen, Freilassung der politischen Gefangenen, Rücktritt der Regierung, Pressefreiheit, Wiedervereinigung. Wie wir nunmehr aus den Stasi-Akten wissen, beteiligten sich schließlich alle Schichten der Bevölkerung, auch Mitglieder der Parteien und der Gewerkschaft. Auf dem Lande gab es Bauerndemonstrationen. Viele Demonstrationen führten vor die Gefängnisse mit der Forderung nach Freilassung politischer Häftlinge, oft mit Erfolg. Aber nach 36 Stunden endete das alles in einer blutigen Tragödie. Allein in Ostberlin fuhren 600 sowjetische Panzer auf. Es wurde geschossen, erst über die Köpfe hinweg und, wo das nicht wirkte, gezielt auf Personen. Auf Anordnung aus Moskau wurden sofort willkürlich 18 standrechtliche Erschießungen vorgenommen und zur Abschreckung mit Plakaten veröffentlicht. Die Zahl der Toten wird insgesamt auf 60–150 geschätzt, die der Verwundeten ist unbekannt. 13.000 wurden schließlich verhaftet, 2000 zu harten Zuchthausstrafen verurteilt, zwei zum Tode. Besonders hart wurden die Organisatoren der Streiks bestraft, obwohl die DDR-Verfassung das Streikrecht garantierte.

Die SED-Diktatur ist durch die Sowjetunion installiert und von der Sowjetunion dirigiert und erhalten worden. Der Schlüssel für fundamentale Veränderungen lag immer in Moskau und nicht in Ostberlin. Weil Gorbatschow 1989 erklärt hatte, dass die sowjetischen Panzer in der DDR in den Kasernen bleiben würden, konnten die Demonstranten Erfolg haben.

Aus all dem ergibt sich: Eine intakte Diktatur lässt sich von unten nicht stürzen.

Dieser beklemmenden Einsicht verschließen sich viele Westdeutsche, namentlich viele Achtundsechziger. Sie sind mit ihrer Elterngeneration hart ins Gericht gegangen, weil sie in der Nazizeit zumeist keinen Widerstand geleistet oder sogar nicht einmal Anlass zum Widerstand verspürt haben. Diese Empörung war für diese Nachgeborenen aber nur vollziehbar zusammen mit der Überzeugung: Wenn wir damals gelebt hätten, wir hätten diese Verbrechen nicht zugelassen. Und sie haben den Tatbeweis für ihren Widerstand angetreten, durch Proteste aus nachvollziehbaren, aber auch aus befremdlichen Gründen, wozu ich die gegen die Notstandsgesetzgebung, gegen Atomendlager und gegen eine Volkszählung rechne. Es muss ihnen entgangen sein, dass sie mit sehr begrenztem und kalkulierbarem Risiko protestierten, nämlich geschützt durch die Demonstrationsfreiheit, durch prinzipiell unabhängige Gerichte und eine freie Presse. Sie brauchten weder Erschießung noch Zuchthaus zu befürchten. Aus diesem nachholenden Widerstand zu ermäßigten Preisen den Vorwurf abzuleiten: Warum habt ihr nicht protestiert wie wir?, ist ahnungslose Eitelkeit. Im Übrigen war auch im Herbst 1989 bis zur Maueröffnung das Risiko der Demonstranten unkalkulierbar. Zum 9. Oktober war die blutige Niederschlagung der Montagsdemonstration minutiös vorbereitet.

Aus der ernüchternden Einsicht, dass sich eine intakte Diktatur von innen und von unten nicht stürzen lässt, ergibt sich, dass man ihr Zustandekommen verhindern muss. Man muss die Institutionen der Freiheit verteidigen. Dann muss man sie, also etwas am Bestehenden, zu schätzen wissen und darf nicht, wie seinerzeit viele Achtundsechziger, die freiheitlich-demokratische Grundordnung als »FDGO« verspotten und davon faseln, in einem faschistoiden, jedenfalls verächtlichen Staat zu leben. »Alles, was besteht, ist wert, dass es zugrunde geht«, zitieren Revolutionäre gern. In Goethes Faust sagt das Mephisto.

6. »Die Ostdeutschen haben nie richtig arbeiten gelernt.«

Thomas Roethe hat 1999 das Publikum mit dem Buch »Arbeiten wie bei Honecker, leben wie bei Kohl« beglückt. Untertitel: »Ein Plädoyer für das Ende der Schonfrist«.[18] Er behauptet, die DDR-Bevölkerung habe durch Arbeitsverweigerung die DDR auf das Niveau der »Dritten Welt« hinuntergewirtschaftet. »Das Proletariat, kaum zur Herrschaft gekommen, hatte nichts anderes im Sinn, als Mühsal und Last abzuschütteln und den jüngst gewonnen Status auszukosten ... Millionen von Werktätigen waren sich sicher in dem Glauben, dass nun die Arbeitsfron vorbei sei.« Nach

18 Thomas Roethe, *Arbeiten wie bei Honecker, leben wie bei Kohl. Ein Plädoyer für das Ende der Schonfrist*, Frankfurt a. M. 1999.

dem 17. Juni habe das Volk die Regierung erpresst: »Wir, die Arbeiter und Bauern, erklären, die Macht der Partei nicht herauszufordern. Wir werden loyal sein, wenn ihr uns dafür zusichert, uns zu versorgen und von der Arbeitsfron zu befreien.«[19] Nicht die Regierung, sondern die Bevölkerung sei schuld an der DDR-Misere, und deshalb komme auch der Aufbau Ost nicht voran.

Man kann den kreativen Mythendichter bewundern. Wenn wir Ostdeutschen aber Juden wären, würde dieses Buch als antisemitisch gebrandmarkt, weil es eine kollektive Abartigkeit unterstellt. Eine Klasse, also auch die Arbeiterklasse, ist bekanntlich durch ihre Stellung in der Gesellschaft definiert, also durch die Beziehung zu anderen Klassen. Roethe liefert eine substantialistische Deutung. Das Proletariat ist unbehebbar faul. Er deutet Klasse wie Rasse. Ich finde das gar nicht witzig.

Das Bedürfnis, andere Menschengruppen zu verachten und dafür ätiologische Sagen zu erfinden, ist sicher überall in der Welt anzutreffen. Herr Roethe und die ihm Beifall klatschen, müssen sich sagen lassen: Bei euch auch. Und die Storys von den bösen fernen Völkern Gog und Magog werden sehr brisant, wenn die Abartigen nur eine Fahrstunde entfernt wohnen.

Richtig ist zweierlei. Die SED hat permanent zu höheren Produktionsleistungen aufgefordert. Man muss aber sehr naiv sein, um daraus zu folgern, die DDR-Bevölkerung müsse arbeitsunwillig gewesen sein, wenn sie dauernd zu Höchstleis-

---

19 Die Zitate habe ich einem Aufsatz von Thomas Ahbe entnommen, da ich das Buch nicht durchlesen möchte. Thomas Ahbe, Die Konstruktion der Ostdeutschen, in: *Aus Politik und Zeitgeschichte* 41–42/2004, S. 19.

tungen angetrieben werden musste. Da ist einer der verflossenen SED-Propaganda verspätet auf den Leim gegangen. In Wahrheit war es so: Da die SED die Rahmenbedingungen für eine florierende Wirtschaft zerstört statt geschaffen hat, hat sie den ausbleibenden Erfolg durch Propaganda herbeizwingen wollen. »Das Sein bestimmt das Bewusstsein«, hatte Marx gesagt. Jetzt sollte es umgekehrt gehen.

Richtig ist außerdem, dass es in der Arbeitswelt der DDR oft gemütlich zuging. Das lag aber nicht am mangelnden Arbeitswillen, sondern an Desorganisation und Mangelwirtschaft. Weil es wieder einmal keinen Zement gab, stockte der Bau. Weil Ersatzteile fehlten, standen die Maschinen still. Durch den Import westlicher Maschinen vergrößerte sich das Problem noch, denn nun mussten für Ersatzteile Devisen beantragt werden und eine Einfuhrgenehmigung.

Die Menschen sind verschieden. Die einen freuen sich über unverhoffte Pausen und spielen Skat, andere nutzen die Zeit, um ein neues Gartentor für zu Hause zu schweißen, und die Dritten ärgern sich, dass die Arbeit nicht am Stück vorangeht. Richtig Stress hatten diejenigen, die für die Planerfüllung zuständig waren und nicht wussten, wie.

Die Mangelwirtschaft hat zumeist nicht die Faulheit, sondern das Improvisationstalent befördert. Es war erstaunlich, mit wie viel Erfindungsgeist Maschinen, die ihre beste Zeit längst hinter sich hatten, am Laufen gehalten wurden, auch mit Überstunden. Für die Produktivität war das Verschwendung an Zeit, Kraft und Erfindungsreichtum, verschwendetes Engagement, aber kein Mangel an Engagement.

Am besten erzähle ich einiges:

Arbeitslose durfte es in der DDR nicht geben, koste es, was es wolle. Nach der Schließung einer Braunkohlengrube wurden die Bergarbeiter bei Fortzahlung ihres Gehalts auf den Bau beordert. Vom Bauen verstanden sie aber nicht viel. Sie mussten erst einmal angelernt werden. Dadurch stiegen die Kosten für den Neubau, eine staatliche Apotheke, massiv an. Das störte aber wenig, denn es zahlte ja der Staatshaushalt.

Eine Wohnungsbaugesellschaft beschäftigte einen Elektriker, konnte ihm aber keine Bohrmaschine stellen, weil es keine gab. Also wurden ihm für Mauerdurchbrüche Arbeitszeiten für Hammer und Meißel vorgegeben. Er hatte aber privat eine Bohrmaschine. Die brachte er mit und hatte nach zehn Mauerdurchbrüchen so viel Zeit gewonnen, dass er zwei Stunden früher nach Hause ging.

Eine Informatikerin hatte ihr Arbeitsverhältnis beendet, als sie ein Kind bekam. Eines Tages vor Jahresende erschien ein Abgesandter von Interflug und bat sie dringend, einen Arbeitsplatz in der Flugsicherung zu übernehmen. Davon verstehe sie aber doch gar nichts. Das sei jetzt nicht so wichtig, man könne ihr Literatur zur Verfügung stellen, die sie während der Arbeitszeit studieren könne, Hauptsache, sie nehme diese Stelle jetzt sofort an, sonst werde sie nämlich gestrichen. Nachdem sie einige Monate in einer Ecke mit Büchern verbracht hatte, hat sie frustriert gekündigt. Sich in einem Arbeitsverhältnis überflüssig vorzukommen, ist nämlich für viele kein Vergnügen.

Ein LPG-Arbeiter betrieb neben dem regulären Arbeitstag in der LPG noch eine kleine Landwirtschaft in den alten Gebäuden seines väterlichen Bauernhofs. Befragt, warum er sich diese Arbeit in seiner Freizeit aufhalse, hat er geantwortet, er wolle wenigstens einmal am Tag auch etwas ordentlich machen.

Über die Arbeitsfähigkeit und Arbeitswilligkeit Ostdeutscher läuft ja seit 1990 ein Großtest. Immer noch wandern viele nach Süddeutschland ab. Sie sind dort sehr willkommen und gelten als flexibel, lern- und improvisationsfähig. Richtig ist allerdings auch, dass die Unbeweglichen zurückbleiben, mit denen man weniger gute Erfahrungen machen wird. Doch das sind ja immer nur statistische Werte, also Häufigkeitsaussagen. Es ist eine dem Rassismus verwandte Denkart, wenn daraus Wesensaussagen über »die Ostdeutschen« gezimmert werden, von denen sich vorteilhaft zu unterscheiden für manche offenbar der Hauptgewinn aus der deutschen Einheit ist. Man hat wieder welche, auf die man hinabsehen kann.

Von 1990 bis 1998 hat es 1.700.000 Gewerbeanmeldungen von Ostdeutschen gegeben, davon 800.000 Unternehmen.[20] Obwohl die Hälfte davon eingegangen ist, war der Anteil der Selbständigen und freien Berufe an der Gesamtbevölkerung 2005 im Osten höher als im Westen.[21]

Die Geschichte von der Machtergreifung des faulen Proletariats ist Unfug. Aber ein Körnchen Wahrheit enthält auch dieser Unfug. Richtig ist, dass der SED-Führung aufgrund ihrer proletarischen Perspektive schlichte Einsichten jedes Unternehmers verborgen waren. Sie dachte, ein Unternehmen, das sei das, was zum Anfassen in der Landschaft steht. Haben wir das, werden wir reich. Die Selbständigen in der DDR (im Wesentlichen nur noch Handwerker) wussten es natürlich besser, hatten aber nicht die wissenschaftliche Weltanschauung und galten deshalb als zurückgeblieben. Und zweitens stimmt, dass im Osten die soziale Selbsteinordnung von der westlichen markant abweicht. Während sich im Westen 54 Prozent der Mittelschicht und 37 Prozent der Arbeiter-

---

20 Schroeder, *Preis der Einheit* (vgl. Anm. 11), S. 146.

21 Nämlich 6,6 Prozent Ost gegenüber 5,5 Prozent West. Statistisches Bundesamt (Hrsg.), *Datenreport 2006*, S. 587 (www.destatis.de/datenreport).

schicht zuordnen, ordnen sich im Osten 39 Prozent der Mittelschicht und 57 Prozent der Arbeiterschicht zu, obwohl die tatsächliche Schichtenzugehörigkeit gar nicht in dem Maße differiert. Westdeutsche stapeln gern ein bisschen hoch (was vielleicht gar nicht so schlecht ist), Ostdeutsche gern ein bisschen tief, sie sind aber deshalb nicht faul.[22]

7. »Das Ende des SED-Regimes ist nicht einer Revolution zu verdanken, sondern Gorbatschow.«

Franziska Augstein äußert sich in diese Richtung. Schwerer wiegt, dass in Ost und West der Herbst 1989 allgemein als Wende bezeichnet wird und nicht als Revolution. Warum?

Für die SED und namentlich die Stasi waren die Demonstrationen des Herbstes eine Konterrevolution. Nach marxistischer Auffassung sollte sich der geschichtliche Fortschritt durch Revolutionen durchsetzen, eine These, die große Schwierigkeiten mit den Tatsachen hat. Die proletarische oder sozialistische Revolution wurde verstanden als Fortsetzung und Vollendung der Französischen Revolution. Dabei wurde aber nicht an die »Erklärung der Rechte des Menschen und Bürgers« von 1789 und die erste französische Verfassung angeknüpft, sondern an die Diktatur der Jakobiner. Wer in den Menschenrechten und einer die Grundrechte garantierenden Verfassung den eigentlichen Ertrag der Französischen Revolution sieht, muss deshalb die Oktoberrevolution als Konterrevolution bezeichnen, weil Lenin den Aufbau der parlamentarischen Demokratie in Russland abgebrochen und das aus freien Wahlen hervorgegangene russische Parlament (Duma) hat auseinander-

22 Ebd., S. 586ff.

jagen lassen. Dann aber war die Einforderung der Bürgerrechte (»Wir sind das Volk«) die Konterrevolution zur Konterrevolution.

Jürgen Habermas hat die Herbstrevolution in der DDR eine bloß *nachholende Revolution* genannt.[23] Er beklagte den »fast völligen Mangel an innovativen, zukunftsweisenden Ideen«. Er wollte uns sozusagen dienstverpflichten zur Realutopie, die im Westen nicht durchsetzbar war – auch das ist eine Art Instrumentalisierung. Richtig ist allerdings, dass die Demonstranten tatsächlich nicht nur leben wollten *wie* in der Bundesrepublik, sondern *in der* Bundesrepublik (»Wir sind ein Volk«). Wie man sieht, hat sich das schon als ein sehr ehrgeiziges Projekt erwiesen. Die einen dachten dabei an Wohlstand und Freiheit, die anderen an Freiheit und Wohlstand. »Die wollen bloß, was wir schon haben«, das kann doch kein Grund zur Verachtung sein.

Diese Auffassung traf sich mit der vieler Bürgerrechtler, die den Herbst 1989 als eine *unvollendete Revolution*, als bloßen Anfang für etwas ganz Neues verstanden, für einen dritten Weg, für ein noch einmal »neues Deutschland« hielten – diesmal basisdemokratisch, ökologisch, pazifistisch. Manche betrachteten die Maueröffnung als Sabotage der Revolution, die sie vor Augen hatten und den Ruf »Wir sind ein Volk« als Verrat. Dass sie wieder einmal an einem deutschen Sonderweg bastelten und die Welt am deutschen Wesen genesen lassen wollten, scheint ihnen ebenso entgangen zu sein wie das ökonomische Desaster, in dem sich die DDR befand. Es war ihnen auch entgangen, dass sich weder die westlichen

---

23 Jürgen Habermas, *Die nachholende Revolution*, Frankfurt a. M. 1990. Sehr schön hat Karl Schiller darauf geantwortet: Karl Schiller, *Der schwierige Weg in die offene Gesellschaft. Kritische Anmerkungen zur deutschen Wiedervereinigung*, Berlin 1994, S. 104.

noch die östlichen Nachbarn der DDR noch die westlichen Siegermächte für eine gesellschaftspolitische Spielwiese im Herzen Europas begeistern ließen. Die östlichen Nachbarn wollten zur Europäischen Union und deshalb die politischen, rechtlichen und wirtschaftlichen Ordnungen der EU-Staaten übernehmen. Etwas anderes kam, mit oder ohne deutsche Einheit, auch für die DDR nicht ernsthaft in Frage. Verbesserungen unserer Ordnungen sind nicht nur möglich, sondern sogar nötig, aber doch nicht durch Revolution, sondern durch Evolution, jedenfalls aber auf demokratischem Wege.

Wenn man unter einer Revolution den Zusammenbruch eines Herrschaftssystems mitsamt seiner Legitimation, und zwar von innen her, versteht und nicht außerdem verlangt, dass Blut geflossen sein muss, dann war der Herbst 1989 eine Revolution, und zwar eine vollständige. Und nur weil sie gewaltlos verlief, konnte sie Erfolg haben.

Als Egon Krenz am 18. Oktober 1989 Honeckers Nachfolger wurde, hat er eine »Wende« angekündigt. Warum die deutsche Öffentlichkeit seiner Wortschöpfung folgt, verstehe ich nicht. Im Osten ist die Herbstrevolution kein Anlass zum Stolz mehr, weil sie überschattet wird von den Erfahrungen des wirtschaftlichen Zusammenbruchs und dem Umstellungsstress. Warum im Westen der Ausdruck »Wende« so selbstverständlich geworden ist, weiß ich nicht genau. Es könnte daran liegen, dass erst mit dem 9. November, der Maueröffnung und den anrollenden Trabbis, die Ereignisse in der DDR in die persönliche Erlebnissphäre eindrangen. Was vorher in der DDR stattfand, fand eben nur im Fernsehen statt. Oder sollte es so sein, dass den Ostdeutschen die Revolution nicht gegönnt wird, zumal die einzig erfolgreiche der deutschen Geschichte? Jedenfalls gibt es im vereinigten Deutschland solche Kämpfe um Anerkennung und recht oft ein westliches Gefühl der Rundum-Überlegenheit, das sich schon beeinträchtigt fühlen könnte, wenn die da eine Revolution sollen zustande gebracht haben, wir aber nicht.

Es gibt Argumente, die sind so unmöglich, dass man sie als vorgeschoben betrachten muss. Dazu gehört die These, der Herbst 1989 sei keine Revolution gewesen, sondern den günstigen Umständen, namentlich Gorbatschow, zu verdanken. Gelingende Revolutionen sind nämlich immer günstigen Umständen zu verdanken, günstig für die Aufbegehrenden und nicht für die Machthaber. Andernfalls handelt es sich um gescheiterte oder im Blut erstickte Revolutionen. In der Tat wäre der Herbst 1989 nicht möglich gewesen ohne Michail Gorbatschow. Er hat mit Glasnost und Perestroika das Politbüro der SED in arge Verlegenheit gebracht. Als Honecker gar die sowjetische Zeitschrift Sputnik verbot, weil sie Hitler und Stalin verglichen hatte, hat das viele SED-Genossen empört. Gorbatschows Ausspruch »Wer zu spät kommt, den bestraft das Leben« hat viele im Osten ermuntert und das Gefühl einer Rückendeckung vermittelt. Dass Gorbatschow erklärt hat, die Sowjetunion greife nicht mehr in innenpolitische Auseinandersetzungen ihrer Verbündeten ein, hat uns die Angst vor den sowjetischen Panzern genommen. Es gab aber ja noch die einheimischen Sicherheitskräfte. Sie sind zum Teil noch bis über den Jahreswechsel 1989/90 hinaus in Alarmbereitschaft gehalten worden.

Dass die Tage des vergreisten Politbüros der SED gezählt waren, war 1989 jedem klar. So oder so hätte sich etwas geändert in der DDR. Dass aber die SED schon am 18. März 1990 die Macht würde abgeben müssen, war 1989 keineswegs klar. Als Reformer empfahl sich ja nicht nur Hans Modrow, dessen Bemühen ganz darauf gerichtet war, das Spitzelsystem der Stasi zu erhalten, wie der Mitschnitt seiner Antrittsrede bei der Stasi dokumentiert. Auch Markus Wolf, ehemaliger Stasi-Chef für die Westspionage, empfahl sich als Reformer, so bei der großen Demonstration am 4. November 1989 auf dem Alexanderplatz. Ohne die Demonstrationen, den Runden Tisch und die Besetzung der Stasi-Zentralen hätte es einen langen, quälenden und weiter von der SED gesteuerten Prozess der Reförmchen und Pseudoreformen mit ungewissem Ausgang geben können.

8. »Die evangelische Kirche in der DDR hat sich opportunistisch verhalten.«

Das Bild von der evangelischen Kirche in der DDR[24] ist in der öffentlichen Meinung nach dem Zusammenbruch der DDR plötzlich umgekippt. Erst galt sie als Mutter der Revolution, nun wird sie als Stütze des Systems verdächtigt. Das eine war zu viel der Ehre, das andere ist zu viel der Schande. Die öffentliche Meinung liebt die Plakate und die Übertreibung.

Mutter der Revolution, diese Übertreibung kam dadurch zustande, dass die Kirche der einzige Ort in der DDR war, an dem das freie Gespräch möglich war. Die evangelische Kirche hat in den 80er Jahren oppositionellen Gruppen, die sich mit den Problemen Frieden, Umwelt, Dritte Welt beschäftigt haben, ihr Dach angeboten, auch Nichtchristen. Und sie hat, wenn Oppositionelle aus diesen Gruppen verhaftet wurden, Fürbittgottesdienste und Mahnwachen ermöglicht. Da gab es

---

24 Vgl. ausführlich dazu Richard Schröder (unter Mitarbeit von J. Zachhuber, K. Laudien und Chr. Raschke), Der Versuch einer eigenständigen Standortbestimmung der Evangelischen Kirchen in der DDR am Beispiel der »Kirche im Sozialismus«, in: *Kirchen in der SED-Diktatur*. Materialien der Enquete-Kommission »Aufarbeitung von Geschichte und Folgen der SED-Diktatur in Deutschland«, Bd. 2, hrsg. vom Deutschen Bundestag, Baden-Baden 1995.

dann ausnahmsweise volle Kirchen. Und nach der Öffnung der Mauer waren überall im Lande die Kirchen der Ort, an dem sich die Bürger zuerst versammelten und sich die neuen politischen Bewegungen vorstellten. Die Bilder von diesen vollen Kirchen im Westfernsehen haben bei vielen im Westen ein gänzlich irreales Bild vermittelt. Denn in Wahrheit waren die Christen in der DDR zu einer Minderheit geschrumpft. Die Kirche war, anders als in Polen, viel zu schwach, um Mutter der Revolution zu sein. Sie konnte keine Massen mobilisieren. Außerdem ist die Kirche keine politische Partei, die politische Programme zu vertreten und Revolutionen zu veranstalten hat. Sie hat Gottes Wort zu Gehör zu bringen. Das verpflichtet sie zum Widerspruch gegen Missstände, nicht aber zum tätigen Widerstand, schon gar nicht zum gewalttätigen. Non vi sed verbo – nicht durch Gewalt, sondern durchs Wort – war eine der Losungen der Reformation. Gottes Wort macht frei. Und deshalb war es richtig, dass die Kirche der Freiheit des Wortes Raum gegeben hat. Dadurch hat sie Verdienste beim Zusammenbruch der SED-Herrschaft. Allerdings ist auch die Kirche von der Geschwindigkeit dieses Zusammenbruchs überrascht worden. Denn das Bemühen der Kirche ging immer auf Reformen, weil wir aus Erfahrung wussten: Wenn es um die Machtfrage geht, ist mit den Kommunisten nicht zu spaßen, dann schlagen sie zu.

Stütze des Systems, dieser Vorwurf stammt wohl einerseits eben von dieser sanften Strategie der Kirche im Umgang mit den Staatsvertretern. Vor allem aber wird er genährt von Stasi-Enthüllungen. Ich will dazu nur dies sagen: Jeder Fall von missbrauchtem Vertrauen ist enttäuschend und muss aufgeklärt werden. Das ist aber auch geschehen. Die Rechenschaftsberichte der entsprechenden Gremien sind allerdings von der Öffentlichkeit nur mäßig wahrgenommen worden. Es stimmt nicht, dass die Kirche stärker von der Stasi durchsetzt gewesen wäre als andere gesellschaftliche Bereiche; es war vielmehr umgekehrt. Und es stimmt nicht, dass die Stasi die kirchlichen Entscheidungen, namentlich die der Kirchenparlamente, hätte beeinflussen können. Beweis: Regelmäßig beschwerte sich die SED bei der Kirche über synodale Entscheidungen. Und schließlich: Es stimmt auch nicht, dass die evangelische Kirche stärker von der Stasi durchsetzt gewesen wäre als die katholische. Diese hat aber keinen Ministerpräsidenten aus ihrer Führungsriege gestellt, und das mindert das Medieninteresse erheblich. Der dritte Grund für den Vorwurf, Stütze des Systems gewesen zu sein, ist die Formel »Kirche im Sozialismus«. Wie sie entstanden ist und gemeint war, will ich ausführlicher darstellen.

Zuvor aber will ich das Verhältnis zwischen der Staatspartei und den Kirchen in der DDR kurz beschreiben. In der ersten Verfassung der DDR waren zwar die Rechte der Kirche wunderschön beschrieben, aber die SED hat sich an diese Verfassung nicht gehalten, und ein Gericht, bei dem die Kirche gegen den Verfassungsbruch hätte klagen können, gab es nicht. Der Spielraum der Kirche war deshalb eine Mischung von jederzeit widerrufbaren Gewohnheitsrechten und gewohnheitsrechtlichen Illegalitäten. Insofern war unsere Situation mit der von Geiseln vergleichbar. Und da gibt es immer vier Möglichkeiten:

1. Man kann sich tätig widersetzen. Geiselnehmer machen dann in der Regel kurzen Prozess.
2. Man kann still über sich ergehen lassen, was geschieht.
3. Man kann sich auf die Seite der Geiselnehmer schlagen.
4. Oder man kann dieses und jenes zu bewegen suchen.

Dann darf man aber nicht sagen: »Geiselnehmer seid ihr, und ich verachte euch«, sondern ungefähr so: »Ich verstehe euch ja, aber …« Da die Kirchen keine Rechtsposition geltend machen konnten, konnten sie nicht verhandeln, sondern nur bitten. Sie mussten, wenn es um die Gleichberechtigung der Christen und die Arbeitsmöglichkeiten der Kirche ging, darzulegen versuchen, dass es im wohlverstandenen Interesse der anderen Seite sei, dieser Bitte nachzukommen.

Dies war umso schwieriger, als die SED von Anfang an und bis zum Schluss der festen Überzeugung war, dass die Kirche erstens »die einzige Institution im Sozialismus (ist), die nicht dem Wesen der sozialistischen Gesellschaftsordnung entspricht, aus ihr nicht erwächst und für den Sozialismus und seine Entwicklung überflüssig ist« (so ein Funktionär in seiner Dissertation 1983) und dass die Kirche zweitens das Sammelbecken der feindlich-negativen Kräfte sei, der Brückenkopf des Imperialismus usw. Die Hauptziele der SED-Kirchenpolitik waren folgende: Die Kirche sollte ihren Einfluss auf die Jugend verlieren. Dem diente die Jugendweihe und die Behinderung kirchlicher Jugendarbeit. Die Kirche sollte beschränkt werden auf »den Kult« und die Diakonie, also aus der Öffentlichkeit herausgedrängt werden. Sie sollte eine grundsätzliche Loyalitätserklärung zur Politik der SED abgeben. Die Methoden der SED haben dabei im Laufe der Zeit gewechselt. 1953 inszenierte sie einen regelrechten Kirchenkampf, aber die Sowjetunion verlangte den Abbruch dieses radikalen Kurses. Von da ab verfuhr die SED taktisch raffinierter. Ihr Hauptinstrument war: den Differenzierungsprozeß vorantreiben, d. h. »divide et impera«.

Über das zähe Ringen der evangelischen Kirche darum, diesem ihr zugedachten Tod zu entgehen, ließe sich viel erzählen. 1970 erließ die SED eine Veranstaltungsordnung, nach der alle kirchlichen Veranstaltungen außer Gottesdienst und Christenlehre angemeldet, also genehmigt werden mussten. Die Kirche hat sich nicht daran gehalten und regelmäßig Strafe bezahlt, bis die Verordnung modifiziert wurde. Die Kämpfe um die Jugendrüstzeiten und die schwierigen

Bemühungen um Kirchentage wären hier zu berichten.

Wichtig für die im Vergleich sehr große Unabhängigkeit der evangelischen Kirche in der DDR war besonders Folgendes: Sie hat ihre Pfarrer selbst bezahlt. In der CSSR hat der Staat die Pfarrer bezahlt – mit der Folge, dass er die Predigterlaubnis ad personam gewährte, verweigerte oder entzog. Die Kirchen konnten zudem ihre eigenen Ausbildungsstätten unterhalten. Da der Staat sie nicht als Hochschulen anerkannt hat, unterstanden sie auch nicht dem Hochschulministerium. Daraus ergab sich eine eigentümliche Freiheit aufgrund von Missachtung und Diskriminierung. Sehr viele aus den kirchlichen Hochschulen sind seit 1989 politisch aktiv geworden. Im September 1989 wurde im Hinterhaus des Berliner »Sprachenkonvikts«, einer dieser Hochschulen, die Gründung von »Demokratie jetzt« vorbereitet und im Vorderhaus die Gründung der Sozialdemokratischen Partei in der DDR (SDP).

Das alles wäre ohne die Unterstützung der westdeutschen Kirchen nicht möglich gewesen. Für die zensierte Öffentlichkeit der DDR waren aber auch die kleinen kirchlichen Wochenzeitungen, die Arbeit der Evangelischen Akademien und die Studentengemeinden von beachtlicher Bedeutung.

1945 waren über 90 Prozent der Bevölkerung der sowjetischen Besatzungszone Kirchenmitglieder, wenn auch örtlich variierend. Und diese Zahl sagt noch nichts über die Teilnahme am kirchlichen Leben. Die war namentlich in den Industrierevieren oft gering. Die Flüchtlinge aus den viel stärker volkskirchlich geprägten Ostgebieten haben das Gemeindeleben oft spürbar belebt.

1964 fand die letzte Volkszählung in der DDR statt. Sie ergab 12 Millionen Kirchenmitglieder (72 Prozent), fünf

Millionen waren konfessionslos. 1989 waren nur noch zwischen 20 und 30 Prozent Kirchenmitglieder.

Auch in der Nazizeit hatte es eine Kirchenaustrittsbewegung gegeben. Viele der damals Ausgetretenen sind nach dem Zusammenbruch des Nationalsozialismus wieder in die Kirchen eingetreten. Oft lag ja der Kirchenaustritt nur wenige Jahre zurück. Eine solche Wiedereintrittsbewegung hat es nach 1989 nicht gegeben.

Die sowjetische Besatzungsmacht hat die Kirchen nicht behindert, ja in Grenzen sogar gefördert. Denn sie wurden als »antifaschistisch« betrachtet. Zwar war die evangelische Kirche in der Nazizeit gespalten in »Deutsche Christen«, die mit dem Nationalsozialismus sympathisierten, und die »Bekennende Kirche«, aber die Deutschen Christen verloren ihren Einfluss 1945 vollständig. Es gab so etwas wie eine innerkirchliche *reeducation*.

Die erste Verfassung der DDR von 1949 garantierte die staatliche Amtshilfe zum Kirchensteuereinzug und den Religionsunterricht in den Räumen der Schule. Sie gewährte den Kirchen das Recht, zu den Lebensfragen des deutschen Volkes Stellung zu nehmen. Aber schon ein Jahr später waren diese Verfassungsartikel nur noch Papier.

Denn auf ihrem 3. Parteitag beschloss die SED 1950 den »Aufbau des Sozialismus«. Nun sollte der Marxismus-Leninismus die Grundlage für Bildung und Erziehung sein. Anfang 1953 kam es zu einem regelrechten Kirchenkampf, der sich besonders gegen die Mitglieder der Jungen Gemeinde und der Studentengemeinde richtete. Etwa 3000 Oberschüler wurden damals relegiert, etwa 70 kirchliche Mitarbeiter waren inhaftiert. Diakonische Einrichtungen wurden enteignet. Aber nach Stalins Tod hat die Sowjetunion ihre Deutschlandpolitik radikal geändert und die DDR-Regierung gezwungen, ihre repressive Politik abzubrechen, was sie auch tat. Weil sie bei dieser Rücknahme der Repressionen die Normerhöhung für die Arbeiter nicht zurückgenommen hatte, kam es (wie oben ausführlicher dargestellt) zum Aufstand des 17. Juni 1953.

Aber schon im nächsten Jahr setzte die antikirchliche Politik der SED einen neuen Hebel ein, die Jugendweihe. Sie entstammte der freidenkerischen Tradition und war bei Kommunisten, zum Teil auch bei Sozialdemokraten verbreitet. 1945 aber war auf ihre Wiederbelebung ausdrücklich verzichtet worden. Nun wurde sie doch wieder eingeführt, übrigens nur in der DDR. In keinem anderen der sozialistischen Länder gab es die Jugendweihe. Offiziell waren die Jugendweihekomitees die Veranstalter, aber von Anfang an war die Jugendweihe de facto mit der Schule eng verwoben. Die Teilnahme sollte vollkommen freiwillig sein und für alle offen. Offiziös wurden aber immer wieder einmal Oberschulbesuch und Lehrstelle von der Teilnahme an der Jugendweihe abhängig gemacht und das bei Rückfrage bestritten. So entstand der für die DDR so charakteristische Sumpf des freiwilligen Zwangs.

Das Jugendweihegelöbnis enthielt ein Bekenntnis zum Sozialismus, war aber ansonsten weltanschaulich neutral. Dagegen waren die Jugendweihestunden und das Buch *Weltall, Erde, Mensch*, das zur Jugendweihe überreicht wurde, deutlich vom Marxismus-Leninismus und dessen atheistischer Propaganda bestimmt nach dem Muster: Wissenschaft gegen religiösen Aberglauben und gesellschaftliche Reaktion. Die Kirchen haben an der Unvereinbarkeit von Konfirmation und Jugendweihe festgehalten, wie sie in den kirchlichen Lebensordnungen mit Bezug auf die Jugendweihe der Freidenker längst ausgesprochen war. Die Forderung eines Bekenntnisses mit unkalkulierbaren Folgen für die berufliche Zukunft hat viele überfordert. Die Kirchen haben dann sehr bald Jugendliche ein Jahr nach der Jugendweihe konfirmiert, wenn sie sich in diesem Jahr am kirchlichen Leben (Junge Gemeinde) beteiligt haben.

Die Jugendweihe wurde der große Einbruch in der Kirchenmitgliedschaft. Denn wer nicht konfirmiert war, konnte die kirchlichen Rechte nicht praktizieren und verstand sich auch ohne formellen Kirchenaustritt meistens nicht mehr als Kirchenmitglied.

Propagandistische Massenkampagnen für den Kirchenaustritt gab es nicht. Aber von SED-Mitgliedern wurde der Kirchenaustritt erwartet, und für Polizisten, NVA-Offiziere und Stasi-Mitarbeiter war er Pflicht. Die SED-Mitgliedschaft aber wurde zunehmend zur Bedingung für höhere Positionen in allen Bereichen. Die Folge davon war, dass bestimmte Berufsgruppen unter den Kirchenmitgliedern kaum noch vertreten waren. Neben den genannten Berufsgruppen gehörten dazu auch die Juristen, die Ökonomen, die Hochschullehrer.

Eine Besonderheit war die Ost-CDU. Sie war unter Druck der sowjetischen Besatzungsmacht der SED unterworfen worden und wurde von ihr regelrecht kontrolliert. Die SED entschied auch, wer aufgenommen werden durfte. Viele haben aber die Mitgliedschaft in der CDU der Mitgliedschaft in der SED vorgezogen, teils aus Überzeugungsgründen, weil sie sich nicht zum Atheismus der SED bekennen wollten, teils aber auch, um den höheren Mitgliedsbeiträgen und der Parteidisziplin der SED (man konnte in der SED per »Parteiauftrag« zum Arbeitsplatzwechsel aufgefordert werden) zu entgehen.

1962 wurde in der DDR die allgemeine Wehrpflicht eingeführt – wohlweislich nach dem Mauerbau, da man zuvor wohl noch mehr jugendliche Flüchtlinge befürchtet hat. Es war ein Unicum in den sozialistischen Ländern, dass 1964 für Wehrdienstverweigerer, deren Entscheidung zumeist auf christlichen Überzeugungen beruhte, das Institut der Bausoldaten geschaffen wurde, ein Dienst in Uniform, aber ohne Waffendienst, wohl aber für den Bau militärischer Anlagen. Etwa 350 junge Männer pro Jahrgang entschieden sich für den Bausoldaten-Dienst. Jugendlichen aus christlichen Elternhäusern wurde der Bausoldatendienst bei der Musterung gelegentlich empfohlen. Man wollte wohl auch die Truppe von renitenten Elementen freihalten, die die ideologische Schulung mit unerwünschten Fragen erschweren konnten.

1968 wurde in der DDR eine neue Verfassung eingeführt. In dieser waren die bisherigen Kirchenartikel gestrichen. Stattdessen hieß es, Vereinbarungen zwischen Staat und Kirche seien möglich. Auch dies hat die kirchliche Seite veranlasst, 1969 den Bund der Evangelischen Kirchen in der DDR als Verhandlungspartner für streitige Fragen zwischen Staat und Kirche zu gründen, zumal die gemeinsamen Gremien der EKD nach dem Mauerbau nicht mehr gemeinsam tagen konnten. In Art. 4.4 der Grundordnung des Bundes war die besondere Gemeinschaft des Bundes mit den Kirchen der EKD ausdrücklich festgehalten. Es blieb aber bei den Patenschaften zwischen Kirchengemeinden in Ost und West mit Treffen in Berlin-Ost und Besuchen. Auch die finanzielle Unterstützung der östlichen Kirchen durch die westlichen blieb erheblich und hat zum Beispiel die Eigenständigkeit der kirchlichen Ausbildungsstätten in der DDR ermöglicht. Der Bund der Evangelischen Kirchen in der DDR hat sich um eine Standortbestimmung in der DDR bemüht. 1971 hat die Synode des Bundes eine solche vorgenommen, für die die verkürzte Formulierung »Kirche im Sozialismus« üblich wurde. Dazu später.

1978 hat der Staatsratsvorsitzende und Generalsekretär der SED Honecker erstmals eine Delegation des Bundes der

Evangelischen Kirchen in der DDR empfangen. Dass die bis dahin beharrlich praktizierte Gesprächsverweigerung auf höchster Ebene durchbrochen wurde, war wohl dem Interesse der SED an einer Verbesserung ihres internationalen Ansehens geschuldet, hinter dem auch wirtschaftliche Interessen standen; denn die DDR wurde zunehmend von Westimporten und Westkrediten abhängig. Es haben sich im Gefolge dieses Gespräches auch einige Probleme regeln lassen, so die Anerkennung der Krankenschwesternausbildung an kirchlichen Krankenhäusern und die Renovierung großer Kirchen mit westlichen Finanzmitteln. Aber die SED hat bis zum Untergang der DDR das Gespräch über bestimmte Themen konsequent verweigert, darunter Fragen des Bildungswesens und der Bildungschancen christlicher Kinder.

Ich nenne hier noch einige weitere der Konflikte zwischen Staat und Kirche. 1970 erließ die Regierung eine Veranstaltungsordnung, nach der außer Gottesdiensten alle kirchlichen Veranstaltungen angemeldet werden mussten, was einem Genehmigungsverfahren gleichkam. Das richtete sich besonders gegen die Jugendarbeit der Kirchen. Diese beschlossen, diese Verordnung zu ignorieren und bei ihrer bisherigen Praxis zu bleiben. Verhängte Geldstrafen wurden bezahlt. Nach einer gewissen Zeit hat der Staat diese Verordnung nicht mehr angewendet. 1976 kam es zur Ausbürgerung Wolf Biermanns, die zu erheblichen Unruhen und Protesten namentlich unter den Künstlern und Schriftstellern der DDR führte und viele in den Westen trieb. Auslöser war wohl, dass Wolf Biermann nach der Selbstverbrennung von Pfarrer Brüsewitz in Zeitz bei einem Jugendgottesdienst in Prenzlau aufgetreten war und die SED befürchtete, die Parteiabtrünnigen könnten sich mit den Unbotmäßigen in der Kirche vereinigen.

Es war wohl 1978, als der Staat das neue Schulfach

»Wehrkundeunterricht« einführte, eine theoretische und praktische vormilitärische Ausbildung. Die Kirchen haben gegen diese Militarisierung der Schule protestiert und am Ende des Kirchenjahres die »Friedensdekade« eingeführt.

Am 13. Februar 1982, dem Gedenktag der Zerstörung Dresdens, fanden sich ca. 5000 Dresdner in der Kreuzkirche zusammen zu einer öffentlichen Diskussion. Das war ein Novum. Nur bei den Kirchentagen gab es Ähnliches.

Seit Beginn der 80er Jahre formierten sich zunehmend oppositionelle Gruppen junger Leute unter dem Dach der Kirche, konzentriert um die Themen Frieden, Dritte Welt, Umwelt, darunter auch viele ohne kirchlichen Hintergrund, die von den Themen und der Möglichkeit freier Diskussion angezogen waren, die es so nur in den Kirchen gab. 1986 kam es zum ersten Konflikt, als die Berliner Umweltbibliothek von der Stasi durchsucht und Mitarbeiter inhaftiert wurden. Dank der Vernetzung dieser Gruppen kam es zu Fürbittgottesdiensten für die Verhafteten, die öffentlichkeitswirksam wurden, weil westliche Medien inzwischen in der DDR arbeiten durften. Die Verhafteten wurden entlassen. 1988 kam es aus Anlass der Rosa-Luxemburg-Demonstration zu einer Verhaftungswelle, die Oppositionelle betraf. Seitdem nahmen die Konfrontationen zu. Der Staat verschärfte die Zensur der (wöchentlich erscheinenden) Kirchenzeitungen, was zu kleineren Demonstrationen führte.

Was man auch an Komischem erleben konnte, dokumentieren jetzt die Zensurgutachten des Staates.[25] Bekanntlich verbreitet die Herrnhuter Brüdergemeine in der ganzen Welt

25 Siegfried Bräuer / Clemens Vollnhals (Hrsg.), *»In der DDR gibt es keine Zensur«. Die Evangelische Verlagsanstalt und die Praxis der Druckgenehmigung 1954–1989*, Leipzig 1995.

jährlich ihre Losungen, das sind ausgeloste Bibelsprüche für jeden Tag. Losung vom 4. Januar 1987: »Sie haben mich oft gedrängt, von meiner Jugend auf, aber sie haben mich nicht überwältigt« (Ps. 129, 2). Dazu der Zensor: »Warum hier eine biblische Aussage eingefügt wird, die die angebliche Benachteiligung religiöser Jugendlicher stützen soll, ist … nicht erklärlich und auch nicht notwendig.« Am 17. August lautete die Losung: »Mit meinem Gott kann ich über die Mauer springen« (Ps. 18, 30). Dazu der Zensor: »Auch über die Berliner?« Oder 1979 zu dem Lied »Nun ade, du mein lieb Heimatland«, das in einem Volksliederbuch erscheinen sollte: »Ich weiß nicht, ob es zeitgemäß ist, das Lied gerade jetzt zu propagieren, denn es geht ja gerade nicht um das ade, sondern um das Finden der guten geistigen Heimat in der DDR.« Dieser unfreiwillige Humor belegt aber auch die unüberbietbare Kleingeisterei der Genossen.

Seit der Gründung der DDR war es eine heiß umstrittene Frage, wie wir uns, im Besonderen auf dem Hintergrund der Erfahrungen der Bekennenden Kirche in der Nazizeit, zu diesem Staat verhalten sollen. Die radikalste Position hat hier der Berlin-Brandenburger Bischof *Dibelius* eingenommen. Er erklärte nämlich 1959: In einem totalen Staat ist der Obrigkeitsgehorsam suspendiert, da dieser Staat nicht legitimiert ist. Seine viel umstrittene Illustration: In der DDR seien für ihn die Verkehrsregeln nicht verbindlich. Wenn er sich daran halte, dann nur aus taktischen Erwägungen. Diese Position stieß auf allgemeine Ablehnung, sogar bei seiner eigenen Kirchenleitung. Dibelius hatte ja mit seiner Diagnose »Der SED-Staat ist eine Diktatur« recht. Seine Konsequenz war aber, zumal für die einfachen Gemeindeglieder, nicht lebbar. Sie konnten sich nicht selbst pauschal zu Staatsfeinden erklären und dennoch im Lande bleiben. Der sogenannte Obrigkeitsstreit hat damals die Gemüter enorm erhitzt. Das Resultat dieser Auseinandersetzungen waren die 1963 von der Konferenz der Kirchenleitungen verabschiedeten *Zehn Artikel von Freiheit und Dienst der Kirche*. Diese wenden sich sowohl gegen totale Ablehnung als auch gegen Systemkonformität, denn auch ein Staat, der seinen Auftrag verfehlt, kann der Herrschaft Gottes nicht entlaufen. Sie weisen den Absolutheitsanspruch der Ideologie der SED zurück und kritisieren die Vernachlässigung des positiven Rechts »um einer erstrebten vollkommenen Gerechtigkeit willen«. Sie benennen Kriterien, denen eine Rechtsordnung aus christlicher Sicht genügen müsse, und kritisieren die Unterwerfung des Rechts unter den Wahrheitsanspruch einer Ideologie. Sie fordern auf zur Unterscheidung »zwischen dem gebotenen Dienst an der Erhaltung des Lebens und der gebotenen Verweigerung der atheistischen Bindung«.

Es ist allerdings nicht gelungen, diesem Dokument die Geltung einer Grundsatzerklärung zu verschaffen, denn es gab Widerspruch. Der Weißenseer Arbeitskreis formulierte *Sieben Sätze von der Freiheit der Kirche zum Dienen*. Sie beschreiben eine sich selbst verleugnende und die Welt selbstlos liebende Kirche. Deshalb dürfe sie nicht Ankläger, Verteidiger oder Richter der Parteien der Welt sein. Eine Kritik des Absolutheitsanspruchs der atheistischen Ideologie der SED, des kommunistischen Staatsverständnisses und der Rechtspraxis in der DDR kommt deshalb ebenso wenig in Frage wie eine Kritik an der Begrenzung kirchlichen Einflusses und der Bestreitung kirchlicher Rechte.

Im Ergebnis berührte sich diese Position mit der des »Thüringer Weges« (Mitzenheim), der die DDR fast unkritisch als »Obrigkeit« akzeptierte.

Dies war die letzte große Auseinandersetzung innerhalb

der evangelischen Kirche der DDR um die Frage nach dem Verhältnis der Kirche zur DDR. Sie hatte offenbart, dass eine einheitliche Stellungnahme nicht zu erreichen war. Es wäre aber sehr gefährlich gewesen, wenn sich die Kirchen in dieser Frage gespalten hätten. Denn genau darauf zielte die Strategie der SED.

Als 1968 der Bund der Evangelischen Kirchen in der DDR gegründet und also die organisatorische Trennung von der gesamtdeutschen EKD vollzogen wurde, hat man deshalb kein umfangreicheres Grundsatzdokument zum Verhältnis von Staat und Kirche formuliert, sondern sich mit schwammigen Formeln begnügt. Die Synode des Bundes in Eisenach 1971 hat eine umständliche und gequälte Formulierung gewählt:

»Eine Zeugnis- und Dienstgemeinschaft von Kirchen in der DDR wird ihren Ort genau zu bedenken haben: in dieser so geprägten Gesellschaft, nicht neben ihr, nicht gegen sie. Sie wird die Freiheit ihres Zeugnisses und Dienstes bewahren müssen.«

Man sieht: das »für« ist bewusst vermieden. Eingebürgert hat sich dann die Formel »Kirche im Sozialismus«. Und die SED war damit nicht zufrieden. Sie wollte ein Bekenntnis für den Sozialismus.

Trotzdem muss ich gegen jene Formeln Bedenken erheben.[26] Dass die evangelische Kirche sich auf die SED-Terminologie »Sozialismus« eingelassen hat, ohne ihrerseits zu

---

26 Ich habe das bereits 1988 öffentlich getan: Richard Schröder, Was kann »Kirche im Sozialismus« sinnvoll heißen?, in: *Kirche im Sozialismus* (Berlin-West) 14 (1988), S. 135–137, wieder abgedruckt in: Richard Schröder, *Denken im Zwielicht. Vorträge und Aufsätze aus der alten DDR*, Tübingen 1990, S. 49ff. – In den Akten des Staatssekretariats für Kirchenfragen wurde der Text zu meiner Freude als staatsfeindlich eingestuft.

sagen, was sie unter dem Wort versteht, ist ein intellektuelles Versagen gewesen. Es hat zudem dazu geführt, dass die Unterscheidung zwischen Staat, Partei und Gesellschaft vernebelt wurde. Während die *Zehn Artikel* noch klar die Defizite bei der Rechtsstaatlichkeit in der DDR angemahnt hatten, hat man nun statt von Staat von Gesellschaft und statt von Recht von Gerechtigkeit geredet. Die Kirche hat dadurch die Koordinaten ihrer Kritik vernebelt. Dieselben Tendenzen gab es damals übrigens auch im Westen.

Wer allerdings denkt, mit der Übernahme des Wortes Sozialismus sei der Staat zufrieden gewesen, irrt sich. Der Staat verlangte nämlich außerdem noch für sich die alleinige Definitionsvollmacht für das Wort Sozialismus. Als Heino Falcke bei der Bundessynode in Dresden 1972 erklärte: »Unter der Verheißung Christi werden wir unsere Gesellschaft nicht loslassen mit der engagierten Hoffnung eines verbesserlichen Sozialismus«, löste das auf Seiten von SED und CDU einen Sturm der Entrüstung aus, weil sie sich an den Prager Frühling erinnert sahen.

Dass der Staat mit den evangelischen Kirchen nicht zufrieden war, belegen die Jahresberichte des Staatssekretariats für Kirchenfragen. Jahr für Jahr bieten sie Sündenregister für die evangelischen Synoden, in denen ihnen vorgeworfen wird, dass sie sich kritisch zu gesellschaftlichen Fragen äußern.

Es ist also dies Merkwürdige eingetreten: In dem Moment, da die Kirche in der DDR die Bedingungen des Ortes, an dem sie lebt, und sogar das Wort »Sozialismus« akzeptiert, wird sie für die SED unbequem.

Die Formel »Kirche im Sozialismus« wurde seit 1988 zunehmend innerkirchlich kritisiert.

Als Bischof Leich im Februar 1989 öffentlich erklärte, auch er halte die Bezeichnung »Kirche in der DDR« für treffender, war die Formel tot.

Vom Februar 1988 an tagte in der DDR die »Ökumenische Versammlung für Gerechtigkeit, Frieden und Bewahrung der Schöpfung«. Hier fanden sich zum ersten Mal Vertreter aller christlichen Konfessionen und darunter sehr viele Aktive der sogenannten »Gruppen« zu einer breiten Diskussion über diese drei Themen zusammen. In der Arbeitsgruppe »Mehr Gerechtigkeit in der DDR« wurden erstmals detailliert die Probleme der DDR aufgelistet und konkrete Forderungen gestellt. Zugleich zeigte sich aber, das viele Fragen offen waren. Mit ihnen gingen wir in den Herbst 1989.

9. »Die Bundesrepublik hat das SED-Regime stabilisiert und vor einem früheren Zusammenbruch bewahrt.«

Es ist richtig, dass die DDR vom innerdeutschen Handel seit der Zeit der Besatzungszonen, von westlichen Milliardenkrediten und von den Deviseneinnahmen im Zusammenhang mit den deutsch-deutschen Verträgen enorm profitiert hat, von der Transitpauschale, dem westfinanzierten Ausbau der Transitstrecken, den Postausgleichszahlungen – es gingen ja viel mehr Westpakete in den Osten als umgekehrt –, aber auch vom Gefangenenfreikauf. Auch bei der Familienzusammenführung, die eine Einbahnstraße war, floss wohl Westgeld.

Hätte der Westen das alles unterlassen sollen, um das Ende der SED-Herrschaft zu beschleunigen?

Beim Gefangenenfreikauf und der Familienzusammenführung durfte das nicht nur eine Frage des politischen Kalküls sein, es musste zuerst eine humanitäre Frage sein, die die individuellen Schicksale obenan stellte. Selbst wenn es stimmt, dass die DDR-Justiz zur Ertragssteigerung zusätzliche Gefängnisstrafen verhängt hat, war es richtig, diesen Menschen zu helfen.

Dass eine Diktatur an überfüllten Gefängnissen zusammenbricht, dafür wüsste ich außerdem kein Beispiel zu nennen.

Es ist nicht einmal ausgemacht, dass eine Diktatur unter ökonomischen Schwierigkeiten zusammenbricht. Ceaușescu hat in Rumänien zum Zweck der Entschuldung einen gnadenlosen Sparkurs gefahren, durch den die Bevölkerung zeitweise nicht einmal genug zu essen hatte. Eine Revolution hat das nicht ausgelöst – das wusste die Securitate zu verhindern.

Mit jener These wird die Entspannungspolitik ins Zwielicht gesetzt, ganz zu Unrecht, wie ich finde.

Eine Diktatur kann gegen die eigene Bevölkerung umso rücksichtsloser vorgehen, je isolierter sie ist, je weniger sie sich also um ihren internationalen Ruf kümmern muss. China hatte nichts Nachteiliges zu befürchten, als es die Panzer auf den Platz des Himmlischen Friedens rollen ließ. Nordkorea hat völlig freie Hand im Umgang mit seiner Bevölkerung.

Mit der Entspannungspolitik wurde die SED abhängig von der öffentlichen Meinung des Westens. Sie musste guten Eindruck machen. Ohne diese Abhängigkeit hätte sie auch mit den ungeliebten Kirchen in der DDR ganz anders umspringen können.

Die Verhandlungen und Begegnungen über die Systemgrenze hinweg haben es der SED schwer gemacht, ihr aggressives Feindbild durchzuhalten. Man konnte die Bundesregierung nicht mehr als »Bonner Ultras« beschimpfen, wenn ein Verhandlungstermin bevorstand. Die SED hat zwar das Kunststück versucht, nach innen die unversöhnliche Klassenkampfperspektive zu predigen und nach außen verbindlich zu sein. Die Rechnung ging aber nicht auf.

In Wahrheit hat die Entspannungspolitik langfristig zur Destabilisierung der SED-Herrschaft beigetragen, aber nicht auf subversive Art.

Honecker war der Auffassung, wenn die Aufsässigen und Querulanten das Land verlassen hätten, ließe sich mit den Verbliebenen der Sozialismus schön aufbauen. Er irrte sich. Jeder, der nach Westen ging, hinterließ Verwandte und Freunde, die sich fragten, ob das nicht auch für sie eine Option sei. Nach dem Mauerbau waren wir alternativlos zum Leben in der DDR verurteilt. Nun öffnete sich ein beschwerlicher, aber nicht mehr lebensgefährlicher Weg zum Weggehen. Und so war es ja auch die Massenflucht im Sommer 1989, erst über Ungarn, dann über die Botschaften in Prag und Warschau, die das Ende der DDR einläutete. Und der Entwurf eines Reisegesetzes, das die endgültige Ausreise der Ausreisewilligen ohne Formalitäten vorsah, brachte aufgrund erfreulicher Missverständnisse Schabowskis bei der Pressekonferenz am 9. November 1989 unerwartet die Mauer zum Einsturz.

Der Entspannungspolitik hatten wir zu verdanken, dass westliche Journalisten via Westfernsehen aus der DDR und in die DDR hinein über die DDR berichten konnten. Das (Des-)Informationsmonopol der SED war dadurch gebrochen. Ohne diesen Umweg hätte die DDR-Bevölkerung kaum etwas von den oppositionellen Gruppen, von den Fürbittgottesdiensten für Inhaftierte, von Kirchentagen und Synoden erfahren.

Und was die Deviseneinnahmen betrifft: Die DDR wurde von Devisen abhängig wie der Junkie von der Droge. Sie brauchte immer mehr, konnte sich aber nicht immer mehr davon beschaffen. Sie steuerte auf die Zahlungsunfähigkeit zu.

Einen anderen Staat von außen gezielt wirtschaftlich zu ruinieren ist eine zweifelhafte Politik. Wenn eine Diktatur sich selbst ruiniert, darf man dabei fröhlich zusehen. Es ist ja das erfreulichste Ende, das eine Diktatur finden kann.

10. »Die Bundesrepublik trägt Mitschuld an der Mauer und den Mauer-Toten.«

Hans Modrow, Ministerpräsident der DDR nach Honeckers Sturz und bis zu den freien Volkskammerwahlen, hat das zum 13. August 2006 wieder einmal behauptet. Die PDS/ Linkspartei, deren Ehrenvorsitzender er ist, wollte sich das so nicht ganz zu eigen machen, aber eine gewisse Mitschuld des Westens am Mauerbau sahen auch einige ihrer führenden Vertreter, denn die Bundesrepublik habe die Anerkennung der Staatsbürgerschaft der DDR verweigert.

Diese verquaste Argumentation läuft nach der Logik: Mein Nachbar ist dran schuld, dass ich meine Frau schlage. Denn es ist ja völlig klar, dass diese Mauer kein »antifaschistischer Schutzwall« zur Abwehr eines westlichen Überfalls auf die DDR war, wie die damalige Propaganda behauptete, keine Stadtmauer zum Schutz gegen Eindringlinge. Für Panzer war sie kein Hindernis. Sie war eine Gefängnismauer, die die eigenen Bürger am Weglaufen hindern sollte, statt Lebensbedingungen zu schaffen, die sie zum Bleiben veranlasst hätten.

Was das alles mit der verweigerten Anerkennung der DDR-Staatsbürgerschaft zu tun haben soll, ist auf den ersten Blick gar nicht evident. Ich kann mir nur folgenden Zusammenhang denken: Hätte die Bundesrepublik die DDR-Staatsbürgerschaft anerkannt, dann hätte sie DDR-Bürger, die unerlaubt in die Bundesrepublik ausgereist oder sich dort unerlaubt lange aufgehalten hätten, in die DDR abschieben müssen. Im Klartext: Hätte der Westen uns unsere entlaufenen Bürger in Handschellen zugestellt, damit wir sie zu Gefängnisstrafen verurteilen konnten, dann hätten wir sie nicht an der Grenze erschießen müssen. Wir wollten sie lieber lebendig zurückbekommen. Das ist die pure Sklavenhalterlogik.

Man muss das alles nur einmal vollständig zu Ende denken und aussprechen, um die Infamie jener abstrusen These zu erkennen.

Von der PDS haben wir hin und wieder gehört, die Mauer habe den Weltfrieden gerettet. Hätten die Alliierten mit Panzern die Sektorengrenze überschritten, um den Mauerbau zu verhindern, hätte das wohl Krieg bedeutet. Und hätte die Sowjetunion als Alternative zum Mauerbau die alliierten Land- und Luftwege zwischen Westberlin und Westdeutschland oder gar Westberlin selbst unter ihre Kontrolle gebracht (Chruschtschow: »entmilitarisierte freie Stadt Westberlin«), um den Ostdeutschen den Fluchtweg abzuschneiden, hätte das auch Krieg bedeuten können. Insofern war der Mauerbau und seine Hinnahme durch den Westen das kleinere Übel. Ein Glück, dass die Kontrahenten des Kalten Krieges hier wie bei der Kubakrise alles vermieden haben, was zum Atomkrieg geführt hätte.

Wenn mir jemand das Bein abhackt und nicht den Kopf, werde ich froh sein, am Leben geblieben zu sein, aber doch nicht dankbar sein für das verlorene Bein. Wenn das denkbar größte Übel, der atomare Weltkrieg, zum Maßstab wird, sind alle anderen Übel kleiner – aber deshalb noch nicht klein. Der Atomkrieg wurde vermieden. Den Preis dafür mussten wir Ostdeutschen zahlen.

Die Mauer wurde zum Symbol nicht nur der deutschen, sondern auch der europäischen Teilung. Und sie wurde zur Sichtblende für beide Seiten. Seit dem Bau der Mauer hat sich die Teilung Deutschlands vertieft. Die wechselseitigen Wahrnehmungsdefizite wirken nach bis heute. Während vor dem Mauerbau auch die SED noch von der Einheit der deutschen Nation und von Wiedervereinigung sprach und »Deutsche an einen Tisch« forderte, wurde seit Honeckers Machtantritt alles unternommen, um den Ostdeutschen das

Zusammengehören der Deutschen auszutreiben. Der verbotene Gedanke an dieses Zusammengehören bekam dadurch im Osten subversive Potenz.

Seinerzeit wurde der Mauerbau auch damit begründet, dass sie den kriminellen Menschenhandel unterbinden sollte. Westdeutsche Agenten würden DDR-Bürger mit falschen Versprechungen in den Westen locken. Wenn das so einfach ist, warum hat dann nicht die SED ihrerseits Westbürger in die DDR gelockt? Während der großen Fluchtbewegung im Herbst 1989 griff die SED-Propaganda noch einmal zur Menschenhändler-Lüge und berichtete in großer Aufmachung von einem Mitropa-Kellner, der mit einer Mentholzigarette betäubt in den Westen verschleppt worden sei. Erst nach dem Mauerfall hat sich das »Neue Deutschland« für diese frei erfundene Meldung entschuldigt.

Die Mauerverteidigungen vernebeln bloß die nächstliegende, einfachste und humanste Lösung des Problems: Wenn die Bürger weglaufen, muss die Regierung etwas dafür tun, dass sie freiwillig bleiben. Aber statt die Fluchtgründe zu beseitigen, wurde die Fluchtmöglichkeit verschlossen.

B. Irrtümer über die Vereinigung

1. »Die Deutschen haben durch Auschwitz das Recht auf einen gemeinsamen Staat verwirkt.«

Günter Grass hat Anfang 1990 behauptet: »Die Geschichte hat es uns auferlegt, dass wir in zwei Staaten leben. Wir müssen eben versuchen, dennoch ein Volk zu sein und eine Form zu finden, die all dem Rechnung trägt, was auf uns lastet. Und dazu gehört in erster Linie Auschwitz.«[27] Seitdem hat er die deutsche Vereinigung mit bitterbösen, ungerechten und unsachlichen Kommentaren begleitet.

Ich finde diesen Satz empörend, weil hier jemand unberufen den Weltenrichter spielt und außerdem noch einen ungerechten. Dass »die Geschichte« etwas über die Deutschen verhängt habe, ist eine der Mystifikationen, für die der deutsche Tiefsinn leider oft empfänglich ist. Wer im Namen »der Geschichte« oder »der Vorsehung« spricht, gibt bloß seiner persönlichen Meinung eine höhere Weihe und entzieht

---

27 Zit. nach Schroeder, *Preis der Einheit* (vgl. Anm. 11), S. 118. Ein »Einheitsstaat, dessen wechselnde Vollstrecker während nur knapp 45 Jahren anderen und uns Leid, Trümmer, Niederlagen, Millionen Flüchtlinge, Millionen Tote und die Last nicht zu bewältigender Verbrechen ins Geschichtsbuch geschrieben haben, verlangt nicht nach einer Neuauflage.« So Grass als Gastredner auf dem Berliner Programm-Parteitag der SPD 1989. Zitiert nach Jochen Fischer / Hans Karl Rapp, Deutsche Vereinigung und NS-Vergangenheit, in: *Aus Politik und Zeitgeschichte* 40/2005, S. 41.

sie dem Diskurs. Die Kommunisten haben ihren Machtanspruch aus einer Kreuzung zwischen Geschichte und Vorsehung, nämlich den historischen Gesetzmäßigkeiten, legitimiert. Das war eine Legitimation »von oben«, ähnlich der des Gottesgnadentums, zum Ersatz für eine Legitimation von unten, durch die Bürger. Man sollte nicht Gott, die Geschichte oder die Vorsehung ersatzweise bemühen bei Fragen, die unter uns Menschen zu klären sind.

Nicht die Geschichte, sondern die Siegermächte des Zweiten Weltkriegs hatten zu entscheiden, wie es mit Deutschland als Ganzem weiterging. Dies Recht hatten sie sich reserviert. Und die Nachbarn hatten auch ein Wörtchen mitzureden. Denn völkerrechtlich war der Zweite Weltkrieg noch nicht beendet. Ein abschließender (Friedens-)Vertrag fehlte noch. Erst 1990 kam er zustande, der Zwei-plus-Vier-Vertrag. Wer das nicht begriffen hat, konnte sich auch über diesen sehr erfreulichen Vertrag nicht freuen.

Ungerecht war jene Weltenrichterattitüde deshalb, weil der Spruch zwar als Selbstbestrafungsspruch daherkam, in Wahrheit aber auf Kosten der Ostdeutschen ging. Denn die Kriegsfolgen waren auf Ost und West sehr ungleich verteilt worden. Die deutsche Teilung war im Westen zweifellos leichter zu ertragen als im Osten, so leicht, dass manche im Westen die Bundesrepublik ganz unbefangen Deutschland nannten. Sie kamen zu uns zu Besuch und erklärten: Bei uns in Deutschland ist das so und so. Und wo bitte befindet ihr euch jetzt gerade?

Im Mai 1990 hatte ich ein Gespräch mit dem sowjetischen Diplomaten Koptelzew. Er erklärte mir, dass die Sowjetunion nie geglaubt habe, man könne eine so gewichtige Nation wie die deutsche auf Dauer teilen. Die These Honeckers von den zwei Nationen auf deutschem Boden, der sozialistischen und der kapitalistischen (nota bene: auf deutschem Boden! – semantischer Blödsinn), habe die sowjetische Führung zwar mitgetragen, aber nicht aus Überzeugung. Er könne sich ja auch nicht vorstellen, dass Russland auf Dauer geteilt würde. Ich habe das mit Genugtuung gehört. Ich erinnere mich an eine Großdemonstration in Frankfurt am Main im Mai 1990 mit der Losung »Deutschland muss sterben, damit wir leben können«.[28] Andere zitierten noch Jahre später mit bedeutungsschwerem Gesicht Heinrich Heine: »Denk ich an Deutschland in der Nacht, so bin ich um den Schlaf gebracht.« Was hat denn unserem Heine in Frankreich den Schlaf geraubt? Lesen wir weiter.

»Nach Deutschland dächt' ich nicht so sehr,
wenn nicht die Mutter dorten wär.
Das Vaterland kann nicht verderben,
jedoch die alte Frau könnt sterben.«

Nichts also von einem schrecklichen Mysterium Germaniae. Die Liebe zur Mutter bringt ihn um den Schlaf. Es ist ein später Sieg deutschen Ungeistes, wenn die Auseinandersetzung mit dem Nationalsozialismus noch einmal Mystifikationen und Gespensterfurcht erzeugt. Unsere Nachbarn in Europa sind auch über solche deutschen Sonderwege nicht erfreut. Und wenn die »deutsche Frage« 1990 offengeblieben wäre, wäre Europas Zusammenwachsen empfindlich gestört worden. Die Vordenker der polnischen Gewerkschaft Solidarność haben schon vor dem Fall der Mauer gesagt:

28 Das war die Umkehrung der Kehrreimzeile des Gedichts von Heinrich Lersch, das 1915 in einer Sammlung von Kriegsgedichten erschienen war: »Deutschland muss leben, und wenn wir sterben müssen.« Vgl. Georg Büchmann, *Geflügelte Worte*, hrsg. von W. Hofmann, 40. Aufl. Berlin 1995, S. 231.

Wenn Polen demokratisch werden soll, brauchen wir einen stabilen demokratischen Nachbarn im Westen. Deshalb sollte die DDR verschwinden.

Ich empfehle: Nehmen wir den Künstler als Künstler und vergessen wir einfach, dass er unbedingt außerdem Geschichtsdeuter, Prophet und Politiker sein will. Er hat nun mal dabei keine glückliche Hand. Zu sehr jagen ihn die Gespenster der Nazizeit.

2. »Es ist ein Skandal, dass es keine ausgearbeiteten Pläne für die deutsche Einheit gab.«

Stellen wir uns vor, in einem bundesdeutschen Ministerium wären Pläne erarbeitet worden für die deutsche Einheit, also für die Einführung von Demokratie und Marktwirtschaft auf dem Gebiet der DDR. In Bonn wurde mir 1990 erklärt: Was acht wissen, wissen bald alle. Die Pläne wären also bekannt geworden. Das hätte die Entspannungspolitik torpediert. Den Aufschrei in den östlichen Medien kann man sich leicht ausmalen. Gewichtiger ist dies: Wenn eine Seite Pläne macht für das Ende der anderen Seite, wird tatsächlich die notwendige Vertrauensbasis für Verhandlungen um ein passables Nebeneinander zerstört. Das hätte denjenigen im Osten Auftrieb gegeben, die schon immer gesagt haben, dem Westen dürfe man nicht trauen. Und das waren nicht wenige unter den kommunistischen Funktionären. Also: Ausgearbeitete Pläne für die deutsche Einheit hätten diese mit Sicherheit verhindert.[29]

---

29 Von 1952 bis 1975 gab es in der Bundesrepublik einen Forschungsbeirat für Fragen der Wiedervereinigung. Roland Wöller hat dessen Arbeit ausführlich dargestellt: Roland Wöller, *Der Forschungsbeirat für Fragen der Wiedervereinigung Deutschlands 1952–1975. Zur politi-*

Das gilt für die Politiker. Musste es ebenso strikt für die Ökonomen gelten? Zum Übergang vom Kapitalismus zum Sozialismus gab es eine umfangreiche Literatur. Der umgekehrte Weg hat offenbar auch die Theoretiker der Ökonomie nicht interessiert.

---

schen und wissenschaftlichen Diskussion der wirtschaftlichen Wiedervereinigung, Düsseldorf 2004. Die Empfehlungen dieses Beirats liegen nahe bei den Entscheidungen, wie sie 1990 getroffen wurden, obwohl nicht auf sie zurückgegriffen wurde. »Die ökonomischen Fakten wie die unterschiedliche Produktivität in der DDR und der Bundesrepublik sprachen bereits 1954 gegen einen Umstellungskurs von 1:1. Dennoch plädierte der Forschungsbeirat aus währungspsychologischen und politischen Gründen für einen Kurs von 1:1« (S. 275). »Hinsichtlich der finanziellen Belastung ging der Forschungsbeirat bereits 1954 davon aus, dass Mittel ›in erheblichem Umfang‹ erforderlich sein würden.« »Der Forschungsbeirat sah für den Fall der Wiedervereinigung im Bereich der Sozialversicherung vor, die sozialen Leistungen möglichst rasch auf das westdeutsche Niveau anzuheben« (S. 277). Er rechnete »1953 mit einer Arbeitslosigkeit in der DDR für den Fall der Wiedervereinigung in Höhe von einer Million Personen« (S. 278). Für die staatlichen Betriebe der DDR sah er eine »staatliche Treuhandorganisation« vor. Die Leistungsfähigkeit der DDR-Wirtschaft schätzte er auf 75 bis 80 Prozent der bundesdeutschen, bei der Autoindustrie 1961 auf 25 bis 30 Prozent (S. 279). Zu den Enteignungen im Zuge der Bodenreform hieß es 1952, eine Naturalrestitution in Form der Rückgabe des Eigentums sei zwar wünschenswert, sie sei aber »im Hinblick auf übergeordnete wirtschaftliche Interessen ... nicht in vollem Umfang« durchführbar (S. 281). »Der Gefahr, dass sich freie westdeutsche Kapazitäten vor allem der Konsumgüterindustrie unter Ausnutzung der wesentlich günstigeren Position zulasten ostdeutscher Firmen auf den Absatzmärkten der ehemaligen DDR betätigten, konnte man unter dem Gesichtspunkt des freien Wettbewerbs nicht entgegentreten.« Er empfahl aber Marktabsprachen zwischen den östlichen und westlichen Wirtschaftszweigen (S. 282).

Die SED hatte allerdings detaillierte geheime Pläne im Schrank für die Besetzung Westberlins – einschließlich Namenslisten für diejenigen, die sofort zu internieren sind. Und im Hauptquartier der NVA in Strausberg fand man kistenweise Orden und Ehrenzeichen, die im Fall eines Krieges in Richtung Westen ausgegeben werden sollten. Eine Diktatur kann so etwas tatsächlich geheim halten.

3. »Die Währungsunion kam zu früh.«

Die Kritiker der schnellen Währungsunion machen diese verantwortlich für den Zusammenbruch der DDR-Wirtschaft in den Jahren 1990/91. Diese sei völlig unvorbereitet den Bedingungen des westlichen Marktes ausgesetzt worden. Es sei vorauszusehen gewesen, dass die meisten DDR-Produkte nicht mehr konkurrenzfähig, nämlich nach Qualität und Standard gegenüber den Westwaren viel zu teuer werden mussten, wenn Rohstoffe und Löhne in Westgeld bezahlt werden mussten. Das ist, soweit ich das beurteilen kann, richtig.

Wie also hätte man stattdessen verfahren sollen? Hier beziehen sich die Kritiker auf Helmut Schmidt, der 1990 einen Text von 1959 veröffentlicht hat mit dem Titel *Mögliche Stufen eines wirtschaftlichen und sozialen Wiedervereinigungsprozesses.*[30] Er hat den Text mit der Vorbemerkung versehen, er müsse »aus der damaligen Lage verstanden werden«. Das haben offenbar diejenigen überlesen, die ihn als Rezept für 1990 missverstanden haben.

30 Helmut Schmidt, Mögliche Stufen eines wirtschaftlichen und sozialen Wiedervereinigungsprozesses, in: ders., *Mit Augenmaß und Weitblick. Reden und Aufsätze*, Berlin 1990.

Damals, 1959, schlug Helmut Schmidt eine »stufenweise Re-Integration der beiden deutschen Volkswirtschaften« vor. Am Anfang steht ein Wiedervereinigungsvertrag. »Am Ende der dritten Stufe wird die Schwelle der Währungsunion erreicht. Diese Schwelle würde auch bei bestem Willen beider Seiten kaum früher als innerhalb von fünf Jahren erreicht werden können.« Ich hebe aus diesem Plan Folgendes hervor:

1. In der Übergangszeit handeln weiterhin zwei wirtschaftspolitisch autonome und selbstverständlich stabile Regierungen.

2. In der ersten Stufe sollen zwar »zusätzliche Zonenübergänge auf allen früheren Reichsstraßen sowie allen früheren Reichsbahnhauptstrecken eröffnet werden, aber nur für nichtkommerziellen Güterverkehr (Umzüge, Geschenksendungen usw.).« »Eine völlige Öffnung aller Wege über die Zonengrenze ist auf dieser Stufe deshalb noch nicht möglich, weil auf dieser Stufe Grenzkontrollen des Warenverkehrs weder durch die Bundesrepublik, insbesondere aber durch die DDR noch nicht zu entbehren sind.«

3. Die veranschlagten fünf Jahre sollten einerseits dazu dienen, die planwirtschaftlichen Wirtschaftsstrukturen der DDR in marktwirtschaftliche umzuwandeln sowie sukzessiv gesamtdeutsche Wirtschaftsstrukturen zu entwickeln. Es musste aber auch die Leistungsdifferenz zwischen beiden deutschen Staaten ausgeglichen werden: »Produktivität in der DDR zur Zeit ca. 20 Prozent, realer Lebensstandard um ca. 30 Prozent niedriger als in der Bundesrepublik«. Die Angleichung sollte unter der Verpflichtung beider Seiten zur Politik der Vollbeschäftigung erfolgen

4. Die Mitgliedschaft der Bundesrepublik in der Montanunion und der EWG sollte »in ein Assoziationsverhältnis besonderer Art umgewandelt werden«, ebenso die Mitgliedschaft der DDR im RGW (COMECON).

Warum dieser Plan nicht verwirklicht werden konnte, muss jetzt nicht untersucht werden. Er hätte jedenfalls der SED die Macht gekostet. Zweieinhalb Jahre später ließ sie die Mauer errichten.

Nun vergleiche ich die Situation von 1989 mit der von 1958:

1. Da die SED auch 1989 zu durchgreifenden Reformen unfähig war, verlor sie durch eine Revolution ihre Macht und Autorität. Fähige Reformer hatte die SED nicht zu bieten. Die innerparteiliche Opposition entpuppte sich als Chimäre. Folglich zerflatterten die fest gefügten zentralistischen Strukturen der Machtapparate seit Herbst 1989 in einem fröhlichen Chaos. Aber würde es fröhlich bleiben? Als der neue Ministerpräsident der DDR, Hans Modrow, am 30. Januar 1990 Gorbatschow besuchte, schilderte er die DDR als einen Staat in Auflösung.[31] Die Regierung der frei gewählten Volkskammer konnte zwar noch einigermaßen geordnet den Einigungsvertrag aushandeln. Für eine durchgreifende Wirtschaftsreform über fünf Jahre fehlte ihr aber die Durchsetzungskraft. Im Sommer 1990 verlor sie ihre parlamentarische Mehrheit.

2. Die Mauer war völlig unvorbereitet und sozusagen aus Versehen gefallen. Da dies zu Recht als Befreiung gefeiert wurde, hat keine der beiden Seiten auch nur versucht, die Zahl der Grenzübergänge zu beschränken oder diese mit Zollkontrollstellen zu versehen. Ohne Zollkontrollen aber konnten die ostdeutschen Produkte nicht vor Westkäufern (für die alles ein Viertel kostete) und nach der Währungsunion nicht vor Westwaren geschützt werden. Auch eine

---

31 Aus dem Protokoll dieses Gesprächs wird zitiert in Helmut Kohl, *Erinnerungen 1982–1990*, München 2005, S. 1051ff.

Währungspolitik zur Stabilisierung der Ost-Mark war unter diesen Bedingungen geradezu unmöglich. Die Maueröffnung hatte ihren (bezahlbaren!) Preis. Die Schonfrist für die Binnenwirtschaft durch Zollgrenzen, wie sie die anderen ehemals sozialistischen Länder praktizieren konnten und Helmut Schmidt sie für 1959 vorgesehen hatte, war unmöglich geworden. Deshalb brach die DDR-Wirtschaft schlagartig zusammen, während sich die Schmerzen der Transformation in den anderen ehemals sozialistischen Ländern zeitlich strecken ließen, was den Prozess aber nicht etwa weniger schmerzhaft gemacht hat. Man konnte nicht die Mauer wegreißen und das Echo stehen lassen. Auch der Hamburger Freihafen ist übrigens vom Zollinland durch eine Mauer getrennt.

Nach der Währungsunion blieben bis zum Beitritt in der DDR noch die alten Portosätze in Kraft (Brief 20 Pfennig usw.). Prompt karrten westliche Versandhäuser lastwagenweise Pakete an westliche Empfänger in den Osten, um Porto zu sparen, ein Verlustgeschäft für die Bundespost. Bei der Dresdener Kunstauktion im Dezember 1989 waren die ostdeutschen Bieter nur noch Zuschauer, weil die westdeutschen Bieter spielend das Vierfache bieten konnten.

3. 1989 lag die Produktivität der DDR-Wirtschaft nicht mehr 20, sondern 70 Prozent unter der bundesdeutschen, und ebenso das Durchschnittseinkommen. Welchen Zeitraum sollte man für die Überwindung von 70 Prozent Produktivitätsdifferenz veranschlagen, wenn für die Überwindung von 20 Prozent bei Vollbeschäftigung auf beiden Seiten fünf Jahre veranschlagt werden? Sollten also die DDR und die Ost-Mark noch zehn oder fünfzehn Jahre fortbestehen? Das hat 1990 zu Recht niemand ins Auge gefasst. 2007 übrigens lag die Produktivitätsdifferenz bei 35 Prozent, 2013 ist sie auf 25 Prozent im Vergleich zur gesamtdeut-

schen Arbeitsproduktivität gesunken und damit doppelt so hoch wie in Tschechien und Polen.[32]

1959 war eine Politik der Vollbeschäftigung im Westen nicht sehr schwierig. Es herrschte Arbeitskräftemangel. Binnenmarkt und Export expandierten. Gastarbeiter wurden angeworben. 1989 hatte sich die bundesdeutsche Wirtschaft etwas erholt, aber von Vollbeschäftigung konnte keine Rede sein. Die westdeutschen Industriekapazitäten waren zu nur 68 Prozent ausgelastet und brauchten ihre Produktion nur um 18 Prozent zu steigern, um den gesamten Bedarf der neuen Bundesländer zu decken. Es gab zwingende wirtschaftspolitische und soziale Gründe, Ostdeutschland nicht völlig zu deindustrialisieren. Man muss sich aber, um die Schwierigkeit der Aufgabe zu begreifen, klarmachen, dass es 1990 keine Nachfrage nach ostdeutschen Arbeitskräften und Produktionskapazitäten gab. Hätte sich mit den ostdeutschen Arbeitskräften schnell und einfach Gewinn machen lassen, hätten sich das geschäftstüchtige Unternehmer und Konzerne aus aller Welt nicht entgehen lassen. Dann wäre es tatsächlich zu einem Wirtschaftswunder Aufbau Ost gekommen. Jedoch die Verhältnisse, sie waren nicht so.

Zur Produktivitätslücke kam die Technologielücke. Die Ostdeutschen selbst hatten ihre technisch veralteten Produkte satt und hätten auch für den halben bisherigen Preis keinen Trabant oder Wartburg mehr gekauft, sondern gern mehr ausgegeben für einen westlichen Gebrauchtwagen. Sie

---

32 Karl-Heinz Paqué, *Gewachsen, aber gefährdet. Eine wirtschaftliche Zwischenbilanz der Deutschen Einheit für Mitteldeutschland und Thüringen anno 2013* (Thüringer Memos, hrsg. vom Thüringer Ministerium für Wirtschaft, Arbeit und Technologie, Ausg. 02; zugänglich im Internet).

haben ja auch den Gebrauchtwagenmarkt von halb Westeuropa leergekauft. Und sie interessierten sich naturgemäß für diejenigen technischen Güter, die es in der DDR überhaupt nicht gab, wie den PC und die neueste Unterhaltungselektronik. 1958 waren DDR-Kameras weltmarktfähig, man musste nur die Produktivität steigern. 1989 waren dieselben Kameras technologisch mindestens zehn Jahre zurück. Das Kamerawerk Pentacon brauchte eine völlig neue Produktpalette, aber außerdem eine Marktlücke, die die Japaner noch nicht preiswert besetzt hielten. Die fand sich nicht. Da konnte einem schon der Gedanke kommen, ob die »produktive Zerstörung« der bisherigen Wirtschaft zugunsten eines harten Neuanfangs womöglich die rationellere Lösung war. Mit Vollbeschäftigung war das aber nicht zu haben.

4. Für 1959 ging Helmut Schmidt davon aus, dass die beiden deutschen Staaten ihre Einbindung in ihre jeweiligen internationalen Wirtschaftsvereinigungen lockern, aber in beide Richtungen weiter intensiv Außenhandel betreiben können. Wir lassen die Frage offen, ob das 1959 bei der EWG und dem RGW zustimmungsfähig war. Jedenfalls war dergleichen 1990 unmöglich, und zwar aus zwei Gründen. Die europäische Integration war viel weiter fortgeschritten, und es war völlig ausgeschlossen, dass die Bundesrepublik ihre Einbindung in die EU lockern würde. Deshalb konnte die deutsche Vereinigung nur so vollzogen werden, dass Ostdeutschland sofort in die EU einbezogen wird, was zum Glück auch von der EU akzeptiert wurde. Was die östlichen Nachbarn sich mühsam erarbeiten mussten, und zwar mit harten Einschnitten in soziale Besitzstände, wurde den Ostdeutschen fast beiläufig zuteil – viele haben es gar nicht bemerkt. Dadurch konnten EU-Gelder in den Osten fließen, aber dadurch galten nun die EU-Vorschriften weitestgehend auch für den Osten.

Für den RGW aber stellten sich solche Fragen gar nicht mehr, denn er befand sich seit Anfang 1990 in Auflösung. Anfang 1990 beschloss der RGW nämlich, seinen internen Handel ab Jahresende 1990 auf Devisen umzustellen. Damit standen unabhängig von der Währungsunion die eingespielten Exportbeziehungen der DDR-Wirtschaft zur Disposition. Die Gründe für diesen Beschluss dürften folgende gewesen sein: Die Sowjetunion war vor allem Rohstofflieferant. Es war für sie lukrativer, diese auch an die Bruderländer für Devisen zu Weltmarktpreisen zu verkaufen und technische Güter der neuesten Technologie in nichtsozialistischen Ländern einzukaufen. Das Letztere dürfte auch etwa für Ungarn oder die Tschechoslowakei interessant gewesen sein. Das hieß aber, dass sie nun japanische oder südkoreanische, jedenfalls aber keine DDR-Autos mehr importieren werden. Wäre also die Ost-Mark länger beibehalten worden, wäre trotzdem der Ost-Export der DDR massiv zurückgegangen. Mit dem Fall der Mauer und den Revolutionen in den sozialistischen Ländern brach eben auch das sowjetische Weltreich auseinander. Am härtesten hat das die Länder der Sowjetunion getroffen.

Die Sowjetunion hat bei den Verhandlungen 1990 vom vereinigten Deutschland verlangt, ihre Handelsverträge mit der DDR weiter zu erfüllen. Dazu gehörte die Lieferung von jährlich 1000 Eisenbahnwaggons. Also wurde der Waggonbau der DDR mit hohem Mitteleinsatz modernisiert, denn das waren ja sichere Arbeitsplätze – dachte man. Der Weltkonzern Bombardier stieg ein. Einige Jahre später war Russland zahlungsunfähig und musste trotz Bedarf die Abnahme von Waggons einstellen. Das Waggonwerk Ammendorf bei Halle wurde geschlossen, in das zuvor 250 Millionen geflossen waren. So etwas ist gefundenes Fressen für die Kritiker des Aufbaus Ost: Schildbürgerstreich, Absurdistan. Ihre Weisheit kommt aber zu spät: 1990 hätten sie uns die Zukunft der russischen Zahlungsfähigkeit voraussagen sollen.

Die Bundesregierung hat zunächst einen Stufenplan für die deutsche Einheit ins Auge gefasst, nämlich Helmut Kohls deutschlandpolitischen Zehn-Punkte-Plan vom 28. November 1989. In seiner Regierungserklärung vom 15. Februar 1990 erklärte Helmut Kohl: »Politische und gesellschaftliche Umwälzungen haben zu einer dramatischen Verkürzung des Zeithorizonts geführt, so dass für ... Stufenpläne aus meiner Sicht die Voraussetzungen entfallen sind.«[33]

Die Leipziger Losung: »Kommt die D-Mark, bleiben wir, kommt sie nicht, geh'n wir zu ihr« war in Bonn wie eine Bombe eingeschlagen. Erpressung nennen manche diese Losung. Ich deute sie als Ausdruck einer durchaus realistischen Analyse: Eine Reform der DDR aus eigener Kraft, etwa gar dritte Wege und noch einmal Versuchskaninchen sein, das wird nichts. Wenn es darauf hinausläuft, packen auch wir unsere Sachen. Von Erpressung kann übrigens deshalb keine Rede sein, weil sich die Bundesrepublik im Grundgesetz dazu verpflichtet hatte, auf die deutsche Einheit hinzuwirken und außerdem in ihr Grundgesetz ein einladendes Tor eingebaut hatte, das von innen gar nicht verschließbar war: Artikel 23. Wir konnten jederzeit ohne einen westdeutschen Zustimmungsakt beitreten. Diejenigen Westdeutschen, die 1990

---

33 Zit. nach Schroeder, *Preis der Einheit* (vgl. Anm. 11), S. 117. Zuvor, am 10. Februar, hatte Gorbatschow erklärt, »dass die Deutschen selbst die Frage der Einheit der deutschen Nation lösen und selbst die Wahl treffen müssen, in welchen Staatsformen, zu welchem Zeitpunkt, mit welchem Tempo und zu welchen Bedingungen sie diese Einheit realisieren wollen.« Ausführlicher dazu Kohl, *Erinnerungen 1982–1990* (vgl. Anm. 31), S. 1062ff.

eine Volksabstimmung über die Vereinigung in beiden deutschen Staaten forderten (zum Beispiel Jürgen Habermas), forderten in Wahrheit einen Test, ob die Hartherzigkeit im Westen mehrheitsfähig war – unter Verfassungsbruch. Man stelle sich vor, das Ergebnis hätte den damaligen Umfragen entsprochen,[34] nämlich im Osten überwiegende Mehrheit, im Westen Mehrheit knapp verfehlt. Was bitte hätte man mit diesem Ergebnis anfangen wollen? Keine Einheit? Und wenn dann die Volkskammer trotzdem den Beitritt beschlossen hätte? Die ganze Welt hätte die Deutschen für verrückt erklärt.

Die schnelle Währungsunion empfahl sich also nicht aus wirtschaftlichen, sondern aus politischen Gründen. Für die DDR-Bürger war ein glaubhaftes Zeichen zum Bleiben nötig und eine Zukunftsperspektive. Denn eine neue Fluchtwelle hätte im Westen die Freude über den Fall der Mauer so mächtig trüben können, dass der Weg zur deutschen Einheit darunter hätte leiden können. Oskar Lafontaine, der auch einen guten Riecher für Stimmungen hat, machte deshalb einen Monat nach dem Mauerfall den Vorschlag, für DDR-Bürger Aufenthaltsgenehmigungen einzuführen. Sie sollten nur dann in den Westen übersiedeln dürfen, wenn sie sich vorher von der DDR aus Wohnung und Arbeit im Bundesgebiet besorgt hatten und also keine sozialen Kosten verursachten. Er befand sich damals im saarländischen Wahlkampf. Er fürchtete, wegen der Republikaner könne die SPD die absolute Mehrheit verlieren. Deshalb »dürfen

---

34 Im Dezember 1989 waren 41 Prozent der Westdeutschen für, 43 Prozent gegen die Wiedervereinigung. In der DDR sprachen sich November 1989 79 Prozent für die Wiedervereinigung aus. Schroeder, *Preis der Einheit* (vgl. Anm. 11), S. 115. Vgl. Viktoria Kaina, Mit Herz und Konto? Zur Wertigkeit der deutschen Einheit in den alten Bundesländern, in: *Aus Politik und Zeitgeschichte* 37–38/2002, S. 6ff.

nicht immer mehr Menschen zu uns kommen. Das schafft böses Blut.« Eine Verbeugung vor den Rechtsextremen. Dass eine solche Antwort auf den Mauerfall im Osten böses Blut und in aller Welt Entsetzen darüber ausgelöst hätte, was nun der Westdeutschen erste Sorge ist, war ihm wohl entgangen. Sein Gespür für Stimmungen war auf die Stimmung westlicher Stammtische eingestellt.

Es gab noch einen weiteren gewichtigen Grund für eine schnelle Währungsunion: einen Pflock auf dem Weg zur deutschen Einheit einschlagen und den Weg unumkehrbar machen. Das war für mich ein ganz wichtiger Gesichtspunkt. Wir konnten nicht sicher sein, wie lange Gorbatschow sich halten würde. Mitte 1990 musste er sich auf einem Parteitag zur Wiederwahl stellen. Deswegen hat auch die Fraktion der Ost-SPD in der Volkskammer, deren Vorsitzender ich war, in der Koalitionsvereinbarung dem Beitritt nach Artikel 23 zugestimmt, übrigens gegen Widerstand aus dem Parteivorstand der Ost-SPD. Es sollte notfalls ganz schnell gehen können. Lieber mit einer ruinierten Wirtschaft in die Einheit als mit einer fast ruinierten weiter im Sowjetblock. Dass solche Besorgnisse nicht unbegründet waren, haben viele erst ein Jahr später akzeptiert. Am 19. August 1991 wurde Gorbatschow von Putschisten unter Hausarrest gestellt. Allerdings scheiterte der Putsch nach zwei Tagen durch Boris Jelzins Aufruf zum Generalstreik.

Ich habe mir eine schnelle Vereinigung auch aus folgendem Grunde gewünscht: Im vereinigten Deutschland wurde die SED/PDS zwangsläufig eine Minipartei. Bei einem Fortbestand der DDR hätte sie von wirtschaftlichen Turbulenzen profitieren, ihre antikapitalistische Propaganda erfolgreich mobilisieren und noch einmal (Mit-) Regierungspartei werden können – für mich eine Horrorvorstellung.

Nehmen wir an, die Bundesregierung wäre beim Konzept des Stufenplans geblieben, aus Angst vor den Kosten. Dann hätten chaotische Verhältnisse in der DDR eintreten können. Denn die Mischung aus posttotalitärer Empörung, wirtschaftlichem Niedergang, Fluchtbewegung und Perspektivlosigkeit war explosiv. Stasi-Offiziere am Laternenpfahl und Übergriffe auf die sowjetischen Kasernen in der DDR waren ja keineswegs prinzipiell ausgeschlossen. Waffen gab es noch genug unter den Genossen. Und sowjetische Soldaten verkauften Maschinenpistolen für 20 West-Mark. In diesem Falle hätten die Alliierten eingegriffen, genauer: die Sowjetunion hätte mit Einverständnis der Westalliierten die Verhältnisse in der DDR auf ihre Weise stabilisiert. Die Botschaft wäre gewesen: Zur Regelung ihrer eigenen Angelegenheiten sind die Deutschen unfähig.

4. »Der Umtauschkurs war falsch.«

Der Umtauschkurs lag bei Sparguthaben und Bargeld effektiv bei 1:1,3, nämlich grundsätzlich bei 1 West-Mark für 2 Ost-Mark, aber 1:1 bei einem nach Alter gestaffelten Betrag zwischen 2000 und 6000 Mark. Schulden wurden 1:2 umgestellt, Gehälter, Löhne und Renten 1:1.

Die Kritiker gießen Hohn und Spott aus über diesen Kurs. Herles nennt ihn »Fabelkurs«. »Die Ausschaltung der Vernunft als Maßstab der Politik« sei das gewesen. »Jetzt kostete alles, was aus dem Westen kam, plötzlich nur noch ein Viertel.«[35] Da müssen wir ja im Luxus geschwelgt haben. In Wahrheit brachte uns die Währungsunion die westlichen Preise bei Einkommen, die 30 bis 50 Prozent der westlichen ausmachten (nicht etwa 30 Prozent niedriger waren!). Kostete das Brötchen bisher 5 Ost-Pfennig, so kostete es jetzt

35 Herles, *Wir sind kein Volk* (vgl. Anm. 16), S. 71

etwa 20 West-Pfennig. Das war nicht ein Viertel, sondern das Vierfache.

Der marktgerechte Kurs, sagt Herles, wäre 1 D-Mark für 4,3 Ost-Mark gewesen. Das war tatsächlich inzwischen der *durchschnittliche* Kurs beim DDR-Außenhandel. Zehn Jahre zuvor lag er noch bei 1:2, ein Beweis für die wirtschaftliche Talfahrt der DDR. Bekanntlich war die Ost-Mark nicht konvertibel. Die Außenhandelspreise waren völlig abgekoppelt von den Binnenpreisen, aber auch von den Fertigungskosten. Und die Exportgüterproduktion war abgekoppelt vom Binnenmarkt. Vieles von dem, was für den Export produziert wurde, konnten die DDR-Bürger gar nicht kaufen. Das Gefühl, Bürger zweiter Klasse zu sein, haben die Ostdeutschen aus der DDR mitgebracht. Verstärkt wurde es, wenn sie in Bulgarien ohne Devisen in der Tasche gegenüber den Westdeutschen, die bei Karstadt einen Billigurlaub gebucht hatten, Gäste zweiter Klasse waren. Die Kommunisten hatten erklärt, die Auseinandersetzung zwischen Kapitalismus und Sozialismus werde durch die Ökonomie entschieden. Recht hatten sie. Dass sie diese Auseinandersetzung verlieren würden, haben wir in der DDR 40 Jahre lang bewiesen bekommen. Möglicherweise hat es in Westdeutschland mindestens zeitweise mehr Bewunderer des Sozialismus gegeben als in der DDR. Auch das hat die deutsche Vereinigung beachtlich erschwert.

Der rechnerisch richtige Durchschnittskurs 1:4,3 vermittelt ein falsches Bild vom wirklichen Verhältnis der Ost-Mark zur D-Mark. Die Ost-Mark hatte nicht den Wert von 4,3:1, weil die Ost-Mark gar nicht auf einem Markt der Währungen auftrat. Man konnte also nicht beliebige Mengen Ost-Mark nach diesem Kurs tauschen. Die Nachfrage war sehr begrenzt, weil das Ostgeld nur in der DDR Zahlungsmittel war. Dorthin zurück konnte es aber nur illegal gelangen, wie es ja auch nur illegal in westliche Wechselstuben gelangen konnte. Wer in den Westen fahren durfte, musste genauso viel Ostgeld zurückbringen, wie er mitgenommen hatte. Westdeutsche durften überhaupt kein Ostgeld in die DDR einführen. Das wurde kontrolliert. Der Kurs war auch nicht Ausdruck der Wirtschaftskraft der DDR im Vergleich zur westdeutschen, er war lediglich das rechnerische Mittel von außenwirtschaftlichen Tauschverhältnissen, die sich ganz nach der Abnahmebereitschaft des Westens richteten. Für Klaviere erzielte die DDR das Doppelte des Verkaufspreises in der DDR, 1:1 gerechnet, aufgrund einer Intervention der Bundesregierung zum Schutz der westlichen Klavierproduktion. Andere Güter bekam sie nur für ein Zehntel oder auch noch weniger des DDR-Binnenpreises im Westen los. In ihrem Devisenhunger musste sie sich auch darauf noch einlassen. Am Ende verkaufte die DDR alles in den Westen, was dort Abnehmer fand, koste es, was es wolle. Intakte gepflasterte Straßen wurden aufgerissen und asphaltiert, weil es im Westen Abnehmer für schöne alte Pflastersteine gab, für die Fußgängerzonen. Als ein Waggon grünes Bruchglas erwünscht war, mussten die Mitarbeiter des Altstoffhandels das ganze Wochenende über grüne Mehrwegflaschen zertrümmern. Als ein Parteisekretär 1988 erstmals den Westonkel besuchen durfte, wurde er mit einem Kaufhausleiter bekannt gemacht. »Sie sind aus der DDR? Ach, kommen Sie doch mal mit in mein Büro.« Er zeigte ihm ein weißes Herrenhemd und fragte ihn, was das in der DDR kostete. 70 Ost-Mark, war die Antwort. »Ich habe das aber von der DDR für 5 DM gekauft.« Für den Parteisekretär brach eine Welt zusammen.

Im Zuge der deutsch-deutschen Vertragspolitik nahm die DDR gegen Westgeld Westberliner Müll auf ihre Deponien. Diese Deponien wurden zur Goldgrube. Man fand dort defekte Haushalts- oder Heimwerkermaschinen, die zu reparieren dem Bastlervolk nicht schwerfiel. Daraufhin wurden diese Deponien mit Stacheldraht abgesperrt und rund um die Uhr bewacht.

Die Osteinkommen in DM umrechnen und dann eine Vervierfachung aus dem Umtauschkurs 1:1 ableiten, das erinnert mich an eine liebe, aber etwas naive Westtante, die auf Besuch meinte, bei uns sei doch alles sehr billig. Sie teilte die Preise durch vier, als würden wir unser Einkommen in Westgeld ausgezahlt bekommen und dann auf einer Wechselstube in den vierfachen Ostgeldbetrag umtauschen können. Die Sache mit den Wechselkursen, vor allem den illegalen, hat so seine Tücken.

Müller verweist gar auf den Schwarzmarktkurs Anfang 1990, der bei 1:7 lag. »Mit der Währungsumstellung waren die Ersparnisse und Bargeldbestände der DDR-Bürger von rund 198 Milliarden Ost-Mark satte 120 Milliarden D-Mark, was einen beachtlichen Anstieg der Kaufkraft bedeutete.«[36]

Neben den Westkritikern gibt es natürlich auch die Ostkritiker. Sie trauen sich mit etwa denselben Zahlen den Beweis zu, dass der Umtauschkurs den Ostdeutschen einen herben Verlust gebracht habe, nämlich die (diesmal auf 64,3 Milliarden bezifferte) Umtauschdifferenz der Guthaben gegenüber einem hypothetischen Umtauschkurs von 1:1.[37] »Ein Fakt, der den Start der Ostdeutschen in die Marktwirtschaft erschwert hat und der die deutsche Einheit bis heute belastet.« Auf 16 Millionen Einwohner umgerechnet macht

---

36 Müller, *Supergau* (vgl. Anm. 17), S. 40.

37 Ulrich Busch, Die Währungsunion. Politische Weichenstellungen für einen ökonomischen Fehlstart, in: Hannes Bahrmann / Christoph Links (Hrsg.), *Am Ziel vorbei. Die deutsche Einheit – Eine Zwischenbilanz*, Berlin 2005› S. 83.

das Defizit 4000 DM pro Person. Dass diese Differenz noch nach fünfzehn Jahren belastend nachwirken soll, ist doch wohl ein kleines bisschen übertrieben.

Die Binnenkaufkraft der Ost-Mark habe beim Standardverbrauch um 50 Prozent über der D-Mark gelegen.[38] Demnach wäre der gerechte Umtauschkurs 1,50 West-Mark für 1 Ost-Mark gewesen. Das ist aber auch eine Milchmädchenrechnung. Denn das Brötchen für 5 Ost-Pfennig wurde unter den Herstellungskosten verkauft, also kräftig subventioniert, mit Geld, das auf die Preise anderer Güter aufgeschlagen wurde. Hätte man diesen binnenwirtschaftlichen Unfug ohne gleichzeitige Währungsunion abgestellt, wäre allein dadurch die Binnenkaufkraft der Ost-Mark »bei Standardverbrauch« schlagartig gesunken. Das Brötchen hätte plötzlich 20 Ost-Pfennige gekostet. Die Ost-Mark verliert bereits mächtig an Glanz, wenn man statt des Standardverbrauchs beim Wochenendeinkauf realistischerweise den Jahresverbrauch zur Bestimmung der Binnenkaufkraft zugrunde legen würde. Dann würden nämlich die Preise für die Güter mit kräftigem Preisaufschlag, die durch den Ausdruck »Standardverbrauch« listig ausgeklammert werden, in die Rechnung eingehen. Was beim Brötchen gespart wurde, musste bei technischen Geräten und in den Geschäften mit anspruchsvolleren Waren (»Delikat« und »Exquisit« geheißen und nicht zu verwechseln mit den Westgeldläden »Intershop«, die wir auch noch im Lande hatten) draufgezahlt werden. Der Farbfernseher kostete fast ein halbes durchschnittliches Jahresgehalt.

Ein Drittel ihres Geldvermögens hätten die Ostdeutschen eingebüßt und außerdem seien ihre Gebrauchsgüter schlagartig entwertet worden. »Ganze Wohnungseinrichtungen besaßen von heute auf morgen keinen positiven Marktwert

38 Ebd., S. 81.

mehr, waren bloß noch Sperrmüll.«[39] Mir kommen die Tränen. Ich sitze noch an demselben Schreibtisch und benutze mein altes Bett immer noch zum Schlafen und nicht als Handelsware. Dass Schreibtisch und Bett ihren Marktwert verloren haben, diese grobe Benachteiligung habe ich bisher gar nicht bemerkt, weil der Gebrauchswert ungeschmälert bei 100 Prozent liegt. Wer seine Möbel zum Sperrmüll gibt, hat genug Geld für neue. Da hält sich mein Mitleid sehr in Grenzen. Im Westen landen ausrangierte Möbel in der Regel auch auf dem Sperrmüll.

Hier rechnet sich jede Seite kunstvoll und trickreich arm und die andere reich – ein absurdes deutsch-deutsches Theater. Nur wer klagt, gewinnt.

Wenn es gute Gründe für eine schnelle Währungsunion gab und diese die Menschen zum Bleiben veranlassen sollte, musste man bei offenen Grenzen einen Umtauschkurs wählen, der die Einkommen im Osten nicht unter Sozialhilfeniveau West drückte.

Das durchschnittliche Facharbeitergehalt Ost betrug, 1:1 gerechnet, 48 Prozent des westdeutschen. Bezieht man alle Einkommen ein, lag der östliche Durchschnitt bei 30 Prozent der westlichen Einkommen. Das lag an der Unterscheidung von produktiver und unproduktiver Arbeit, die Karl Marx von Adam Smith übernommen hatte. Alle Berufe, die keine Waren produzieren, galten als unproduktiv, wie Lehrer, Ärzte, Rechtsanwälte, kurz alle Hoch- und Fachschulberufe. Deren Einkommen sollten deshalb nach sozialistischer Doktrin nicht wesentlich über denen der Facharbeiter liegen. Auch deshalb war die Spreizung der Einkommen in der DDR erheblich kleiner als im Westen.

---

39 Ebd., S. 88.

Hätte man die Facharbeitergehälter 1:4 umgestellt, wären sie auf 12 Prozent des westlichen Facharbeiterlohns gesunken. Die Fachleute haben uns damals gesagt; In der Regel planen Beschäftigte einen Umzug, wenn ihr Einkommen 70 Prozent dessen unterschreitet, was sie andernorts erzielen können. Wollte man also die DDR-Bevölkerung nicht erneut zum Weglaufen motivieren, mussten die Löhne sogar noch über das Niveau angehoben werden, das sich aus 1:1 ergab, zumal zeitgleich mit der Währungsunion sämtliche Preissubventionen wegfielen. Die Einführung der Westpreise bedeutete für den Wochenendeinkauf eine kräftige Preiserhöhung und für den Fernseher eine kräftige Preissenkung bei höherer Qualität. Dass im folgenden Jahr mit den Lohnerhöhungen sehr kräftig fortgefahren wurde, steht auf einem anderen Blatt. Der Grund dafür war klar: Die Prognosen für den Aufschwung Ost waren anfangs viel zu hoch. Aber außerdem hatten weder die westlichen Gewerkschaften noch die westlichen Arbeitgeber Interesse an allzu billiger Konkurrenz. Machen wir uns nichts vor. Ein Aufbau Ost durch Arbeitsplatztransfer von West nach Ost und Arbeitslosenimport von Ost nach West, wie ihn die reine Marktökonomie sogar für wünschenswert halten muss, hätte im Westen die Einigungsstimmung völlig verhagelt. Auch das Argument: »Die im Osten verlangen weniger Lohn als ihr, also bitte Lohnverzicht, sonst geht die Produktion in den Osten« hätte im Westen helle Empörung ausgelöst, und zwar verständlicherweise.

Die Mindestrente betrug in der DDR 270 Ost-Mark. 1:4 hätte das 85 DM ergeben. Nach einer Warenkorbberechnung auf Westpreisbasis ist deshalb vor der Währungsunion die Mindestrente auf 420 Ost-Mark angehoben worden.

Sehr oft wird kritisiert, dass bei der Währungsunion nicht die Betriebsschulden gestrichen worden sind, denn das seien keine echten Schulden gewesen, sondern politisch gewollte.

Das Letztere ist richtig. Um den Staatshaushalt rechnerisch stimmig zu machen, wurden den Betrieben Schulden auferlegt, die mit ihrer wirtschaftlichen Tätigkeit fast nichts zu tun hatten. Man kann das auch so ausdrücken: Um ein Haushaltsdefizit zu verschleiern, wurden diese Schulden erfunden. Sie ergaben sich nicht etwa aus einer eventuellen Misswirtschaft dieser Betriebe. Dafür waren deren Handlungsspielräume im Korsett der Planwirtschaft viel zu klein. Allerdings frage ich mich, was diejenigen, die diese Schulden streichen wollten, unter »Schulden streichen« verstehen. Wenn Schulden gestrichen werden, muss sie entweder jemand bezahlen, oder an einer anderen Stelle der Gesamtrechnung entsteht ein Defizit. Dabei ist es gleichgültig, aus welchen berechtigten oder unberechtigten Gründen die Schulden in die Gesamtrechnung geraten sind. In demselben Sinne, in dem das keine »echten« Schulden waren, waren die korrespondierenden DDR-Sparguthaben auch keine »echten« Guthaben. Wo bitte befanden sich denn die DDR-Sparguthaben? Doch nicht im Sparbuch. Da fand sich nur Tinte. Sie lagen auch nicht als Goldbarren in einem Tresor der Staatsbank. Sie waren ein Posten in der Gesamtrechnung des DDR-Finanzsystems, mehr nicht. Nach Streichung der Betriebsschulden hätte die Bundesrepublik Deutschland einen DDR-Staatshaushalt mit einem entsprechend erhöhten Defizit übernommen und dieses dann irgendwann irgendwie bezahlen müssen.

Man hätte also höchstens sagen können, in diesen sauren Apfel möge doch die Bundesrepublik beißen, um die Startchancen der DDR-Betriebe für die Marktwirtschaft zu verbessern. Nun waren aber gar nicht diese Schulden, sondern lediglich die Zinsen eine laufende Belastung der Betriebe. Während diese Schulden im DDR-System sozusagen schlafende Schulden mit geringen oder gar keinen Zinsen waren (nach meiner Erinnerung 1 Prozent), wurden sie nach der

Währungsunion von den westlichen Kreditinstituten, die sie (als ihre Guthaben) übernommen hatten, mit marktüblichen Zinsen belegt, wodurch sie plötzlich echtes Geld kosteten (nach meiner Erinnerung 8 Prozent). Ob das in voller Kenntnis des abstrusen sozialistischen Finanzgebarens geschehen ist, in dem man mithilfe des Bleistifts Bilanzen stimmig machen konnte, bezweifle ich. Jedenfalls aber musste mit der Währungsunion auf allen Ebenen die wirtschaftliche Rechnungsführung wieder eingeführt werden. Und da gibt es nur Soll und Haben, nicht außerdem noch Scheinsoll und Scheinhaben.

Dass diese plötzlich aktivierten Betriebsschulden viele Betriebe ruiniert haben, bezweifle ich aber auch. Ihre Streichung hätte den Betrieben ein bisschen mehr Luft gegeben, sie aber nicht von ihren Hauptgebrechen geheilt: fehlende Kunden, fehlende weltmarktfähige Produkte, fehlendes Marketing, fehlendes Kapital, hoffnungslos veraltete Maschinen, Überbeschäftigung und zu große Fertigungstiefe. Am Ende sind die Betriebsschulden größtenteils im Zuge der Privatisierung bei der Treuhand gelandet, also im Erblastentilgungsfonds, dessen Tilgung wohl auch noch unsere Enkel beschäftigen wird. Ich halte das für vertretbar. Dafür finden sie ein vereinigtes Deutschland und ein aufgeräumtes Ostdeutschland vor.

Man kann sehr wohl sagen, dass die Währungsunion den Ostdeutschen ihre Sparguthaben gerettet hat. In den anderen ehemals sozialistischen Ländern wurden nämlich die hohen Staatsschulden durch Inflation getilgt. Dabei verschwanden auch die Sparguthaben. Und es gab eine Phase der Altersarmut. Hätte man dann nicht auch die ostdeutschen Sparguthaben kräftiger entwerten können? Die gesamten Sparguthaben der DDR-Bevölkerung entsprachen der jährlichen Zuwachsrate der westdeutschen Sparer. Es wäre nicht ganz einfach zu vermitteln gewesen, dass die Ostdeutschen als Eintrittspreis ihre Sparguthaben abliefern müssen.

Immer wieder wird mit empörtem Unterton erklärt, Helmut Kohl habe den ökonomisch unsinnigen Umtauschkurs nur deshalb angekündigt, um die Wahlen zu gewinnen. Nun ist die Absicht, Wahlen zu gewinnen, sicher kein Verbrechen, ebenso wenig wie Wahlversprechen – vorausgesetzt, sie werden eingehalten. Das hat Helmut Kohl diesmal unstrittig getan. Ich selbst habe den Vorschlag für eine schnelle Währungsunion zu einem Kurs etwa bei 1:1 zuerst gar nicht von Helmut Kohl, sondern von Ingrid Matthäus-Maier (SPD) gehört. Es ist doch immerhin denkbar, dass das, was den Wählern gefällt, außerdem noch aus mancherlei anderen Gründen vertretbar oder gar vernünftig ist. Wer voraussetzt, was den Wählern gefällt, sei immer verkehrt, der muss die Demokratie abschaffen – und sich Pillen gegen Hochmut kaufen. Unter seiner Herrschaft möchte ich persönlich allerdings nicht leben müssen.

5. »Die Treuhandanstalt hat die ostdeutsche Wirtschaft ruiniert und das Volksvermögen Westdeutschen zugeschanzt.«

Den schlechten Ruf der Treuhand kann ich nachvollziehen bei denen, die damals erleben mussten, wie der Betrieb, in dem doch ihre Lebensarbeit steckte, von einem Tag auf den anderen stillgelegt wurde. Jahrzehntelang hatten sie unter widrigen Umständen und mit viel Phantasie den Betrieb am Laufen gehalten, und nun war es womöglich ihre letzte Aufgabe, den eigenen Betrieb abzureißen und zu verschrotten. Sie hatten sich anderes von der deutschen Einheit erwartet.

Überhaupt kein Verständnis habe ich für diejenigen, die es besser wissen konnten und dennoch von »plattmachen« redeten, als hätte die Treuhand die DDR-Wirtschaft ruiniert. Rolf Hochhuth mit *Wessis in Weimar* und Günter Grass in *Mein Jahrhundert* haben sich am Feindbild Treuhand ausgetobt. Günter Grass hat noch 1995 erklärt: »Wer ein solch menschenverachtendes Instrument wie die Treuhand ins Leben ruft, muss sich nicht wundern, wenn darauf terroristisch reagiert wird.«[40] Er bezog sich damit auf die Ermordung des Chefs der Treuhandanstalt, Detlev Rohwedder. Im Bekennerbrief der RAF vom 4. April 1991 hieß es: »Die Wirtschaft der Ex-DDR (soll) genauso wie die sozialen Strukturen dort (vom Gesundheitswesen bis zu den Kinderkrippen) systematisch kaputtgemacht werden.« »Das ist der Plan, und die Treuhandanstalt soll diesen Zusammenbruch organisieren.« »Für die Durchsetzung dieses Planes hat die Bundesregierung Rohwedder ausgesucht.« Auch Politiker der frei gewählten Volkskammer erhielten damals Morddrohungen aus diesem Milieu, weil sie angeblich die DDR dem Kapitalismus ausliefern und das Volk bewusst ins Unglück stürzen wollten. Es hat mich schwer schockiert, Günter Grass auf demselben Dampfer der Argumentation zu sehen. Derselben Logik war schon am 12. Mai 1990 eine Großdemonstration in Frankfurt am Main gefolgt: »Gegen die imperialistische Einverleibung – für ein sozialistisches Deutschland.«

Der Mord war als Fanal gedacht. Ausgelöst aber hat er bei den einen Entsetzen, bei den anderen, die über die Arbeit der Treuhand tatsächlich empört waren, Betretenheit: Nein, so haben wir unsere Kritik doch nicht gemeint. Detlev Rohwedder ist das einzige Todesopfer der deutschen Einheit.

---

40 So in einem Gespräch mit dem Spiegel; vgl. Der Tagesspiegel vom 11. September 1995.

Birgit Breuel wurde seine Nachfolgerin. Sie musste ihre Arbeit unter Lebensgefahr verrichten. Die Gefahr kam nicht aus dem Osten.

Die Idee einer öffentlichen Anstalt, die das Volksvermögen der DDR verwalten sollte, wurde bereits am 12. Februar 1990 am Runden Tisch von Wolfgang Ullmann vorgetragen und zustimmend aufgenommen. Am 1. März 1990 gründete dann die Koalitionsregierung unter dem Ministerpräsidenten Heinz Modrow (PDS) die »Anstalt zur treuhänderischen Verwaltung des Volkseigentums«, die formell Eigentümer des Volkseigentums wurde. Allerdings war diese Ur-Treuhand ihrer Aufgabe nicht gewachsen und zum Teil mit fragwürdigem Personal besetzt. Hätte sie schalten und walten können, wie sie wollte, wäre das sogenannte Volksvermögen SED-Genossen zugeschanzt worden, so wie es die SED mit ihrem Vermögen trickreich versucht hat. Eine arbeitsfähige Treuhand entstand erst aufgrund des Gesetzes der frei gewählten Volkskammer vom 17. Juni 1990.

Rohwedder hat in einem Osterbrief an seine Mitarbeiter vom 27. März 1991 kurz und knapp die Grundsätze der Treuhandarbeit formuliert. Der Brief wurde zugleich sein Vermächtnis. Am Ostermontag, dem 1. April 1991, wurde er in seiner Wohnung durchs Fenster erschossen.

Ich zitiere sechs Punkte aus diesem Zehn-Punkte-Programm:

- »Privatisierung ist die wirksamste Sanierung«, denn dies »ist der beste Weg, um mit neuem Wissen, neuem Kapital und neuen strategischen Unternehmenszielen ein Unternehmen und seine Arbeitsplätze zu erhalten und ihm eine neue Zukunft zu geben.«
- »Sanierung ist ständiger Auftrag der Treuhandanstalt für die Unternehmen auf dem Weg zur Privatisierung.« »Sie wird … die sozialen Belange der Mitarbeiter berücksichti-

gen, muss jedoch auch darauf achten, dass nicht die Zukunftschancen des Betriebes ... gefährdet werden. Hier sind Arbeitsplatzverluste so wenig zu vermeiden wie bei der Privatisierung oder bei der Stilllegung.«

- »Stilllegungen sollen zum Kristallisationskern neuer Aktivitäten werden.«
- Die Treuhandanstalt »ist verpflichtet, unternehmerisch zu handeln – aber nicht im Eigeninteresse: Ihre Aufgabe ist Dienstleistung für das ganze Volk.«
- »In einem Prozess, den das ganze deutsche Volk wollte, hat die Treuhandanstalt die schwere Aufgabe, schmerzliche, aber unvermeidliche Umstellungen zu verantworten, die nötig sind, um das gemeinsame Ziel zu erreichen.«
- »Vorstand und Mitarbeiter müssen wohl volles Verständnis dafür haben, dass diese Arbeit mit kritischer Aufmerksamkeit begleitet wird. Anfeindungen und Verleumdungen sind aber keine Kritik und können uns daher nicht treffen.«

Es war Rohwedders Absicht, die Privatisierung der DDR-Wirtschaft »nicht zu einer kalten kapitalistischen Veranstaltung« werden zu lassen. Wer bestreitet, dass dieses Ziel verfolgt wurde, muss sich mit der Tatsache auseinandersetzen, dass es Rohwedder gelungen ist, sich mit den Gewerkschaften zu verständigen, und dass enorme Mittel (11 Milliarden DM, davon 8 aus der Treuhand) in Sozialplanleistungen geflossen sind – und dass mit der Sozialunion auch die Arbeitslosenunterstützung in der DDR eingeführt wurde, vom Westen finanziert.

Die Treuhand hat das Produktivvermögen der DDR nicht etwa meistbietend versteigert, sondern in einer riesigen Kraftanstrengung Einzelverträge abgeschlossen, bei der die Käufer Garantien geben mussten für ihre Investitionen und für eine Mindestzahl an Arbeitsplätzen. Und sie hat industrielle Kerne erhalten, obwohl die westliche Industrie auch ohne diese Standorte den gesamtdeutschen Bedarf spielend hätte befriedigen können. Es stimmt nicht, dass sich »die Westdeutschen« an der Privatisierung bereichert hätten. Einigungsgewinne der westlichen Wirtschaft sind auf ganz anderem Wege zustande gekommen, nämlich durch die hohe Nachfrage nach westlichen Gütern im Osten.

Die Treuhandanstalt hat 1994 ihre Arbeit offiziell beendet, obwohl die Privatisierung noch nicht abgeschlossen war. Die verbliebenen Aufgaben wurden von der Nachfolgeorganisation »Bundesanstalt für vereinigungsbedingte Sonderaufgaben« (BvS) unspektakulär übernommen. Die Treuhand schloss mit einem Schuldenberg von 250 Milliarden DM. Dieser ist folgendermaßen entstanden: Die SED hatte die Betriebe künstlich verschuldet, um ihr Haushaltsdefizit zu vertuschen. Diese sogenannten Altschulden hat die Treuhand großenteils übernommen, nämlich ca. 107 Milliarden DM. Mit dem Umweltschutz hat es die DDR so genau nicht genommen, wie beim Uranbergbau auf lebensbedrohliche Weise offenkundig war. Kontaminierte Fabriken kann man nicht verkaufen. 44 Milliarden DM hat die Treuhand daher für ökologische Sanierung ausgegeben. Viele Betriebe konnten gar nicht verkauft werden ohne Sanierung, Anschubfinanzierung und Sozialplanfinanzierung. Das hat noch einmal 155 Milliarden DM gekostet. Wer den letzten Posten für unseriös hält, den will ich nur daran erinnern, dass in den neuen Bundesländern alte Herrenhäuser für 30.000 oder auch für 1 Euro angeboten wurden. Der Käufer musste bloß ein paar Millionen zur Sanierung mitbringen – und eine Verwendungsidee haben, um neben den Ausgaben auch Einnahmen zu haben. Und die ist oft am schwierigsten zu beschaffen. Die SED hatte mit den Enteignungen nicht, wie sie behauptete, den Reichtum der Junker und Kapitalisten dem Volk zugänglich gemacht. Sie hat ihn zu großen Teilen ruiniert. Wahrscheinlich war es den Proletariern in Amt und Würden verschlossen geblieben, dass Eigentum nicht nur schöne Verfügungsrechte ermöglicht, sondern auch teure Unterhaltungspflichten diktiert.

Die Privatisierungserlöse beziffern sich auf 29,3 Milliarden DM, die Einnahmen der Treuhand insgesamt auf 68 Milliarden DM. Die neuen Eigentümer haben Investitionen von insgesamt 200 Milliarden DM zugesagt.[41]

Aber wo ist denn das Wirtschaftsvermögen der DDR geblieben?, fragen viele bis heute. Die so fragen, setzen ein substantialistisches oder feudales Wertverständnis voraus. Da gab es eine Schatztruhe mit Silber, Gold und Edelsteinen. Und wenn daraus etwas fehlt, hat es ein anderer.

Der ökonomische Wert ist keine physikalische Eigenschaft der Dinge. Er beruht allein auf Wertschätzung. Und die hängt von den Umständen ab. Die Indios waren seinerzeit sehr erstaunt über die Goldgier der Spanier. Ihnen diente Gold nur zum Schmuck, nicht als Zahlungsmittel. Eine Flasche Wasser hat einen ungeheuren Wert in der Wüste, aber gar keinen an einer sprudelnden Quelle. Niemand wird in der Wüste bleiben, damit seine Wasserflasche ihren Wert behält. Aber an der Quelle sitzen und den Wertverlust der Wasserflasche beklagen, das kriegen manche spielend hin.

Ich hatte zu DDR-Zeiten einen Wartburg. Anfang 1989 hätte ich ihn – er war sechs Jahre alt –, noch für ein Jahresgehalt verkaufen können. 1991 habe ich ihn nicht einmal mehr verschenken können. Meine Tochter hat abgewinkt:

---

41 Die Zahlen stammen aus: Birgit Breuel / Michael C. Burda, *Ohne historisches Vorbild. Die Treuhandanstalt 1990 bis 1994*, Berlin 2005, S. 23 und aus: *Schnell privatisieren, entschlossen sanieren, behutsam stilllegen* (vgl. Anm. 10).

Zwölf Liter auf 100 Kilometer seien ihr zu teuer. Er wurde verschrottet. Zurück blieb ein veritables Ersatzteillager, eben noch ein großer Schatz (»Substanzwert« könnte man das nennen), jetzt nur noch Staubfänger. Wenn ich mich daran erinnere, was ich mit diesem Wartburg im Guten wie im Schlechten alles erlebt habe, was ich anstellen musste, um ihn am Laufen zu halten, wie ich an diesem Auto zum mittleren Automechaniker gereift bin, der den Inhalt des Motorraums genauso gut kannte wie den Inhalt des Kofferraums, beschleicht mich noch heute Wehmut. Der Wartburg hatte für mich einen erheblichen Gemütswert, aber nach 1990 plötzlich keinen Verkaufswert mehr. Seitdem suche ich vergeblich den Westdeutschen, der sich am verlorenen Verkaufswert meines Wartburg bereichert hat. Das Auto hatte ich ja noch. Bloß der Wert war weg. Aber auch der Gebrauchswert ließ wegen Reparaturanfälligkeit zu wünschen übrig. Also tat ich, was fast alle meiner Mitbürger taten: Ich kaufte einen Westwagen, auf den ich nicht zehn Jahre warten musste, der nicht zwei Jahresgehälter kostete, der zwischen den Jahresdurchsichten keine Reparaturen brauchte und noch dazu weniger verbrauchte. Und indem wir uns alle so verhielten, haben wir, die Ostdeutschen, das Wartburgwerk und ebenso das Trabantwerk in den Ruin getrieben. Denn ohne Kunden sinkt der Wert einer Autofabrik auf den Schrottpreis plus Immobilie minus Abrisskosten. So einfach und so hart ist das. Heute baut bei Zwickau VW, in Eisenach Opel, in Leipzig BMW wieder Autos. Das Know-how haben sie mitgebracht, das Vertriebssystem und das Werkstattnetz auch – und weltbekannte Markenzeichen. Der Schatz vor Ort waren nicht die alten Fabriken. Es wurden völlig neue gebaut. Der Schatz waren tüchtige Arbeiter und Ingenieure, Ostdeutsche, die angeblich nie arbeiten gelernt haben. Woher sie's nur plötzlich konnten?

Selbstverständlich war der Wert und namentlich die Gewinnerwartung der DDR-Unternehmen ganz verschieden. Raucher hängen an ihrer Marke, also hat die Zigarettenfabrik eine Abnahmegarantie. Leser hängen an ihren Zeitungen. Handwerker, Apotheken, Geschäfte braucht man immer vor Ort. Von den großen Brocken war etwa das Energieversorgungssystem oder das Tankstellennetz eine sichere Bank. Der Uranbergbau dagegen musste sofort geschlossen werden, denn Uran aus 400 Meter Tiefe, wo man der Hitze wegen den Berg vor dem Stollenvortrieb kühlen musste, das war viel zu teuer für den Weltmarkt. Das lohnte sich nur, solange die Sowjetunion Uran brauchte, koste es, was es wolle, für ihre Reaktoren und – Atombomben. Trotzdem musste die Bundesrepublik, die das Uranbergbauunternehmen »Wismut« von der Sowjetunion für 1 DM gekauft hatte, 13 Milliarden DM für die Sanierung aufbringen.[42] Den Posten müssen wir unter Kriegsfolgen verbuchen. Wir bezahlen damit Kosten für die Planung eines Atomkriegs, der zuerst Deutschland vernichten sollte. Manchmal hat die Geschichte sehr makabre Pointen.

Auch der Kupferbergbau musste sofort eingestellt werden, weil das kupferarme, maximal 30 Zentimeter dicke Kupferschieferflöz riesige Abraumkosten erforderte, die die DDR nur deshalb in Kauf nahm, weil sie sonst Devisen für Kupfer hätte ausgeben müssen. Und auf dieselbe Weise könnten wir nun die gesamte DDR-Wirtschaft durchgehen. Manchmal war das »Kapital« der Betriebe gleich null, manchmal war es nur etwas wert, wenn man neues Geld dazupackte.

Eine erste seriöse Schätzung ergab, dass 2 (!) Prozent der Treuhandbetriebe in der Lage waren, rentabel zu arbeiten, und 48 Prozent noch dahin kommen konnten. 25 Prozent

42 Bundestagsdrucksache 13/4522 vom 6.3.1996.

galten als sanierungsfähig, bei 5 Prozent war der Sanierungserfolg zweifelhaft. 21 Prozent galten als nicht sanierbar, mussten also stillgelegt werden.[43] Am Ende wurden 30 Prozent stillgelegt.[44]

Aber das war ja noch nicht alles. Was hieß denn Sanieren? Eine eigenverantwortliche Betriebsleitung, neues Knowhow, neue Maschinen, neue Kunden – oder kurz: Die Betriebe mussten rentabel werden. Denn die Arbeitsproduktivität der DDR-Wirtschaft lag bei 30 Prozent der westdeutschen. Rentabler hieß: weniger Arbeitsstunden für dasselbe Produkt. Und das hieß unweigerlich: weniger Arbeitsplätze. Sanieren hieß also immer auch: entlassen. Die SED hatte nämlich die Automatisierung bewusst gebremst, um das »Recht auf Arbeit« zu garantieren. Niemals habe ich in der DDR einen der kleinen Bagger gesehen, mit denen man heute die Gräben für Versorgungsleitungen aushebt. Das wurde alles mit Hacke und Schaufel gemacht. Das sicherte Arbeitsplätze, allerdings nicht gerade die anspruchsvollsten. Es gibt aber Menschen, die solche Arbeitsplätze brauchen und durch anspruchsvollere überfordert sind. Sie sind die

---

43 Wolfram Fischer / Herbert Hax / Hans Karl Schneider (Hrsg.), *Treuhandanstalt. Das Unmögliche wagen. Forschungsberichte*, Berlin 1993, S. 138.

44 Schroeder, *Preis der Einheit* (vgl. Anm. 11), S. 143. Diese Zahlen stammen aus der Schlussbilanz der Treuhandanstalt. Damals waren aber noch nicht alle Privatisierungen abgeschlossen. Die Nachfolgeeinrichtung »Bundesanstalt für vereinigungsbedingte Sonderaufgaben« (BvS) hat die restlichen Privatisierungen vorgenommen. Da bei den verbliebenen Unternehmen in treuhänderischer Verwaltung kaum noch Liquidationen vorkamen, sank nach dem Ende der Treuhand die endgültige Liquidationsquote auf 26,8 Prozent. Durch die Tätigkeit der BvS sank übrigens auch das Treuhanddefizit nachträglich etwas. Diesbezügliche Zahlendifferenzen beweisen also keine Verschleierungsabsichten.

Leidtragenden der Mechanisierung und Automatisierung. Sie stellen, oft ohne Berufsabschluss, die Mehrzahl der Langzeitarbeitslosen. Das ist aber ein gesamtdeutsches Problem. Keine Bagger in den Osten zu lassen war sicher kein sinnvolles alternatives Wirtschaftsprogramm für den Osten, obwohl es viele Arbeitsplätze erhalten hätte. Um auf nur 18 Prozent Arbeitslosigkeit zu kommen, musste also eine ungeheure Menge an Arbeitsplätzen völlig neu geschaffen werden. Neue Arbeitsplätze, das ging aber nicht nach der sozialistischen Stückzahllogik: den Plan übererfüllen, doppelt so viele Eisenbahnwaggons bauen. Die stehen nur rum, wenn man keinen Käufer gefunden hat. Man musste neue Produkte erfinden, denn die bekannten bieten schon andere an. So schwierig ist die nachholende Modernisierung bei gesättigten Märkten. Erst vor diesem Hintergrund kann man die beachtliche Aufbauleistung der ostdeutschen Wirtschaft würdigen. Ich lese immer nur, wie weit der Osten hinter dem Westen zurückbleibt, was ja richtig ist, aber unterschlägt, was geleistet werden musste, damit der Osten nicht noch viel gewaltiger hinter dem Westen zurückstand.

Wer der Treuhandanstalt den Ruin der DDR-Wirtschaft anlastet, übersieht diejenigen Gründe für den Ruin, an denen die Treuhand vollkommen unschuldig war. Da ist einmal der desaströse Zustand der Industrieanlagen. Aber auch die unvorbereitete Maueröffnung und die Währungsunion hatten für die DDR-Wirtschaft verheerende Folgen.

Die Maueröffnung, dieses Jahrhundertereignis, hat uns alle begeistert, völlig zu Recht. »Wahnsinn« war damals das geflügelte Wort. Für die DDR-Wirtschaft aber war die Maueröffnung ein schwerer Schlag. Da prallten zwei Warenwelten ungebremst aufeinander, darunter viele hochbegehrte Waren, die es für Ostgeld gar nicht gab, wie Computer, neueste Unterhaltungselektronik, Mode – kurz alles, was sich nun Ostdeutsche vom Westbesuch mitbrachten. Die anderen ehemals sozialistischen Länder konnten ihre einheimische Warenwelt vor den Westwaren eine Zeit lang noch mit Zöllen schützen. Da aber niemand an der innerdeutschen Grenze wieder Zollkontrollen einführen wollte, nahm das Schicksal der DDR-Waren seinen Lauf. Die Ostdeutschen verachteten sie, auch über das berechtigte Maß hinaus. Denn viele Lebensmittel waren nicht besser, sondern nur besser verpackt.

Bald forderten die Leipziger Montagsdemonstranten: »Kommt die DM, bleiben wir, kommt sie nicht, geh'n wir zu ihr.« Und zwar wollten sie die DM 1:1 haben. Wenn man an die Löhne und die Renten dachte, war das alternativlos. Die Löhne Ost lagen damals, 1:1 gerechnet, bei 30 Prozent West. Bei Facharbeitern waren es 48 Prozent, weil in der DDR der Einkommensunterschied zwischen Facharbeitern und Hochschulabsolventen niedriger war als im Westen. Hätte man – bei Westpreisen – die Einkommen in der DDR damals 1:4 umgestellt, wäre das ostdeutsche Durchschnittseinkommen unter Sozialhilfeniveau West gesunken. Dann hätten die DDR-Bürger ihre schärfste Waffe eingesetzt, die Beine. Sie hätten die Bundesrepublik gestürmt. Aber für die DDR-Wirtschaft war der Umtauschkurs von 1:1 bei Einkommen und 1:2 bei Guthaben und Schulden ein schwerer Schlag. Der Export nach Westdeutschland brach sofort zusammen, weil sich bei 1:1 statt 1:4 die Preise vervierfachten.

Kam also die Währungsunion zu früh? Das kann man so auch nicht sagen. Denn wenn die massive Abwanderung nach dem Mauerfall weitergegangen wäre, hätte auch das die DDR-Wirtschaft massiv beeinträchtigt, denn es gingen ja oft die Besten. Vor allem hätte es im Westen die Stimmung verhageln und den westdeutschen Gegnern der deutschen Einheit mächtig Aufwind geben können. Es gab ja reichliche Warnungen vor der »Einwanderung in unsere Sozialsysteme« (Lafontaine). Zwar setzte sich die Abwanderung nach der Währungsunion fort, aber auf ein Siebtel oder um 85 Prozent reduziert. Bis zur Ankündigung der Währungsunion gingen 2–3000 täglich, danach nur noch ca. 2000 wöchentlich. Es gab da aber noch das Problem, auf das schon oben unter B 3 hingewiesen wurde: Anfang 1990 beschloss der »Rat für gegenseitige Wirtschaftshilfe« (RGW) der ehemals sozialistischen Länder, zum Jahresende die interne Verrechnungseinheit Transferrubel abzuschaffen und auch den »innersozialistischen« Handel auf Weltmarktpreise umzustellen. Die Folge davon war, dass schon 1990 namentlich Ungarn und die CSFR Waren aus der DDR nicht mehr abnahmen. Die Währungsunion hat also für den Osthandel der DDR einen Zustand bewirkt, der ohne sie ein knappes halbes Jahr später auch eingetreten wäre. Und auch in den anderen ehemals sozialistischen Ländern gab es ab 1990 Rieseneinbrüche bei der Produktion, auch ohne Währungsunion. Ungarns Ikarus-Busse zum Beispiel wollte auch niemand mehr haben.

Nun schauen wir uns einmal das Schicksal des PKW Wartburg an. Er kostete als Zweitakter etwa 18.000 Ost-Mark (M) – mit Wartezeiten bis zu 20 Jahren. Er wurde auch in Belgien verkauft, denn dort gab es noch kein Zweitakterverbot, und zwar für 3000 West-Mark (DM). Für den Außenhandel der DDR mit dem NSW, dem »nichtsozialistischen Währungsgebiet«, galt 1989: Man musste in der DDR durchschnittlich 4,4 M aufwenden, um 1 DM zu erwirtschaften. Beim PKW Wartburg war aber sogar ein Kurs 6:1 noch attraktiv für die DDR, solange Lohn und Material in M bezahlt wurden.

Mit der Währungsunion endeten auch die staatliche Vorgabe der Preise und die Subventionen. Was sollte nun der

PKW Wartburg kosten? Inzwischen war der Wartburg mit einem VW-Motor versehen und kostete als Viertakter stolze 33.000 M! Wenn man ihn 1:1 verkaufen wollte, bekam man keinen einzigen los. Das Autowerk Eisenach bot ihn nun für 10.000 DM an, plötzlich ohne Wartezeit. Als die Treuhand nachfragte, wie hoch die Produktionskosten pro Auto seien, bekam sie zur Antwort: 15.000 DM. Die Treuhand war misstrauisch, forschte nach und kam auf 17.000 DM. Die Treuhand als Eigentümer musste auf jeden verkauften Wartburg 7000 DM draufzahlen. Das hat sie dann noch vier Monate gemacht, was 101 Millionen DM Zuschuss ergab. Die Betriebsleitung hat einfach wie zu DDR-Zeiten weitergemacht, Planwirtschaft ohne Plan sozusagen. Früher hat der Staat alles bezahlt, jetzt eben die Treuhand, sprich der deutsche Steuerzahler. Im April wurde die Produktion des Wartburg beendet. Gegen die Schließung haben die Arbeiter heftig protestiert und die Autobahn blockiert. Eine Lösung für die 7000 DM Minus pro Auto aber hatten auch sie nicht. VEB Jenoptik und Interflug haben täglich ein Defizit von 1 Million hingelegt. Wenn die Treuhand nicht von der Währungsunion an mit Milliardenkrediten eingesprungen wäre, wäre der allergrößte Teil der DDR-Wirtschaft bereits Ende Juli 1990 pleite gewesen.

Natürlich gibt es auch berechtigte Kritik an der Arbeit der Treuhand. Häufiger sind allerdings unberechtigte Vorwürfe, von denen hier einige besprochen werden sollen.

1. »Statt das volkseigene Vermögen der DDR-Bevölkerung durch Anteilscheine zugänglich zu machen, wurde es der Treuhand übergeben, die es verschleudert hat.« Die Idee von den Anteilscheinen hat am Runden Tisch besonders Wolfgang Ullmann favorisiert. Dabei war vorausgesetzt worden, die DDR-Betriebe seien schuldenfrei, weil auf volkseigene

Grundstücke keine Hypotheken aufgenommen werden durften. In Wahrheit hatte die SED die Ausrüstungen der Betriebe mit Milliardenbeträgen beliehen, um den Staatshaushalt stimmig zu machen. Aber diese Inlandsschulden waren damals noch Staatsgeheimnis. Wäre die Bevölkerung durch Anteilscheine Eigentümer dieser Betriebe geworden, hätte sie auch die Schulden am Hals gehabt. Denn erben kann man immer nur ganz oder gar nicht. Und woher bitte hätten die DDR-Betriebe dann Kapital für Investitionen und Know-how für neue Produkte bekommen sollen? Doch nicht von den DDR-Bürgern! Wahre Wunder verbinden heute noch manche mit der Idee, man hätte die DDR-Unternehmen an die DDR-Bevölkerung entweder verschenken oder ihr gegen ein bis zwei Monatsgehälter Anteilscheine am Wirtschaftsvermögen der DDR verkaufen sollen. Denn dadurch wäre ja Kapital eingesammelt worden (allerdings weit weniger, als tatsächlich in den Osten geflossen ist). Die DDR-Bevölkerung hätte plötzlich Vermögen gehabt und wäre mit niedrigeren Löhnen zufrieden gewesen. Jens Bisky weiß sogar, warum das nicht geschehen ist. »Möglicherweise – man stelle sich den Skandal vor – wären die arbeitslosen Eigentümer dann nicht auf die sozialen Sicherungssysteme angewiesen gewesen. Vielleicht besäßen einige von ihnen inzwischen ein kleines Vermögen, statt Arbeitslosengeld II zu beziehen, und könnten ihren Kindern den Weg in die Selbständigkeit erleichtern.« Wenn jemand von Aktien im Gegenwert von zwei Monatsgehältern leben will, müssten sie ihm über 600 Prozent Dividende bringen. Gab es so etwas wenigstens einmal in der Weltgeschichte? Diese Anteilscheine wären doch keine Goldesel gewesen, die in jeden Fall Geld geliefert hätten. Sie wären gnadenlos an Gewinn oder Verlust des zugehörigen Betriebes gekoppelt. Geht der Betrieb pleite, ist der Anteilschein nur noch Papier.

In Tschechien sind ja solche Anteilscheine ausgegeben worden. Davon hätte man aber auch dort sofort die Finger gelassen, wenn die Prognose für die tschechoslowakischen Betriebe so ausgesehen hätte wie für die DDR-Betriebe nach Mauerfall und Währungsunion.

Die SED/PDS hatte die Idee, ihre Druckereien in Belegschaftsbesitz zu überführen. Die Beschäftigten drohten daraufhin mit Streik.[45] Manche sehen darin den Beweis ihres Untertanengeistes. Es könnte aber auch sein, dass sie den Zustand ihrer Druckmaschinen besser kannten als die SED-Funktionäre, die sie ihnen überlassen wollten, und dass sie wussten, was neue kosten. Und sie werden sich auch Gedanken gemacht haben, was sie in Zukunft drucken sollten, wenn die Planvorgaben der SED wegfielen, oder kurz: woher sie Kunden nehmen sollten. Deshalb wollten sie ihre Druckerei einem Verlag zugeordnet wissen, der sicher täglich drucken lässt.

In Russland ist es durch die Anteilscheine nicht etwa zu einer annähernd gleichmäßigen Vermögensverteilung gekommen, weil sehr viele ihre Scheine schnell und billig verkauft haben und sich diejenigen fanden, die wussten, welche Scheine was bringen und welche nicht. So entstanden die Milliardäre. Nun kann das ja jemand gut finden, weil solche Ungleichheit förderlich sei. Dann kann er aber nicht gleichzeitig erwarten, dass die Anteilscheine zu einer breiten Vermögensbildung geführt hätten, die einen relevanten Anteil des Sozialtransfers unnötig gemacht hätte, oder dass sie »eine nennenswerte Zahl von Ostdeutschen in Souveräne ihres ökonomischen Geschicks verwandelt«[46] hätten. Es stimmt ja, dass die Privatisie-

45 André Brie, Deutsch-deutsche Fremdheiten, in: Bahrmann / Links, *Am Ziel vorbei* (vgl. Anm. 37), S. 210.

46 Bisky, *Deutsche Frage* (vgl. Anm. 2), S. 73.

rung in Ostdeutschland keine Milliardäre hervorgebracht hat. Ich persönlich leide nicht darunter. Die russischen Milliardäre übrigens profitieren im Wesentlichen von weltweit begehrten Rohstoffen, die es in den neuen Bundesländern nicht gibt. Mir ist nicht bekannt, dass in Russland jemand durch Industrieprodukte Milliardär geworden wäre. In St. Petersburg und Moskau habe ich massenhaft neue und gebrauchte Busse gesehen, alle aus westlicher Produktion, wie auch die meisten Personenwagen. Nur auf dem Lande fahren noch die russischen Autos, Baujahr vor 1989. Russland ist ein Entwicklungsland geworden, das nun auch wieder den Hunger kennt. Übrigens haben die russischen Offiziere in den neuen Bundesländern nach 1990 massenhaft von Ostdeutschen Autos sowjetischer Produktion zum Mitnehmen gekauft (weil sie zu Hause für Rubel Ersatzteile bekamen), und viele Ostdeutsche haben dabei so unverschämte Preise genommen wie die ersten westlichen Gebrauchtwarenhändler von den Ostdeutschen für westliche Gebrauchtwagen.

In Tschechien ist das Projekt Anteilscheine besser gelaufen. Ein tschechischer Ökonom hat mir jedoch versichert, die Anteilscheine hätten keine relevanten Entwicklungspotentiale freigesetzt. Es gab kaum Investitionen und Innovationen, sondern jahrelang Stillstand. Auch deshalb folgte eine Welle direkter Privatisierungen, bei der z. B. Skoda zu VW kam. Und nun seien die Gerichte mit zweifelhaften Aufkaufaktionen für die Anteilscheine befasst.

Am 13. September 1990 hat Wolfgang Ullmann den Treuhandchef Detlev Karsten Rohwedder in der Volkskammer gefragt, ob und wann DDR-Bürger Anteilscheine am volkseigenen Vermögen erhalten. Rohwedders Antwort: Er sehe das für absehbare Zeit überhaupt nicht. Wörtlich: »Ich glaube, dass die Beanspruchungen der Treuhandanstalt möglicherweise größer sind als die Mittel, die ihr durch Privatisierung und Verkäufe zur Verfügung stehen.« Mit anderen Worten: Die Treuhand wird mit Minus abschließen. Das war am 13. September 1990.

2. *»Aus 600 Milliarden DM hat die Treuhand 250 Milliarden DM Schulden gemacht.«* Als Zeuge wird regelmäßig Rohwedder angeführt. Dieser hatte am 19. Oktober 1990, also knapp einen Monat nach seiner Erklärung vor der Volkskammer, seinen ersten Auftritt im Ausland, in der Bundeswirtschaftskammer Wien. Dort wollte er eine Zahl zum *Verkaufswert* der Betriebe nennen, nicht aber zu den *Privatisierungskosten* der Treuhand. Denn die Verbindlichkeiten, also die Betriebsschulden, die ökologische Sanierung, die Sozialpläne und die laufenden Zuschüsse bis zum Verkauf, sollten ja nicht die Käufer tragen. Er bat den damaligen Finanzvorstand der Treuhand, Wolfram Krause, einen Ostdeutschen, um eine Zahl. Wie diese zustande kam, stand damals im *Spiegel*. Ich zitiere: »Das Milliardenvermögen ergibt sich aus der schlichten Umrechnung einer zweifelhaften Schätzung aus Modrow-Zeiten über das Betriebsvermögen der Treuhand: 750 Milliarden Ost-Mark, umgerechnet zum Kurs 1:3 macht 250 Milliarden DM, der Rest seien die Grundstücke«. Der *Spiegel* bemerkt dazu: »Auf so dubios kalkulierte Vermögenswerte gibt keine Bank Kredit.« Rohwedder hat noch im selben Jahr eine Schätzung der Gesamtkosten der Privatisierung in Auftrag gegeben. Sie lag im Februar 1991 vor und belief sich auf 400 Milliarden DM Minus, denen der Privatisierungsgewinn gegenüberstand. Nach Fertigstellung der Eröffnungsbilanzen zum 1. Juli 1990 (!) im Jahre 1992 (!) konnte man genauer rechnen und kam auf ein Defizit von 210 Milliarden DM, eine erstaunlich genaue Prognose. Doch das alles wird nie zitiert, weil man sich darüber nicht empören und es nicht bejammern kann.

3. »Vom Volksvermögen der ehemaligen DDR haben die Ostdeutschen nichts abbekommen.«[47]

Ostdeutsche haben zwar die Hälfte der Betriebe, aber nur 7 Prozent des »Kapitals« erworben.[48] Der Hintergrund ist dieser. Zählt man die Einheiten unabhängig von der Größe, schlägt zu Buche, dass bei der sogenannten kleinen Privatisierung von Läden, Gaststätten, kleineren Hotels, Apotheken und Ähnlichem – insgesamt ca. 30.000 Einheiten – fast nur Ostdeutsche Eigentümer geworden sind, oft die bisherigen Leiter der Unternehmen. Denn dies war für sie erschwinglich. Sie brachten das nötige Fachwissen mit, das sie nur ergänzen mussten, und hatten bei einer soliden Erfolgsaussicht auch kein Problem, Kredite zu bekommen.

Aber auch beim Erwerb von mittleren Betrieben durch ihre bisherigen leitenden Mitarbeiter (MBOs) oder betriebsexterne Fachleute (MBIs) – sie machen zusammen ca. 3000 Einheiten aus – sind viele Ostdeutsche zum Zuge gekommen. Sie mussten ein überzeugendes Konzept vorlegen. Dann bekamen sie auch Kredite.

Die größten Einheiten sind aber gar nicht an westdeutsche *Personen*, sondern an westliche *Kapitalgesellschaften* gegangen. Mercedes hat das Ludwigsfelder Lastwagenwerk übernommen und so weiter. Sie konnten gar nicht an Ostdeutsche gehen, weil es keine ostdeutschen Kapitalgesellschaften gab und auch keine ostdeutschen Milliardäre. Die Kombinate, die man entfernt mit Konzernen vergleichen

---

47 Müller, *Supergau* (vgl. Anm. 17), S. 164.

48 Institut für Wirtschaftsforschung Halle, Eigentums- und Vermögensstrukturen in den neuen Bundesländern, in: Materialien der Enquetekommission »Überwindung der Folgen der SED-Diktatur im Prozess der deutschen Einheit«, Bd. III/2, hrsg. vom Deutschen Bundestag, Baden-Baden 1999, S. 1817.

könnte, waren ja die Patienten und nicht die Therapeuten, die mit Kapital und Know-how, Verkaufsnetz und so weiter einen Betrieb zum Laufen hätten bringen können. Die ostdeutsche Bevölkerung hat 1990 mehr ökonomischen Sachverstand gezeigt als die heutigen Kritiker der ökonomischen Einigung. Sie hat nämlich nicht gefordert: Wir wollen unseren Betrieb übernehmen, sondern hat nach Investoren gerufen. Sie wollten Arbeitsplätze in erfolgreichen Unternehmen und keine Anteilscheine für Schrottbuden. Als Mercedes das Ludwigsfelder LKW-Werk übernahm, hat sich mein Nachbar, der dort arbeitet, gefreut: »Wir wollen auch mal vernünftige Autos bauen.« Die Tschechen sind stolz auf den Erfolg von Skoda, obwohl sie doch eigentlich gedemütigt sein müssten, weil Skoda zum VW-Konzern gehört. Aber so verrückt sind unsere Nachbarn nicht.

Dass die Ostdeutschen nur 7 Prozent des »Kapitals« erwerben konnten, ist außerdem eine Milchmädchenrechnung, weil suggeriert wird, da habe es sich um Werte gehandelt, die Werte erzeugen. Das etwa versteht man doch unter Kapital: Das Haus bringt Mieten ein und die Fabrik Gewinn. In Wahrheit handelte es sich meistens um »gelähmtes Kapital«, das man erst durch kräftige Investitionsspritzen und vieles mehr wieder zum Laufen bringen musste. Oder es war »gestorbenes Kapital«, unbrauchbare Maschinen und Gebäude aus der Vorkriegszeit, für die nun die Beerdigungskosten, sprich die Demontagekosten, fällig waren. Das »lebendige Kapital« vor Ort war das »Humankapital«, die Fertigkeiten und die Lernfähigkeit der Ostdeutschen. Wären die ostdeutschen Unternehmen Goldgruben gewesen, wären sie weggegangen wie warme Semmeln. In Wahrheit war die westdeutsche Wirtschaft sehr zögerlich bei der Übernahme östlicher Betriebe. Und mancher Alteigentümer hat nach der Besichtigung auf einen Rückgabeantrag verzichtet.

Jens Bisky betrachtet den geringen Anteil Ostdeutscher am Treuhandvermögen als den Sündenfall der deutschen Einheit.[49] Als wenn die Ostdeutschen, um unternehmerisch tätig zu werden, unbedingt etwas von der Treuhand hätten erwerben müssen. Sehr viele haben den Schritt in die Selbständigkeit ohne ein Stück Treuhandvermögen gewagt. Von 1990 bis 1998 hat es 1.700.000 Gewerbeanmeldungen von Ostdeutschen gegeben, davon 800.000 Unternehmen.[50] Obwohl die Hälfte dann wieder kapitulieren musste, beweisen diese Zahlen trotzdem, dass der geringe Anteil der Ostdeutschen am Treuhandvermögen ihre Initiative keineswegs gelähmt hat. Bei den Abmeldungen muss berücksichtigt werden, dass in der zweiten Hälfte der 90er Jahre aufgrund der gesamtwirtschaftlichen Lage auch im Westen viele kleine Betriebe schließen mussten. 1996 waren drei Viertel der ostdeutschen Betriebe in ostdeutscher Hand, mit der Hälfte der Beschäftigten. In westdeutscher Hand waren 11,8 Prozent mit 19,4 Prozent der Arbeitnehmer in diesem Bereich,[51] darunter aber die größten.

Außerdem wird hier suggeriert, man habe etwas von der Treuhand erwerben müssen, um im Osten wirtschaftlich tätig zu werden. Irrtum. Auf der grünen Wiese war es sogar oft billiger.

Eines stimmt allerdings: in den größeren Unternehmen und auch in der öffentlichen Verwaltung war der neue Chef fast immer ein Westdeutscher. Andererseits ist aber bei vielen Unternehmen ein westdeutscher Geschäftsführer plus ostdeutsche Ingenieure und Facharbeiter das Erfolgsrezept geworden, wie bei Multicar oder Pico.

---

49 Bisky, *Deutsche Frage* (vgl. Anm. 2), S. 75.

50 Schroeder, *Preis der Einheit* (vgl. Anm. 11), S. 146.

51 Ebd., S. 145.

4. »*Die Treuhand hat im Auftrag westdeutscher Unternehmen die ostdeutsche Konkurrenz plattgemacht und ausgeschaltet.*« Mir ist kein einziger derartiger Fall bekannt. Vor welchen DDR-Produkten musste sich denn die westliche Konkurrenz fürchten? Es gab zwar DDR-Produkte, die Weltspitze waren, aber viele waren das nicht. Die meisten bisherigen DDR-Produkte waren entweder veraltet, wie die Kameras, oder nun zu teuer. Es ist wohl vorgekommen, dass ein DDR-Betrieb erst gekauft und dann geschlossen wurde, aber aus einem anderen Grund. Ein Schraubenfabrikant etwa wollte mit dem Ost-Betrieb die östlichen Märkte beliefern. Als die aber wegbrachen, hat er den Ostbetrieb geschlossen und nicht seinen Stammbetrieb. So etwas war für die betroffenen Ostdeutschen traurig und schmerzlich, aber nicht hinterhältig gemein. Noch eine Bemerkung: Aufbau Ost als Abbau West, das hätte nicht funktioniert. Die Westdeutschen hätten nämlich gesagt: Indem wir den Osten unterstützen, finanzieren wir unsere eigene Entlassung. Ein solcher Konflikt hat tatsächlich stattgefunden zwischen Märklin und Pico. Die Reaktion der entlassenen Märklin-Beschäftigten war: Man soll die Mauer wieder aufbauen, aber fünf Meter höher.

Die Sowjetunion hatte 1990 gefordert, das vereinigte Deutschland müsse alle Lieferverpflichtungen der DDR übernehmen. Die Bundesregierung hat das zugesagt, denn das war Arbeitsplatzsicherung in Ostdeutschland. Und Helmut Kohl wollte ja auch in Ostdeutschland gewählt werden. Im Juni 1991 hat die Bundesregierung mit der Sowjetunion ein Handelsabkommen über 21 Milliarden DM geschlossen, das vorzugsweise Ostbetrieben genützt hätte. Ein halbes Jahr später war die Sowjetunion verschwunden, das Abkommen Makulatur und weitere hoffnungsvolle Ostunternehmen waren ohne Kundschaft, namentlich der Waggonbau. Man hatte vergeblich modernisiert.

Aber das Kaliwerk Bischofferode, da ist doch ostdeutsche Konkurrenz plattgemacht worden! Am Mythos Bischofferode muss ich leider auch ein wenig kratzen. Kaliwerke gab es ja diesseits und jenseits der innerdeutschen Grenze, wobei die ostdeutschen beim Export den Vorzug hatten, dass sie bei Löhnen in Ostgeld den Weltmarktpreis unterbieten konnten. Dieser Vorteil verschwand mit der Einführung der DM. Auf dem Weltmarkt wurde damals Kali reichlich angeboten. Die Kaliwerke West und Ost wurden unter Aufsicht der Treuhand in einer neuen Gesellschaft vereinigt. Im Umfeld dieser Neugründung wurden vier Kaligruben geschlossen, weil man nicht beliebige Mengen absetzen konnte und nur die rentabelsten Gruben weiterbetreiben bzw. modernisieren wollte. Geschlossen wurden zwei Werke im Westen und zwei im Osten. Von Bischofferode hieß es damals, die Produktionskosten für eine Tonne Kalisalz lägen 300 DM über dem Weltmarktpreis. Das hätte man vielleicht durch Modernisierung ändern können, aber es gab außerdem ein bergtechnisches Risiko durch austretendes Gas, das bei anderen Gruben nicht bestand. Die Kumpel von Bischofferode protestierten gegen den Schließungsbeschluss mit einem Hungerstreik und einem Marsch zur Treuhandanstalt in Berlin. Sie behaupteten nämlich, es gebe einen sicheren Abnehmer für ihr Salz in Norwegen, der den Aufpreis bezahlen werde, weil er genau auf diese ihre Körnung eingerichtet sei. Das haben aber die Norweger nicht bestätigt. Den Bischofferoder Kumpeln ist ihr Gehalt zwei Jahre lang weiterbezahlt worden.[52] Die Empörung gerade der Bischofferoder Kumpel erklärt sich wohl auch daraus, dass ihnen

52 Vgl. Claus Peter Müller von der Grün, Unter einem Dach. Die wiedervereinigte Kaliindustrie im geeinten Deutschland, in: Ulrich Eisenbach / Akos Paulinyi (Hrsg.), *Die Kaliindustrie an Werra und Fulda. Geschichte eines landschaftsprägenden Industriezweigs*, Darmstadt

zunächst der Erhalt ihrer Grube zugesagt worden war, weshalb sie den nachträglichen Schließungsbeschluss verständlicherweise als Wortbruch empfanden.

Grundsätzlich darf man sagen: Diejenigen, die im Zuge der Privatisierung entlassen werden mussten, sind in einer Weise entschädigt worden, wie es sie weiter östlich nirgends gegeben hat. Auch dafür hat die Treuhand Milliarden ausgegeben.

Neben dieser unberechtigten Kritik gibt es eine zweite Art von Kritik, die berechtigt wäre, wenn die Treuhand Erfahrungen mit der Privatisierung einer Volkswirtschaft gehabt hätte, über ihre Unternehmen von Anfang an vollständig informiert gewesen wäre und mehr Zeit, mehr Geld und mehr Fachleute zur Verfügung gehabt hätte. Wäre, hätte, jedoch: Die Verhältnisse, sie waren nicht so. Es gab eine Menge von Büchern zum Übergang vom Kapitalismus zum Sozialismus, aber wohl nur eines für den Übergang von der Planwirtschaft zur Marktwirtschaft. Wie schwierig der war, bezeugt der erste Chef der Erfurter Treuhandniederlassung, Hans-Ulrich Zöfeld, der noch vor der Vereinigung amtierte. Er war, wie damals noch alle »Treuhänder«, DDR-Bürger. Er wurde dreimal wöchentlich nach Berlin zu achtstündigen Vorlesungen westdeutscher Lehrkräfte über Marktwirtschaft geschickt und schreibt dazu: Das war »wie der Beginn des Erlernens einer Fremdsprache«. Er berichtet auch von seinen trüben Erfahrungen mit den damaligen Betrieben. Ihre Berichte enthielten nichts über die Chancen ihrer Produkte auf dem Markt, keine Vorschläge, wie man auf die veränder-

---

1989; hier zitiert nach Wikipedia (http://de.wikipedia.org/wiki/Bischofferode_(Am_Ohmberg)).

ten Marktbedingungen reagieren wollte, und nichts über die zukünftige Finanzierung.[53]

Die dritte Art von Kritik betrifft die vermeidbaren Fehler. Die ersten Privatisierungsverträge enthielten noch keine Passagen über Vertragsstrafen bei Nichteinhaltung der Zusagen für Investitionen und Arbeitsplätze. Die Idee, Vertriebsgesellschaften zwischen West- und Ostunternehmen derselben Branche zu bilden, um die östlichen Mängel bei Vertrieb und Marketing auszugleichen, war ein Fehler. Im Frühjahr 1991 entdeckte die Treuhand, dass einige Westunternehmen ihre Ostpartner dabei heimlich kräftig benachteiligten. Mitte 1991 waren alle Vertriebsgesellschaften wieder aufgelöst. In einigen Fällen war die Treuhand bei westlichen Bewerbern zu leichtgläubig und ist Betrügern aufgesessen. Kritisiert wird auch dies: Westdeutsche Unternehmen, die von der Treuhandanstalt um Leihmanager für begrenzte Zeit gebeten wurden, haben nicht immer ihre besten Leute geschickt. Helmut Kohl hat der westdeutschen Wirtschaft sogar unpatriotisches Verhalten vorgeworfen. So allgemein würde ich das jedoch nicht unterschreiben.

Es gibt aber auch Verdienste der Treuhand.

Die Treuhand hat verhindert, dass die DDR zum bloßen Absatzmarkt für Westwaren wurde. Die westdeutsche Industrie war nämlich nur zu 68 Prozent ausgelastet und musste ihre Produktion nur um 15 Prozent steigern, um die gesamte DDR zu versorgen. Die Treuhand hat bei der Privatisierung Investitionen und Arbeitsplatzgarantien verlangt.

Sie hat verhindert, dass sich im nachrevolutionären Chaos eine Klasse von Multimillionären etablierte wie in Russland. Und sie hat verhindert, dass alte Seilschaften die Industrie

---

53 Der Text findet sich in einer nicht veröffentlichten Abschluss-Dokumentation der Treuhandniederlassung Erfurt.

(und dann wohl auch die Politik) unterwanderten wie in Rumänien.

Und sie hat viel mehr Betriebe am Leben erhalten, als 1990 prognostiziert wurde. Der Rektor der Ostberliner Hochschule für Ökonomie, Rudolf Streich, schätzte im Februar 1990, dass 60 Prozent der DDR-Betriebe pleitegehen würden; Dieter Voigt, der Generaldirektor des IFA-Kombinats in Chemnitz, schätze die Zahl im Mai auf 50 Prozent, und Ministerien im Westen rechneten gleichzeitig mit 70 Prozent, wie seinerzeit der *Spiegel* berichtete. Am Ende waren es 26,8 Prozent.

Und heute? Ostdeutschland steht unter allen ehemals sozialistischen Ländern am besten da, oft auch besser als manche notleidenden Regionen im Westen. Hier noch neueste Arbeitslosenzahlen von 2013: Thüringen 7,8 Prozent, Nordrhein-Westfalen 8,3 Prozent.

6. »Der Grundsatz ›Rückgabe vor Entschädigung‹ war falsch.«

Wenn in einer Zeile wunderbar renovierter Häuser eines mit verbretterten Fenstern und begrünten Resten einer Dachrinne auffällt, handelt es sich meistens um einen Fall umstrittener Eigentumsverhältnisse.

Wer die DDR unerlaubt verließ, wurde enteignet. Das Grundstück blieb Volkseigentum, Einfamilienhäuser wurden vom Staat anfangs nur vermietet (Privateigentum galt unter Ulbricht als schädlich für den »neuen sozialistischen Menschen«), unter Honecker auch verkauft (dem Staat wuchsen die Erhaltungskosten wegen der niedrigen Mieten über den Kopf). Häuser, die Westdeutschen gehörten, wurden unter staatliche Verwaltung gestellt (ohne Änderung im Grundbuch), aber oft mit Zwangshypotheken belastet und bei

»Überschuldung« ebenfalls in Volkseigentum überführt, also enteignet. Manche haben ihr Mietshaus entschädigungslos dem Staat übergeben, weil sie die Unterhaltungskosten nicht aufbringen konnten.

Das sind die wichtigsten Fälle der so heiß umstrittenen »Eigentumsfrage«.

Die Regierung de Maizière hat entschieden, dass der »redliche Erwerb« (»redlich« heißt: gemäß den damals geltenden Bestimmungen, ohne Korruption) solcher enteigneten Grundstücke geschützt ist, dass dann also keine Rückgabe an den Alteigentümer erfolgt, sondern Entschädigung. Das gilt bis heute. Eine zweite wichtige Ausnahme wurde von der Volkskammer beschlossen: Auch bei Investitionsvorhaben sollte der Alteigentümer lediglich entschädigt werden, um diese nicht zu behindern. Die dritte Ausnahme: Von den Nazis enteignete Grundstücke deutscher Juden sollten zurückgegeben werden. Die DDR hatte das nicht getan.

Es wird nun behauptet, diese Regelung sei eines der größten Hemmnisse des Aufbaus Ost geworden. Sie habe Investitionen in Höhe von 200 Milliarden DM »gehemmt«.[54] Gehemmt heißt: verzögert – und das stimmt. Die Alteigentümer haben erst nach Klärung der Eigentumsfrage zu renovieren begonnen. Aber zweifellos hat der Grundsatz die Renovierung der östlichen Bausubstanz enorm befördert und viel privates westliches Geld in den Osten gebracht, zumal die Alteigentümer bei diesen Renovierungen steuerlich begünstigt wurden. Das müsste man dann auch mal in Milliarden beziffern.

Der Grundsatz kann doch nur solche Investoren behindert haben, die auf ein Grundstück im besonders umkämpf-

---

54 Thomas G. Betz, Die Eigentumsfrage, in: Bahrmann / Links, *Am Ziel vorbei* (vgl. Anm. 37). Die Angabe bezieht sich auf das Jahr 1992.

ten Innenstadtbereich angewiesen waren. Denn bei Industrieansiedlungen wurde ohnehin meistens neu gebaut. Und neu eingerichtete Gewerbegebiete gibt es im Osten nicht zu wenige, sondern zu viele.

Die Alternative zu jenem Grundsatz wäre gewesen: keine Rückgabe, nur Entschädigung. Die enteigneten Grundstücke werden verkauft. Welchen Sturm der Entrüstung diese Regelung ausgelöst hätte, kann man an der Empörung über den Fortbestand der Enteignungen unter sowjetischer Besatzungshoheit ermessen. Wenn es um Grund und Boden und 40 Jahre Missachtung rechtsstaatlicher Grundsätze geht, kann es keine Regelung geben, mit der alle zufrieden sind.

Zu dem Grundsatz »Rückgabe vor Entschädigung« ist es aus zwei Gründen gekommen: Bereits die Regierung Modrow hatte mit der Rückgabe von enteigneten Grundstücken begonnen. In den 70er Jahren hatte Honecker die verbliebenen privaten und halbstaatlichen Betriebe enteignet, verbunden mit einer lächerlichen Entschädigung, und zwar allein aus ideologischen Gründen und mit einem beachtlichen volkswirtschaftlichen Schaden. Sie liefen nämlich sehr gut und hatten einen überproportionalen Anteil an exportfähigen und innovativen Produkten. Öfter waren die Enteigneten oder ihre Söhne Betriebsleiter ihres enteigneten Betriebs geworden, also noch im Fach und noch DDR-Bürger. Die Regierung Modrow also beschloss, diese Betriebe an die Alteigentümer zurückzugeben – ob allein aus ökonomischen Beweggründen oder auch aus Unrechtsbewusstsein, sei dahingestellt. Jedenfalls waren bei dieser ersten Rückgabeentscheidung keine westdeutschen Interessen im Spiel.

Der zweite Grund war die Frage von Bundesfinanzminister Waigel, in welcher Größenordnung sich denn die Entschädigungen bewegen würden, wenn es nur Entschädigungen geben würde. Die östliche Seite musste antworten: Für seriöse Schätzungen steht uns kein Datenmaterial zur Verfügung. Das Ziel der SED war es, den gesamten Grund und Boden in der DDR in »Volkseigentum« umzuwandeln. Sie hat nicht Buch geführt, wem sie wann wie viel weggenommen hat. Darauf hat der Finanzminister erklärt, Entschädigungen unbekannten Ausmaßes können nicht vertraglich vereinbart werden, also: Rückgabe vor Entschädigung. Die Anzahl der Rückgabeanträge hat denn auch alle Erwartungen übertroffen, nämlich 2,2 Millionen – von denen aber nur ein Fünftel Erfolg hatte.

Zunächst war die Aufregung über den Grundsatz »Rückgabe vor Entschädigung« im Osten riesengroß. Skandalöse Einzelfälle von Westdeutschen, die vor der Haustür standen und den Bewohnern ohne Rechtsgrundlage erklärten, das Haus gehöre ihnen und sie müssten schnellstens ausziehen – andere platzierten gleich auf »ihrem« Grundstück ihren Wohnwagen –, gingen wie ein Lauffeuer durch die Presse und mobilisierten Vertreibungsängste. Dadurch wurde der Grundsatz »Rückgabe vor Entschädigung« als Bevorzugung der Westdeutschen wahrgenommen – von denen manche Omas Häuschen längst vergessen hatten. Anderen war ununterbrochen der Verlust des Elternhauses bewusst geblieben. Es haben aber auch sehr viele Ostdeutsche von ihm profitiert. Auch ich habe mit meinen Geschwistern unser Elternhaus zurückbekommen.

Die Autorin Daniela Dahn hat jenen Ängsten kräftig mit einem Buch[55] auf die Sprünge geholfen und erklärt, durch diese Regelung werde die Hälfte der Ostdeutschen ihr Haus oder ihre Wohnung verlieren. Sie ist für ihre »Zivilcourage« mehrfach ausgezeichnet worden und fand auch im Westen

55 Daniela Dahn, *Wir bleiben hier oder Wem gehört der Osten? Vom Kampf um Häuser und Wohnungen in den neuen Bundesländern*, Reinbek 1994.

reichlich dankbare Zuhörer. In Wahrheit besteht heute im Osten ein Überangebot an ausgezeichnet renovierten Wohnungen, die größer sind als die DDR-Wohnungen. In der DDR bekam nämlich ein Ehepaar mit Kind auch im eigenen Haus nur drei Zimmer genehmigt. Gab es ein viertes Zimmer, wurde es einem Untermieter zugewiesen. Der Wohnraum war bis zuletzt streng bewirtschaftet. Es gab allerdings zu allen Regeln unendlich viele Ausnahmen.

Die endgültige Regelung der Eigentumsfrage ist sehr kompliziert geraten, weil immer wieder neue Fallgruppen auftauchten und dem Mieter- und Nutzerschutz Rechnung getragen werden sollte. Sie ist ein immenses Beschäftigungsprogramm für Anwälte. Ob man diese Regelung »Rückgabe vor Entschädigung mit vielen Ausnahmen« oder »Entschädigung vor Rückgabe mit vielen Ausnahmen« nennt, macht keinen großen Unterschied. Die Rechtsprechung dürfte mehr Alteigentümer enttäuscht haben als Neueigentümer.

Besonders verärgert war eine Gruppe, die von der Regelung so oder so gar nicht betroffen war, nämlich die Quasi-Eigentümer, Mieter von volkseigenen Häusern oder solchen, bei denen Westdeutsche als Eigentümer im Grundbuch standen. Sie fühlten und verhielten sich wie Eigentümer und erwarteten, das bleibe ewig so. Daniela Dahn ist ihnen zu Hilfe geeilt mit dem Argument, man habe in der DDR gar nicht gewusst, was ein Grundbuch ist. Unsinn. Ich habe zu DDR-Zeiten ein Grundstück erworben mit Termin beim Notar und Eintragung ins Grundbuch. Ein Haus, dessen Vorbesitzer enteignet worden war, hätte ich persönlich übrigens nicht erworben. Aber auch dieser Erwerb wäre, wenn er nach DDR-Gesetzen korrekt abgelaufen wäre, heute noch rechtskräftig.

Etwa seit dem Jahr 2000 ist die Eigentumsfrage kein Thema empörter Leserbriefe in den östlichen Lokalzeitungen mehr.

7. »Die Enteignungen in der Sowjetischen Besatzungszone (1945–1949) und namentlich die Bodenreform hätten rückgängig gemacht werden müssen.«

Während der ersten zehn Jahre der deutschen Einheit galt die Regelung der Eigentumsfrage nach dem Grundsatz »Rückgabe vor Entschädigung« als schwere Hypothek für den Aufbau Ost. Danach wurde eine andere Eigentumsfrage immer heftiger diskutiert, die Enteignungen der sowjetischen Besatzungsmacht in den Jahren 1945–1959. Angegriffen wird hier der Grundsatz: »Ausgleichsleistungen statt Rückgabe«. Zunächst fand die verständliche Forderung der Enteigneten nach Rückgabe wenig öffentliches Echo. Das änderte sich erst, als die Behauptung aufkam, die Bundesregierung habe aus unlauteren Absichten die Restitution verhindert, um aus dem Volkseigentum die Einigungskosten zu bezahlen. Von Lüge ist die Rede, denn die Sowjetunion habe nie, wie von der Bundesregierung behauptet, den Fortbestand dieser Enteignungen zur Einigungsbedingung erhoben. Und von Verfassungsbruch: Die Bundesregierung sei durch das Grundgesetz verpflichtet gewesen, die Rückgabe zu erwirken. Weil es sich um eine Verschwörungstheorie handelt, die die Regierenden ins Zwielicht setzt, sind auch diejenigen von solchen Behauptungen fasziniert, die seinerzeit den Grundsatz »Rückgabe vor Entschädigung« kritisiert hatten.

Das Bundesverfassungsgericht hat zweimal erklärt, die Regelungen des Einigungsvertrags hinsichtlich dieser Enteignungen widersprächen nicht dem Grundgesetz. Daraufhin ist der damalige Präsident des Bundesverfassungsgerichts, Roman Herzog, der Parteilichkeit bezichtigt worden. Auch der Europäische Gerichtshof für Menschenrechte hat die Klagen der Alteigentümer zurückgewiesen.

Die sowjetische Besatzungsmacht hat seinerzeit mehr als 14.000 land- und forstwirtschaftliche Betriebe von insgesamt 3,3 Millionen Hektar sowie 15.000 Industriebetriebe enteignet, davon 10.000 mittelständische. Dass diese Enteignungen rechtsstaatlichen Prinzipien und moralischen Grundsätzen Hohn sprachen, belegen die Umstände. Meist war die Enteignung mit Vertreibung, wenn nicht sogar Internierung verbunden und betraf die gesamte, auch die bewegliche Habe. Die meisten flohen in den Westen. Zwar sind 35 Prozent des Bodenreformlandes an 91.000 Bauern, darunter Flüchtlinge aus den verlorenen deutschen Ostgebieten, verteilt worden. Doch dafür hätte eine Bodenreform nach dem Grundsatz »Wer viel hat, muss etwas abgeben« genügt. Es wurden aber diejenigen, die über 100 ha besaßen, total enteignet. Diese Enteignungen waren politisch-ideologisch, nämlich klassenkämpferisch, motiviert. Damit ist aber die Frage noch nicht beantwortet, ob dieses Unrecht heute durch Rückgabe des Enteigneten rückgängig gemacht werden kann. Bei kollektiven Katastrophen von diesem Ausmaß – Zusammenbruch des Unrechtssystems der Nazis plus Nachkriegselend plus Vertreibung aus den verlorenen Ostgebieten plus kommunistische Repression – kann das Unrecht, das dabei dem Einzelnen widerfahren ist, nach 60 Jahren nicht allseits befriedigend ausgeglichen werden.

Drei Fragen sind hier von besonderer Bedeutung:

1. Hat die Bundesregierung 1990 alles unternommen, um jene Enteignungen rückgängig zu machen?
2. Hat die Sowjetunion tatsächlich verlangt, dass jene Enteignungen nicht rückgängig gemacht werden?
3. Hat das Bundesverfassungsgericht die Normen deutscher Rechtsprechung verletzt, als es die entsprechenden Regelungen des Einigungsvertrages für vereinbar mit dem Grundgesetz erklärt hat?

1. Die deutsche Einheit kam bekanntlich zustande durch Verhandlungen zwischen »zwei plus vier«. Vier, das waren die Siegermächte des Zweiten Weltkriegs, und zwei, das waren die beiden deutschen Staaten. In diesem Diskurs aber geht es um ein anderes Paar: die Bundesregierung und die Regierung der Sowjetunion. Das ist seltsam. Die frei gewählte Volkskammer zählt nicht – und ich ahne, warum: Gegen sie kann man nicht prozessieren. Die DDR, heißt es nun, hatte zu keiner Zeit die politische Macht, in den deutsch-deutschen Verhandlungen eigene Forderungen durchzusetzen. In Wahrheit haben wir in Sachen Bodenreform gar nicht fordern müssen. Wir haben davor gewarnt, sie rückgängig zu machen. Und für solche Warnungen war die westliche Seite durchaus empfänglich. Es wurde nämlich anerkannt, dass unsere Seite besser über uns Bescheid wusste als die westliche Seite. Bei allem Respekt vor westlicher Fachkenntnis, wir hatten die Feldkenntnis. Dass die Bundesregierung die Enteignungen von 1945 bis 1949 deshalb nicht rückgängig machen wollte, um aus dem Erlös des »Volkseigentums« die Einheit zu finanzieren, ist Unfug. Es gab keine seriösen Schätzungen dieser Vermögenswerte.

Unstrittig war die frei gewählte Volkskammer einhellig der Auffassung, dass die Enteignungen von 1945 bis 1949 nicht rückgängig gemacht werden könnten. Nicht, dass wir jene Enteignungen als gerechtfertigt angesehen hätten. Diese Sicht blieb der PDS vorbehalten. Wir haben vielmehr gesagt: Man kann nicht altes Unrecht durch neues Unrecht wiedergutmachen. Und als neues Unrecht wäre die Ankündigung der generellen Restitution aufgenommen worden. Aber ein großer Teil des enteigneten Landes, nämlich 75 Prozent, war doch Volkseigentum geworden! Es wurde von den LPGs bewirtschaftet und von der Landbevölkerung als »ihr Land« angesehen. Obwohl die LPGs durch massive Repressionen zustande gekommen waren, waren sie inzwischen akzeptiert. Wir wollten die Verhältnisse auf dem Lande nicht auf den Kopf stellen, und hätten wir Derartiges angekündigt, hätte das unabsehbare Folgen gehabt. Ich schließe selbst terroristische Exzesse nicht aus. Ich übertreibe? Die Revolution blieb friedlich, aber 1990 war die DDR ein Vulkan. Nach einigen Morddrohungen bekamen die wichtigsten DDR-Politiker Personenschutz. Im Sommer 1990 gab es Absatzprobleme beim Schweinefleisch, weil die Sowjetunion keines mehr abnahm. Das genügte für heftige Bauerndemonstrationen, bei denen das Auto des Landwirtschaftsministers demoliert wurde. Das lässt erahnen, was der Widerruf der Bodenreform hätte auslösen können. Ich erinnere hier an die gewaltige Empörung, die der Fürst zu Putbus auslöste, als er die Rückerstattung größerer Teile der Insel Rügen betrieb. Die PDS dürfte davon vor Ort beachtlich profitiert haben.

Erleichtert hatten wir wahrgenommen, dass die Stasi und die SED-Funktionäre resigniert hatten. Das hätte anders kommen können, wenn sie ein Thema für den Schulterschluss gefunden hätten mit denen, die eine Entrechtung fürchteten. Das entscheidende Stichwort war bereits in aller Munde: »Ausverkauf der DDR«. Wer da gesagt hätte: »Die Restitution ist doch auch für euch von Vorteil!«, hätte nur Öl ins Feuer gegossen – und unrecht gehabt. Die ostdeutsche Landwirtschaft ist ja heute konkurrenzfähig, und was der Industrie vor allem fehlte, konnten auch die Alteigentümer nicht herbeizaubern: Absatzmärkte. Es stimmt ja, dass Alteigentümer, die in ihr Dorf zurückgekommen sind und zugepackt haben, viel Gutes bewirkt haben. Es stimmt aber nicht, dass die Rückgabe der Industriebetriebe den Aufbau Ost befördert hätte. Denn der Wert jener Betriebe war zumeist die Immobilie abzüglich der Verschrottungskosten der Anlagen. Da konnte jeder, der wollte, auf der grünen Wiese nebenan für dasselbe Geld einen Neubau errichten.

Beim Wahlkampf für die Volkskammerwahl am 18. März 1990 war die Eigentumsfrage ein Hauptthema. Zwei Ängste verbanden die DDR-Bürger 1990 mit der ersehnten Vereinigung: die vor Enteignung und die vor Abwertung. Die PDS hat beide fleißig geschürt. Im Büro des Ministerpräsidenten gingen zu beiden Fragen ungefähr gleich viele Briefe ein, nämlich jeweils ca. 8000. Die Angst vor Arbeitslosigkeit kam später dazu. Die Brisanz dieser Eigentumsfragen konnte man in Polen und der Tschechischen Republik beobachten, als durch private Forderungen ehemaliger Flüchtlinge nach Rückgabe oder Entschädigung das Verhältnis zu unseren Nachbarn schwer belastet wurde und in Polen den Ruf nach Reparationen für die deutschen Kriegsschäden auslöste.

Die These von der Ohnmacht der Volkskammer ist gut widerlegbar. Denn sie musste den Beitritt und die Verträge beschließen, und zwar mit zwei Dritteln. Da die Zeit drängte, stärkte das ihre Position. Und das wurde auch genutzt. Weil das Stasi-Unterlagen-Gesetz nicht in die Liste der fortgeltenden Volkskammergesetze aufgenommen worden war, verweigerte ein großer Teil der SPD-Fraktion die Zustimmung zum Einigungsvertrag. Erst die westliche Zusicherung unmittelbar vor Sitzungsbeginn, der nächste Bundestag werde ein Stasi-Unterlagen-Gesetz verabschieden, ermöglichte die notwendige Mehrheit. Einen Einigungsvertrag, der die Bodenreform rückgängig gemacht hätte, hätte die Volkskammer abgelehnt. Gerade derjenige, der viel nachgeben muss, wird Punkte benennen, an denen er nicht nachzugeben bereit ist. Die Bodenreformfrage war so ein Punkt.

2. Aber es ist doch erwiesen, dass die Sowjetunion nie das Rückgabeverbot zur Einigungsbedingung erklärt hat! Also

hat Helmut Kohl gelogen. Tatsächlich haben Helmut Kohl und Michail Gorbatschow nicht über Restitution verhandelt – nicht weil das Thema nebensächlich gewesen wäre, sondern weil es bei ihrem Zusammentreffen im Juli 1990 bereits einvernehmlich geklärt worden war. Bei allen Vertragsverhandlungen werden nur die offenen Fragen im Spitzengespräch verhandelt und nicht die auf Beamtenebene einvernehmlich geklärten noch einmal zur Disposition gestellt. Sonst wird man nämlich nie fertig. Als Helmut Kohl im Dezember 1989 in Dresden mit dem damaligen Ministerpräsidenten Modrow zusammentraf, wurde eine gemeinsame Kommission vereinbart, die sich mit der Eigentumsfrage befassen sollte. Die Regierung de Maizière konnte an diese Vorarbeiten anknüpfen. Die Sowjetunion wurde in die Verhandlungen einbezogen. Das Ergebnis war die Gemeinsame Erklärung beider deutscher Regierungen vom 15. Juni 1990. Dort hieß es: »Die Enteignungen auf besatzungsrechtlicher bzw. besatzungshoheitlicher Grundlage (1945 bis 1949) sind nicht mehr rückgängig zu machen. Die Regierungen der Sowjetunion und der Deutschen Demokratischen Republik sehen keine Möglichkeit, die damals getroffenen Maßnahmen zu revidieren. Die Regierung der Bundesrepublik Deutschland nimmt dies im Hinblick auf die historische Entwicklung zur Kenntnis. Sie ist der Auffassung, dass einem künftigen gesamtdeutschen Parlament eine abschließende Entscheidung über etwaige staatliche Ausgleichsleistungen vorbehalten bleiben muss.« Insofern hatte Gorbatschow ganz recht, als er in einem Schreiben vom 5. Juli 1994 erklärte: »Auf meiner Ebene als Präsident der UdSSR wurde diese Frage nicht erörtert, und von einer Alternative – entweder ein Verbot für Restitutionen oder der Vertrag – konnte schon gar keine Rede sein.« In einem Interview mit dem *Spiegel* vom 5. September 1994 hat er, ebenfalls korrekt, erklärt: Es »fanden intensive Gespräche zwischen den Vertretern der beiden deutschen Staaten statt, in engem Kontakt mit unserem Außenministerium. Dabei kam die Eigentumsfrage durchaus zur Sprache, und unser Außenministerium vertrat klar den sowjetischen Standpunkt. Unserer Position wurde in der Gemeinsamen Erklärung vom 15. Juni 1990 zur Regelung offener Vermögensfragen Rechnung getragen.« So waren es denn auch das sowjetische Außenministerium und der sowjetische Botschafter, die die Regierung de Maizière vor dem 15. Juni immer wieder darauf verpflichteten, die besatzungsrechtlichen und besatzungshoheitlichen Maßnahmen in der SBZ weder zu beurteilen noch in Frage zu stellen. Hätten wir da antworten sollen: »Wir fragen erst mal Gorbatschow, ob das stimmt«? Das wäre ein Eklat erster Ordnung gewesen. Das sowjetische Außenministerium agierte nach einer Vorgabe des Politbüros der KPdSU. Dessen Generalsekretär hieß Gorbatschow. Hier nun wirft Gorbatschow Nebel. Dass er »als Präsident« die Fragen nicht erörtert hat, stimmt. Präsident wurde er erst am 15. März 1990. Vorher war er Generalsekretär. Es wird im Rückblick leicht übersehen, dass sich auch die Sowjetunion 1990 in einem rasanten Wandel befand. Denkbar, dass mit dem Machtverfall der KPdSU auch alte Positionen bröckelten. Bloß: Wir waren doch damals keine Propheten! Wir hatten die Weltmacht ernst zu nehmen, die mit 400.000 Soldaten in der DDR präsent war. Wir hatten aber auch gar kein Interesse, den klaren Standpunkt der UdSSR in Frage zu stellen. Wer einen Flächenbrand verhindern will, sucht doch nicht jemanden, dem ein Flächenbrand egal wäre.

Aber es ging doch der Sowjetunion bloß um Indemnität, um die formale Respektierung ihrer damaligen Hoheitsakte, nicht darum, was nun aus den enteigneten Gütern wurde, erklären uns die Exegeten. Einen solchen Unterschied hat die sowjetische Seite uns gegenüber nie erkennen lassen. Er ist auch sehr abstrakt. Wenn jemand Enteignetes zurückbekommt, wird das unweigerlich so interpretiert: Er bekommt es zurück, weil er enteignet worden ist. Und das stellt die Rechtmäßigkeit der Enteignung de facto in Frage. Dass die Sowjetunion 1990 so gedacht hat, hat der sowjetische Verhandlungsleiter auf Beamtenebene, A. Bondarenko, am 25. November 2003 brieflich gegenüber Lothar de Maizière noch einmal bestätigt. »Die sowjetische Regierung hat fest darauf bestanden, dass die in der genannten Zeit (1945–1949) getroffenen Maßnahmen unumkehrbar bleiben und dieser Standpunkt vertraglich klar und eindeutig festgehalten wird. Da es schlichtweg um das materielle Überleben eines bedeutenden Teils der Bevölkerung der DDR und im weitesten Sinne auch um die gesamte Nachkriegsentwicklung in Deutschland ging, konnte die sowjetische Seite in dieser Frage keine andere Position beziehen. Ohne die Regelung dieser Frage hätte sie ihre Unterschrift nicht unter den Vertrag über die abschließende Regelung in Bezug auf Deutschland setzen und ohne dies die Vereinigung Deutschlands nicht beschlossen werden können.«[56] In den Zwei-plus-Vier-Verhandlungen hat die Sowjetunion gefordert, dass die Unantastbarkeit ihrer Maßnahmen als Besatzungsmacht, namentlich in Boden- und Eigentumsfragen, im Vertrag verankert wurde.

---

56 Der Brief ist im Besitz von Lothar de Maizière. Bondarenko gibt hier den damaligen sowjetischen Standpunkt zutreffend wieder. Ob die sowjetische Seite mit der damaligen Beurteilung, es sei bei der Bodenreformfrage »schlichtweg um das materielle Überleben eines bedeutenden Teils der Bevölkerung der DDR« gegangen, recht hatte, ist eine andere Frage (die ich übrigens verneine). Die sowjetische Seite hat sich aber damals bei ihrer Meinungsbildung nicht nach unserer Meinung gerichtet, die amerikanische übrigens auch nicht. Sie waren schließlich die Siegermächte.

Erst nachdem der Ausschluss der Restitution durch den Einigungsvertrag ins Grundgesetz aufgenommen worden war, hat sie sich damit zufrieden gegeben, dass ein gemeinsamer Brief der deutschen Außenminister nochmals die Fortgeltung der Erklärung vom 15. Juni 1990 bestätigt.

Die sowjetische Seite hat jene feinsinnige juristische Unterscheidung nicht gemacht. Im Sommer 1990 wollte die Volkskammer ein Häftlingsentschädigungsgesetz beschließen, das auch politische Häftlinge zwischen 1945 und 1949 entschädigen sollte. Die Legitimität der Urteile wollten wir nicht thematisieren. Trotzdem protestierte die sowjetische Seite umgehend und drohte, den Zwei-plus-Vier-Prozess anzuhalten, wenn wir dieses Gesetz beschließen würden.

3. Manche behaupten nun, die Bundesregierung hätte einem Rückgabeverbot unter keinen Umständen zustimmen dürfen, selbst um den Preis der Wiedervereinigung nicht. Aber ohne Einheit hätte doch auch niemand etwas zurückbekommen! Wir stellen uns das plastisch vor. Die DDR-Bürger rufen: »Wir sind ein Volk!« Die Bundesregierung antwortet: »Aber nur, wenn ihr unseren Bürgern ihr verlorenes Eigentum zurückerstattet.« Der Streit geht hin und her – und die Weltöffentlichkeit staunt. Am 9. November waren die Deutschen das glücklichste Volk, und kurz darauf benehmen sie sich wie eine Familie im Erbstreit. Die Bundesregierung hat tatsächlich nicht alles Denkbare getan, um eine vollständige Restitution zu erwirken. Sie hat zum Glück nicht mit dem Scheitern der deutschen Einheit gedroht. Und das durfte sie auch nicht. Denn diese zu erstreben war ihr vom Grundgesetz aufgegeben.

Bisher ist kaum beachtet worden, dass sich der Bundesgerichtshof bereits in einem Urteil vom 17. Februar 1960 mit der Bodenreform befasst hat. Das kam so: Zwischen der sowjetischen und der britischen Besatzungszone kam es 1945 zu einem Gebietsaustausch. In den vier Dörfern, die zur britischen Besatzungszone kamen, war aber die Bodenreform bereits vollzogen. Aufgeteilt worden war eine Staatsdomäne. Der britische Befehlshaber verfügte, dass es dabei bleiben solle. Dagegen hat das Land Schleswig-Holstein geklagt. Der Bundesgerichtshof hat die Klage als unzulässig abgewiesen, denn »nachdem im Anschluss an die Kapitulation der deutschen Wehrmacht im Mai 1945 die oberste Regierungsgewalt in Deutschland auf die Besatzungsmächte übergegangen sei«, habe »in jeder Besatzungszone dem Zonenbefehlshaber die höchste gesetzgebende, rechtsprechende und vollziehende Gewalt zugestanden«. Wegen »der Irreversibilität« der Bodenreformverordnung könne das enteignete Land nicht zurückgegeben werden. Dabei komme es nicht darauf an, »ob die Verordnung ... als Ganzes rechtsstaatlicher Auffassung entspricht«. Insofern sei hier die Berufung auf das Grundgesetz, das damals noch nicht galt, verfehlt.

Es ist ja nicht so, dass die damals Enteigneten jetzt leer ausgehen sollen. Sie bekommen Ausgleichsleistungen. Diese betragen bei land- und forstwirtschaftlichen Flächen das Dreifache des Einheitswertes von 1935, degressiv gestaffelt. Bei Bauland sind sie höher. Das ist ihnen aber zu wenig. Hat einmal jemand gefragt, was die DDR bei Enteignungen im Zusammenhang mit dem Tagebau und Ähnlichem ihren Bürgern bezahlt hat? Das Dreifache des Einheitswertes von 1935 in DDR-Mark. Bei der Währungsunion wurden Ost-Mark-Guthaben über einen Freibetrag hinaus 2:1 in West-Mark getauscht. Eine höhere Ausgleichsleistung für die Opfer der Bodenreform würde zudem die Gerechtigkeitsgrenze bloß an Oder und Erzgebirge verschieben. Es wäre doch ungerecht, wenn dann diejenigen, die jenseits dieser Grenzen ihr Hab und Gut verloren haben, nicht auch höhere Ausgleichsleistungen bekommen würden, als der Lastenausgleich vorsah – den es übrigens in der DDR nicht gab: Die Vertriebenen in der DDR haben 1990 lediglich einmalig 4000 DM zugesprochen bekommen. Wer in der DDR als politischer Häftling im Gefängnis saß, bekommt eine niedrigere Haftentschädigung als diejenigen SED-Funktionäre, die in Untersuchungshaft saßen und freigesprochen wurden. Verwehrte Bildungschancen werden nur in Sachsen entschädigt.

Man kann die Folgen geschichtlicher Katastrophen nicht befriedigend entschädigen, schon gar nicht bis ins zweite und dritte Glied. Und man kann nicht altes Unrecht durch neues Unrecht wiedergutmachen. Jetzt ist das neue Unrecht der lebensfremd konstruierte Vorwurf von Lüge und Verfassungsbruch.

Ich wünsche mir aber, dass sich die zuständigen Behörden im Rahmen der gesetzlichen Möglichkeiten kooperativ zeigen, wenn jemand an den Ort seiner Vorfahren zurückkehren will.

8. »Weil die politischen, rechtlichen und wirtschaftlichen Ordnungen der Bundesrepublik übernommen wurden, sind die DDR-Bürger der Möglichkeit beraubt worden, ihr Schicksal selbst in die Hand zu nehmen.«

Dass der eingeschlagene Weg der Vereinigung »die gerade im Herbst 1989 entstandenen Selbstorganisationskräfte der Ostdeutschen lahmgelegt und Strategien der gesellschaftlichen Selbstorganisation bei den Bürgern, aber auch und gerade in den Betrieben, Verwaltungen, Vereinen und Organisationen verzögert, verschleppt und erschwert« habe, ist die Auffassung von ostdeutschen Sozialwissenschaftlern wie

Rainer Land.[57] Nicht wenige waren im Herbst 1989 der Meinung, nun sei das bisher Undenkbare möglich, etwas noch nie Dagewesenes. Alles schien zur Disposition zu stehen. Das sind die Träume revolutionärer Zeiten. Diejenigen, die in solchen Zeiten politische Entscheidungen treffen müssen, werden von den ordinären Tatsachen auf den Fußboden gezwungen. Sie müssen sehr konservativ dafür sorgen, dass die Grundvoraussetzungen für den Alltag erhalten bleiben und das Staatsschiff nicht auf Sand läuft oder gar auf eine Klippe. Piloten sollten nicht zu viel experimentieren.

Die Übernahme der westlichen Ordnungen war aber vor allem ein gewaltiger Gewinn für Ostdeutschland, weil sie uns eine Zeit der rechtlichen Unsicherheit erspart hat. Namentlich die Übernahme der D-Mark hat uns einen währungspolitischen Suchprozess mit schwankenden Kursen und Kursabstürzen erspart.

Freiheit ohne verbindliche rechtliche Regeln führt nämlich zum gnadenlosen Recht des Stärkeren. Und eine Wirtschaft ohne Rechtsstaat gerät in den wilden, mafiösen Kapitalismus. Anschauungsmaterial dafür hat uns Russland geliefert. Seriöse Unternehmer investieren unter solchen Bedingungen nicht. Sie brauchen Eigentums- und Ertragssicherheit, ein ausgearbeitetes Vertragsrecht, ein Insolvenz- und Konkursrecht und vieles mehr. In Polen soll es eine Phase gegeben haben, in der bereits Aktien ausgegeben wurden, aber noch keine verbindlichen Rechtsregeln für Aktiengesellschaften bestanden. Das Wort Kredit stammt bekanntlich von *credere*, glauben, vertrauen. Nur bei einer vertrauenswürdigen Rechtsordnung und Verwaltung können sich rechtskonforme wirtschaftliche Aktivitäten entfalten.

---

57 Rainer Land / Andreas Willisch, Ostdeutschland – ein Umbruchszenario, in: Bahrmann / Links, *Am Ziel vorbei* (vgl. Anm. 37), S. 22.

Diese Ordnungen sind die Spielregeln, nicht das Spiel. Niemand würde erklären: Mit der Übernahme der Fußballregeln ist Hansa Rostock der Möglichkeit beraubt worden, sein Schicksal selbst in die Hand zu nehmen.

Für Deutschland im Ganzen hatten sich die Siegermächte des Zweiten Weltkriegs das letzte Wort reserviert. Es war völlig klar, dass die westlichen Siegermächte einer Vereinigung Deutschlands nur zustimmen würden, wenn dieses Deutschland in den europäischen und atlantischen Verbindungen blieb, also mit seinen Ordnungen in dem von der EU vorgegebenen Rahmen blieb. Aber auch wenn die DDR fortexistiert hätte, wäre die reformierte DDR an den Ordnungsrahmen der EU verwiesen gewesen. Ihre östlichen Nachbarn wollten in die EU, und die Ostdeutschen leben ja schließlich nicht in den tiefen Tälern eines unzugänglichen Gebirges.

Namentlich für Experimente mit einem »dritten Weg zwischen Sozialismus und Kapitalismus« (den es nach meiner Überzeugung gar nicht gibt) war zu dieser Zeit an diesem Ort weder bei der DDR-Bevölkerung noch bei den Nachbarn Zustimmung zu finden.

Die Übernahme der westlichen Ordnungen ist von der letzten Volkskammer beschlossen worden, die aus freien Wahlen hervorgegangen ist. Es ist deshalb eine eklatante Missachtung des Volkswillens der Ostdeutschen, wenn behauptet wird, der Westen habe dem Osten seine Ordnungen übergestülpt, wie ich oft von Westdeutschen gehört habe. Sich schuldig zu wissen fördert, wie mir scheint, bei manchen das Wohlbefinden. Es war in Wahrheit umgekehrt. Wolfgang Schäuble, der westliche Verhandlungsführer bei den Einigungsvertragsverhandlungen, wollte für eine Übergangszeit möglichst viel vom DDR-Recht in Geltung lassen. Die östliche Seite hat ihm erklärt, das werde nicht funktionieren. Das Zivilgesetzbuch der DDR sei zwar viel einfacher als das BGB und auch viel kürzer, aber nur deshalb, weil es vieles nicht regele. Ein Zivilgesetzbuch für eine zentralistische Planwirtschaft und eine Diktatur, die die Handlungsmöglichkeiten der Bürger beschneidet, sei untauglich für eine Marktwirtschaft, in der Bürger eigenverantwortlich wirtschaftlich handeln können. Wege, die wenig begangen werden, sind schmal und womöglich sogar grün bewachsen. Wege, die von vielen benutzt werden, sind breit und ausgetreten.

Die Bundesregierung hat in den Jahren der Teilung bei der Ein- und Ausreise Ostdeutsche befragt. Danach »blieb die Identifikation von DDR-Bürgern mit dem realsozialistischen Gesellschaftssystem auf durchgängig niedrigem Niveau (von 1973 bis 1988 zwischen 19 und 30 Prozent), während der Wunsch nach Wiedervereinigung, die eine Mehrheit allerdings nicht für realistisch hielt, immer stark ausgeprägt war (1970: 88 Prozent; 1984: 89 Prozent). Für ein vereinigtes Deutschland wünschten sich drei Viertel der Befragten ein am westlichen Modell orientiertes Gesellschaftssystem.«[58]

Man hätte, sagen jene ostdeutschen Sozialwissenschaftler, statt die westlichen Ordnungen zu übernehmen, im Osten breiten Raum für Experimente schaffen sollen. Nichts gegen Experimente, solange die für Experimente an Menschen geltenden Regeln eingehalten werden. Operation gelungen, Patient tot, das muss eben unbedingt vermieden werden. Deshalb ist beim Experimentieren mit den Grundregeln selbst viel größere Vorsicht geboten als beim Experimentieren im Rahmen dieser Regeln.

1992 hat sich Rainer Land für einen offenen Diskurs ausgesprochen, dessen Fokus »das Sinnbild einer zu erstreben-

58 Schroeder, *Preis der Einheit* (vgl. Anm. 11), S. 115.

den, noch gar nicht erkennbaren, noch gar nicht bestimmbaren, aber eben auf absehbare Zeit wieder lebensfähig sein sollenden Wirtschaft und Gesellschaft sein« sollte.[59] Ich halte einen Diskurs über das zu erstrebende Unerkennbare und Unbestimmbare für Blödsinn. Aber reden kann man über alles und sogar endlos. Das macht den Unterschied aus zwischen Diskurs und Handeln. Wer auch beim Handeln das Unerkennbare erstrebt, dem darf man keinen Einfluss auf die Gestaltung der gemeinsamen Angelegenheiten einräumen.

Allerdings entstand mit der Übernahme der westlichen Ordnungen auch der Bedarf nach westlichen Fachleuten, die sich auf sie verstehen. Das kann man wieder als Entmündigung der Ostdeutschen beklagen. Es setzt sich aber niemand gern in ein Flugzeug, wenn ihm erklärt wird: Der Pilot lernt grad noch.

Dass unter den Westdeutschen, die in den Osten gingen, auch manche Karrieren gemacht haben, die sie im Westen nicht gemacht hätten, ist wohl wahr. Bei großen Umwälzungen gibt es auch immer ein paar Nutznießer, die es nicht verdient haben. Viel größer ist die Zahl derjenigen gewesen, die den Ruhestand unterbrochen und sich der Aufbauarbeit im Osten zur Verfügung gestellt haben, zum Beispiel deshalb, weil sie dort geboren und aufgewachsen waren, ehe sie in den Westen geflohen waren, und weil sie etwas für ihre Heimat tun wollten. Andere haben ihre Zelte im Westen abgebrochen und sind ganz in den Osten gezogen. Das hieß Abschied von Freunden und Bekannten und anfangs auch Verzicht auf einige Annehmlichkeiten. Das alles heißt doch nicht, dass die Ostdeutschen dümmer wären. Wir hatten bloß leider anderes gelernt, als wir jetzt brauchten, und haben uns im Übrigen als Weltmeister im Umlernen erwiesen.

---

59 Zitiert bei Land / Willisch, *Ostdeutschland* (vgl. Anm. 57), S. 32 Anm. 3.

Nicht die westlichen Ordnungen wurden zum Problem beim Aufbau Ost, sondern ihre Regelungsdichte aus 40 Jahren Bundesrepublik.

Auch Wolfgang Herles kritisiert, dass die Ostdeutschen ihre Geschicke nicht selbst gestalten konnten. Diese Fürsorglichkeit ist aber nicht ganz ehrlich. »Die Idee der totalen Einheit beschädigte die Einheit. Sie verhinderte, dass der ›Aufbau Ost‹ das Wirtschaftswunder wiederholte.«[60] Das soll heißen: Hätte die DDR fortbestanden, hätten wir unser Geld gespart – und würden nicht von den »klassenkämpferischen 40 Prozent der Ostdeutschen« bedroht. »Der Beitritt der DDR hat die Bundesrepublik labiler gemacht.«[61] Die Fürsorglichkeit entpuppt sich als West-Nostalgie.

9. »Der Westen hat den Osten kolonisiert.« »Der Westen ist zur Kolonie des Ostens geworden.«

»Seit ihrer Annexion ist die Ex-DDR faktisch Kolonie der Bundesrepublik.«[62] So steht es im Bekennerbrief der RAF zur Ermordung von Detlev Karsten Rohwedder.

Nach einer Allensbach-Umfrage stimmte fast die Hälfte der Ostdeutschen der Kolonialisierungsthese zu.[63]

Aber besonders ist sie im PDS-Milieu zu Hause. Denn dort gibt es viele, die das Ende der SED-Herrschaft als traumatisch erlebt haben. Es hat ihnen einen schweren Prestigeverlust eingebracht und die Last, nicht recht gehabt zu haben. Sie gehören nicht mehr zur herrschenden Klasse. Dass die SED einer

60 Herles, *Wir sind kein Volk* (vgl. Anm. 16), S. 67.
61 Ebd., S. 33.
62 http://www.rafinfo.de/archiv/raf/raf-4-4-91.
63 Schroeder, *Preis der Einheit* (vgl. Anm. 11), S. 186.

Revolution weichen musste und in freien Wahlen abgewählt wurde, ist für sie eine sehr unangenehme Tatsache, an die sie sich nicht erinnern möchten. Deshalb vollziehen sie einen Perspektivenwechsel. Die Perspektive derer, die im Herbst 1989 auf die Straße gingen und das Ende der SED-Herrschaft sowie die deutsche Einheit forderten, wird verdrängt zugunsten der Perspektive derjenigen, die dem Untergang der DDR nachtrauern. Sie deuten die posttotalitäre Situation in eine kolonialistische um und finden den Schuldigen für ihre Kränkung im Westen: Der hat uns okkupiert, überrollt, überfremdet. Gregor Gysi hat in einem Buch breit ausgeführt, wie der Westen die ostdeutschen Eliten verdrängt habe, um westdeutschem Mittelmaß Platz zu machen. Die Stasi-Überprüfungen seien eines der Instrumente für diesen Zweck gewesen.

In Wahrheit waren es die Betriebsbelegschaften und Lehrerkollegien, Gemeindevertretungen und Bürgerversammlungen, die im Herbst 1989 die Ablösung bisheriger Direktoren und Bürgermeister erfolgreich ins Werk gesetzt und einen ersten Elitenwechsel herbeigeführt haben. Das war ein Ost-Ost-Elitenwechsel. Westdeutsche waren da noch gar nicht in Sicht.

Und es war die frei gewählte Volkskammer, die den Beitritt und den Einigungsvertrag beschlossen hat, und zwar nicht gegen den Willen des Volkes. Zunehmend bekamen die Volkskammerabgeordneten jedenfalls der Koalitionsparteien zu Hause eingeheizt: Nun beschließt doch endlich den Beitritt!

Und es war die Volkskammer, die die Stasi-Überprüfungen gefordert und eingeführt hat. Die Bundesregierung hatte eine generelle Amnestie für die Stasi-Mitarbeiter der Auslandsspionage (HVA) vorgeschlagen. Sie hat ihn unter westlichem und östlichem Protest zurückgezogen. Die Bundesregierung wollte die Stasi-Akten verschlossen halten. Dagegen haben Bürgerrechtler mit einem Hungerstreik protestiert. Und in der Fraktion der SPD in der Volkskammer haben viele ihre Zustimmung zum Einigungsvertrag von der westlichen Zusage abhängig gemacht, dass die Stasi-Akten zugänglich werden. Die Zusage kam eine Stunde vor der entscheidenden Volkskammersitzung.

Auch Uwe Müller beklagt, »dass sich die Ostdeutschen im vereinigten Land schlecht vertreten fühlen müssen«. Das verstärke die Ablehnung des westdeutschen Wertekanons. »Kein Bundeswehrgeneral, kein Vorstandschef einer im Dax gelisteten Börsengesellschaft, kein Richter an einem obersten Bundesgericht. ... Diese Ausgrenzung ... befördert das Gefühl von Minderwertigkeit.«[64] Müller erinnert sich falsch. Nicht die DDR unter Führung der Partei der Arbeiterklasse, sondern die DDR, die die SED/PDS abgewählt hatte, ist der Bundesrepublik beigetreten. Ein Bundeswehrgeneral aus der DDR hätte aus der NVA stammen müssen, als Bundesrichter hätten nur SED-Juristen zur Verfügung gestanden. Vielleicht noch zur Förderung des westlichen Wertekanons Egon Krenz als Vizekanzler? Dass in den Volkseigenen Betrieben der DDR ein beachtlicher Stamm geeigneter Vorstandsmitglieder für westliche DAX-Unternehmen herangewachsen war, würde ich doch eher für unwahrscheinlich halten. Andere beklagen, dass vom gesamten diplomatischen Dienst der DDR nur vier übernommen worden sind.[65] Eine nette Idee: Der Botschafter der DDR in Washington wird zum Botschafter der Bundesrepublik daselbst. Nur dass die Stasi-Offiziere nicht vom Verfassungsschutz oder vom Bundesnachrichtendienst übernommen worden sind, hat meines Wissens noch niemand beklagt. Darf ich einmal ganz vorsichtig daran erinnern, dass in der DDR im Herbst 1989 eine Diktatur gestürzt wurde? Übrigens: Die PDS ist im Osten die Partei des öffentlichen Diens-

64 Müller, *Supergau* (vgl. Anm. 17), S. 228f.
65 Bisky, *Deutsche Frage* (vgl. Anm. 2), S. 131.

tes. Da gibt es nämlich starke personelle Kontinuitäten, was andere wieder empörend finden.

Ich selbst sehe mich durch einen ostdeutschen Bundespräsidenten und eine ostdeutsche Bundeskanzlerin, ansonsten durch ostdeutsche Abgeordnete in Bund und Land sowie durch ostdeutsche Kommunalpolitiker gut vertreten. Kurt Biedenkopf in Sachsen und Bernhard Vogel in Thüringen waren sehr populäre Ministerpräsidenten, obwohl sie aus dem Westen kamen. Da waren Amtsführung und Tonart wichtiger als die Herkunft, und das ist gut so.

Es gibt ja einen Anlass für den Kolonialisierungsvorwurf, nämlich den großen Transfer von westlichen Fachleuten in der Verwaltung, der Justiz und auch in der Wirtschaft. Aber wenn es gute Gründe für die Vereinigung gab, also für die Übernahme der westlichen Ordnungen, dann gab es auch gute Gründe, für den zügigen Neuaufbau der Institutionen westliche Fachleute zu holen.

Aber in der Wissenschaft, da sind doch die Ostdeutschen systematisch von Westdeutschen verdrängt worden! »Innerhalb weniger Semester hatten etwa von der Humboldt-Universität 90 Prozent des wissenschaftlichen Mittelbaus und 80 Prozent der Hochschullehrer gehen müssen.«[66]

Nun mal langsam: Der akademische Mittelbau (wissenschaftliche Assistenten) bestand in der DDR aus Angestellten auf Lebenszeit. Weil diese Stellen in Zukunft befristete Stellen zur wissenschaftlichen Qualifizierung werden sollten, bekamen alle noch einen Fünfjahresvertrag und mussten

66 Ebd., S. 132. Gleichzeitig stellt Bisky aber fest: »Wo auf Evaluierung und Neuordnung verzichtet wurde, sind die Ergebnisse verheerend.« Er kritisiert die hohe personelle Kontinuität unter der Lehrerschaft (S. 137).

sich dann selber kümmern. Da ist nicht für Westdeutsche, sondern für junge Leute Platz gemacht worden.

Was die Hochschullehrer betrifft, so muss zweierlei berücksichtigt werden: In der DDR waren Forschung und Lehre getrennt, die Lehre war an den Universitäten, die Forschung an den Akademien angesiedelt. Während es unter den DDR-Forschern eine beachtliche Anzahl seriöser Fachleute gab, war das bei den Lehrkräften an den Universitäten, wo die Reinheit der marxistisch-leninistischen Lehre streng überwacht wurde, viel seltener der Fall. Diese Trennung wurde zu Recht aufgehoben. Zweitens war die DDR bekanntlich eine Diktatur mit der Staatsideologie des Marxismus-Leninismus. Was die SED selbst davon hielt, kann man daran erkennen, dass noch im Dezember 1989 die Pflichtkurse in Marxismus-Leninismus für Studenten aller Sektionen vom SED-Hochschulministerium abgeschafft wurden. Die entsprechende Schulungsliteratur wurde aus den Buchhandlungen zurückbeordert. Niemand hatte das öffentlich gefordert.

Ideologisch verfärbt waren alle Sozial- und Geisteswissenschaften. Für die naturwissenschaftlichen, technischen und medizinischen Fächer galt das nicht ebenso. Die Evaluation des Lehrkörpers an der Humboldt-Universität wurde Kommissionen übertragen, die zur Hälfte aus westdeutschen und zur Hälfte aus Hochschullehrern der Humboldt-Universität bestand. Sämtliche Stellen wurden neu ausgeschrieben. Die bisherigen Inhaber konnten sich bewerben. Wer nicht berufen wurde, bekam einen auf fünf Jahre befristeten Vertrag. Unabhängig davon wurden alle auf Stasi-Mitarbeit überprüft. Ich kann dieses Verfahren nicht empörend finden. Im Jahre 1990 hat die Humboldt-Universität unter dem Rektor Fink sich selbst erneuern wollen. Im Wesentlichen sah das so aus, dass neue Institute (Interdisziplinäre Konfliktforschung, Friedensforschung usw.) gegründet wurden, in denen diejenigen untergebracht wurden, die an ihrem bisherigen Ort offenkundig deplatziert waren. Eine Krähe hackt der anderen kein Auge aus. Noch vor dem 3. Oktober 1990 hatte der Wissenschaftsrat alle Hochschulen und Akademien der DDR begutachtet. Das Gremium gilt bis heute als unabhängig. Eine Umfrage hatte damals ergeben, dass die Mehrheit der östlichen Wissenschaftler diese Begutachtung durch den Wissenschaftsrat positiv aufgenommen hat.

Dass namentlich in Ökonomie, Rechtswissenschaft, Geschichte, Germanistik, Philosophie überwiegend Westdeutsche berufen wurde, lag auch im Interesse der Studenten. Was sollten die denn mit einem Abschluss in sozialistischer Ökonomie beruflich anfangen? Trotzdem haben die Studenten der Humboldt-Universität Ende 1990 dafür demonstriert, dass sie bei ihren bisherigen Professoren auch noch Examen machen können, statt Zusatzsemester in Tübingen oder Hamburg zu fordern. Zuvor hatten sie auch schon einmal demonstriert – nicht etwa im Herbst 1989, da waren am ehesten noch Theologiestudenten mit auf der Straße, sondern zur Währungsunion. Sie forderten Stipendien-Erhöhungen wegen der höheren Westpreise. In der DDR durften nur 15 Prozent eines Jahrgangs studieren, und ebenso viele wurden zur Oberschule zugelassen. Deshalb waren die Studenten auch überproportional linientreu.

Einen ärgerlichen Sachverhalt nenne ich noch. Qualifizierte Forscher aus den aufgelösten Akademien sollten durch das Wissenschaftlerintegrationsprogramm in die Universitäten aufgenommen werden. Als das anstand, waren aber die Mittel schon knapper als in der euphorischen Phase. Die Universitäten sollten sie integrieren, bekamen aber keine zusätzlichen Stellen.[67]

---

67 Einen Überblick liefert Heidi Fichter-Wolf, Bildung und Wissen-

Warum die Träger des Systems zur Kolonialisierungsthese greifen, ist immerhin nachvollziehbar. Aber der Westen eine Kolonie des Ostens – wer kommt denn auf diese verrückte Idee? Der Mann heißt Gabor Steingart: »Der Westen wurde im Zuge der Wiedervereinigung zur Kolonie des Ostens. Der zwangsweise erhobene Solidaritätszuschlag und die Sonderleistungen im Rahmen der Sozialkassen entsprechen der von den deutschen Kolonialherren 1912 in Deutsch-Südwestafrika eingeführten Eingeborenen-Kopfsteuer.«[68] Da ist offenbar jemandem entgangen, dass der Solidaritätszuschlag auch von den Ostdeutschen bezahlt wird. Bemerkenswert an diesem entgleisten Vergleich finde ich den Drang, sich als Opfer darzustellen. Das ist bei den ansonsten unüberbrückbaren Gegensätzen die unübersehbare Gemeinsamkeit der Ost-Nostalgiker und der West-Nostalgiker: Wie war es doch so schön, als die Mauer noch stand. Freilich spricht derselbe Steingart ein paar Seiten vorher die Sprache eines Kolonialherren, der den Wert der erworbenen Kolonie kritisch taxiert. »Die Vereinigung war politisch, historisch, kulturell und sicherheitspolitisch ein Zugewinn. Ökonomisch war sie nicht nur ein schlechtes Geschäft, sie war ein Desaster.«[69] Die Vereinigung als Erwerb eines Territoriums mit lebendem Inventar, wahrscheinlich der Spezies Homo sapiens zugehörig.

1990 hatte ich oft in Bonn zu tun und wurde regelmäßig gefragt: »Was bringt ihr ein?«, als ginge es um eine Bauernhochzeit, die doch möglichst den Hof vergrößern soll. Auf

---

schaft im »Aufbau Ost«, in: *Aus Politik und Zeitgeschichte* 40/2005, S. 26ff.; dort auch weitere Literatur.

68 Gabor Steingart, *Deutschland – Der Abstieg eines Superstars*, München 2004, S. 243.

69 Ebd., S. 239.

meine verlegene Antwort: »Uns selbst bringen wir ein« bekam ich einmal die Gegenfrage: »Warum kommt ihr denn dann?« Dazu fiel mir nichts mehr ein.

10. »1990 wurde die Chance vertan, ein neues Deutschland mit einer neuen Verfassung zu gründen, also auch den Westen zu reformieren.«

Die Chance wurde nicht vertan, weil sie gar nicht bestand. 1990 lebte der Westen verständlicherweise in dem Hochgefühl eines Sieges. Dieses Hochgefühl war im Kern berechtigt. Die Konzeption einer freien und offenen Gesellschaft hatte gesiegt – nicht durch Unterwerfung eines Gegners, sondern durch ihre Attraktivität. Die Völker hinter dem Eisernen Vorhang wollten auch so leben.

Allerdings hat dieses Hochgefühl den Westen blind gemacht für den längst herangewachsenen westlichen Reformbedarf, für ein notwendiges Nachjustieren. Aber so war es eben. Es gab 1990 keine Reformbereitschaft im Westen, und dass sie von den Politikern hätte erzeugt werden können, bezweifle ich. Es war ja auch ohne dieses Projekt schwierig genug, den Berg von Problemen zu bewältigen, der sich mit der deutschen Einigung stellte. Wer diesen Verhandlungsmarathon auf allen Ebenen miterlebt hat, weiß, dass für eine Reform namentlich der westlichen Sozialsysteme im Vereinigungsjahr einfach niemand Zeit hatte. Die Möglichkeiten der Politik werden auch durch die unveränderliche Tageslänge begrenzt. Der Gedanke, dass die Vereinigung, verbunden mit der vollständigen Umgestaltung eines der beiden Staaten, der geeignete Zeitpunkt sei, auch den anderen Staat höchst aufregenden Reformen zu unterziehen, kann sich nur in weltfremden Köpfen einnisten. Die gibt es. Herles: »Die Sozialsysteme Westdeutschlands waren vor 1990 bereits an die Grenze ihrer Belastbarkeit gestoßen. Vernünftige Politiker hätten sie zuerst gründlich reformiert, statt ihnen in diesem Zustand auch noch die Ostdeutschen aufzuhalsen.«[70]

Dass es nicht zu einer gesamtdeutschen Volksabstimmung über das nach 1990 vom gesamtdeutschen Bundestag und Bundesrat modifizierte Grundgesetz gekommen ist, bedaure ich. Im Einigungsvertrag war das ausdrücklich vorgesehen. Dass aber aufgrund der Vereinigung eine inhaltlich vom Grundgesetz wesentlich abweichende Verfassung sinnvoll oder auch nur möglich gewesen wäre, halte ich für Blödsinn. Der Ruf nach einer »neuen« Verfassung scheint mir oft zu übersehen, dass es gar nicht auf eine neue, sondern auf eine bessere Verfassung ankam. Nur Verfassungsträumer können behaupten, eine bessere Verfassung als das Grundgesetz ließe sich mühelos aus dem Hut ziehen. Man kann nämlich auch verschlimmbessern.

Die DDR aber hatte gar keine eigenen Verfassungstraditionen einzubringen, weil sie kein Rechtsstaat sein wollte, in dem die Verfassung die Machtausübung normiert, reglementiert und limitiert. Die sogenannte Verfassung des Runden Tischs aber war gar nicht von diesem verabschiedet worden, weil sie bei seiner letzten Sitzung noch nicht fertig war. Oft ist sie als Vermächtnis der Revolution bezeichnet worden. Ich habe anfangs an der Verfassungskommission des Runden Tisches mitgewirkt. Dort herrschte so lange das Chaos eines Diskurses der Beliebigkeit, bis westliche Verfassungsrechtler dem Sachverstand aufhalfen. Dadurch wurde aber die Verfassung des Runden Tisches zu erheblichen Teilen ein Verzeichnis von Verfassungswünschen, die westliche Verfas-

70 Herles, *Wir sind kein Volk* (vgl. Anm. 16), S. 75.

sungsrechtler in 40 Jahren Bundesrepublik dort nicht hatten durchsetzen können. Es war unberechtigt, diesen Wunschzettel als Erbe der DDR auszugeben. Die Inkraftsetzung dieser Verfassung für die DDR verbot sich allein schon deshalb, weil dort auf listige Weise Fragen, die die Politik zu entscheiden hatte, nämlich die Modalitäten des Einigungsprozesses, in Verfassungsartikel gegossen waren. Die DDR-Seite hätte also nicht verhandeln können, sondern sagen müssen: Das steht in unserer Verfassung, wir können keine Kompromisse eingehen.

Eine gesamtdeutsche Volksabstimmung über das geänderte Grundgesetz habe ich mir gewünscht. Gegen das Argument, es werde ja ohnehin eine Mehrheit finden, wozu also das Ja extra abfragen, antworte ich: Auch bei der standesamtlichen Eheschließung lautet die Antwort bei 99,99 Prozent der Befragten Ja, sie ist aber dennoch nicht entbehrlich.

Dass aber eine solche gesamtdeutsche Abstimmung das Selbstwertgefühl der Ostdeutschen erheblich gestärkt und sie die hohe Arbeitslosigkeit hätte hochgestimmt ertragen lassen, glaubt doch wohl niemand ernsthaft.

11. »Die westdeutsche Politikerklasse hat die Oppositionellen aus der DDR mundtot gemacht.«

Über die Erfahrungen von ostdeutschen Politikern der frei gewählten Volkskammer mit ihren westlichen Schwesterparteien ließe sich vieles Unerfreuliche berichten. Gerhard Schröder hat mich bei unserer ersten Begegnung mit den Worten begrüßt: »Ich frage mal in Österreich an, ob die euch nach Artikel 23 nehmen.« An diese Sorte Humor muss man sich erst gewöhnen. Genug davon. Ich buche das als Reibungsverluste unvermeidlicher Lernprozesse ab.

Die Anzahl der Mitglieder der frei gewählten Volkskammer, die danach in der Landespolitik oder der Bundespolitik weitergemacht haben, zum Teil bis heute, ist beachtlich hoch. Die Anzahl der DDR-Oppositionellen, die in die Volkskammer gewählt wurden, ist aber beachtlich niedrig. Das hat mehrere Gründe. Diejenigen neu gegründeten politischen Gruppierungen des Herbstes, die sich gegen die schnelle deutsche Einheit ausgesprochen hatten (Bündnis 90 plakatierte: »Artikel 23: kein Anschluss unter dieser Nummer«, eine Anspielung auf den »Anschluss« Österreichs an Hitlerdeutschland!), erhielten bei den freien Volkskammerwahlen nur wenige Stimmen (Bündnis 90: 2,9 Prozent). Die Fraktion von Bündnis 90/Grüne in der Volkskammer hat denn auch mit zwei Ausnahmen (Konrad Weiß und Joachim Gauck) zusammen mit der PDS gegen den Beitritt gestimmt.

Diese Ablehnung der schnellen deutschen Einheit war bei vielen Oppositionellen darin begründet, dass ihre politische Zielvorstellung eine Reform des sozialistischen Systems war, zum Beispiel als Verbindung von Volkseigentum und Demokratie, was es gar nicht geben kann. Es gibt Marktwirtschaft ohne Demokratie (Singapur), aber nicht Demokratie ohne Marktwirtschaft. Ich kann nicht entscheiden, ob das aus der Angst vor Gedanken geboren war, die die SED unerbittlich als staatsfeindlich eingeordnet hätte, ob also Selbstzensur die Ursache war oder ein beschränktes Wissen von den relevanten Zusammenhängen oder beides. Die zahlenmäßig kleine Opposition in der DDR, die unter dem Dach der evangelischen Kirche einen gewissen Schutz genoss, war zu großen Teilen auch ein Milieu von sympathisch eigenwilligen, sehr individualistischen Aussteigern, denen schon eine Versammlungsleitung nach Geschäftsordnung als undemokratischer Zwang erschien. Da demokratische Gremien ohne Geschäftsordnung nicht handlungsfähig sind, ist der harte Satz berechtigt, dass nicht wenige Oppositionelle demokratieunfähig waren. Dazu kommt noch Folgendes: Wer in einer Diktatur sich kompromisslos verweigert hat, bekommt in der Demokratie Schwierigkeiten, weil diese auf der Bereitschaft zu Kompromissen beruht, allerdings nicht auf Kompromissen jeder Art. Es gibt nämlich den Unterschied zwischen Bekenntnisfragen, bei denen ein Kompromiss Verrat wäre an mir selbst und dem, was mir heilig oder unaufgebbar ist, und den Ermessensfragen, bei denen das Für und Wider abgewogen wird und Kompromisse ohne Selbstverleugnung möglich sind. Der Opportunist macht alle Fragen zu Ermessensfragen. Der Fundamentalist oder Fanatiker macht alle Fragen zu Bekenntnisfragen. Viele Oppositionelle hatten einen Hang zur Totalverweigerung. Als die Fraktion der Ost-SPD – gegen den Widerstand des Parteivorstandes – in die Große Koalition eintrat, brach im Verhältnis zu den befreundeten Mitgliedern der Fraktion Bündnis 90/Grüne eine Eiszeit aus. Sie hatten uns zuvor herzlich eingeladen, doch mit ihnen in die Opposition zu gehen, als lebten wir noch immer in der DDR

12. »Die Strafverfolgung der Regierungskriminalität war Siegerjustiz.«

Der Vorwurf der Siegerjustiz ist von Egon Krenz, Honeckers Nachfolger, erhoben und von vielen in der PDS aufgenommen worden. Es gibt aber auch westliche Stimmen, die die strafrechtliche Verfolgung der Regierungskriminalität in diesem Sinne kritisieren. Dabei wird gelegentlich ein Argument gebraucht, das mir die Schuhe auszieht: Im Westen sei man seinerzeit mit den Nazis sehr schonend umgegangen, warum dann plötzlich diese Strenge bei der SED-Elite? Bisher war doch jener schonende Umgang heftig kritisiert worden, womöglich von denselben. Wenn etwas einmal falsch gemacht worden ist, kann doch nicht gefordert werden, dass es nun noch einmal falsch gemacht werden müsse. Es kann doch keine Gerechtigkeit beim Unrechttun geben. Ganz abgesehen davon, dass diejenigen, denen diese Argumentation zugutekommen soll, diese Analogie zurückweisen müssten, wenn sie bei Vernunft sind. Denn tatsächlich hat die SED-Regierungskriminalität bei Weitem nicht das Ausmaß der Naziverbrechen erreicht. Aber Mord wird kein Kavaliersdelikt, weil es außerdem Massenmord gibt.

Das Wort Siegerjustiz hat eine Vorgeschichte. Mit ihm wurden seinerzeit die Nürnberger Prozesse gegen die Nazi-Elite kritisiert.

Siegerjustiz sollte heißen: Die Sieger eines Krieges missbrauchen die Justiz, um sich an den Besiegten zu rächen. Tatsächlich sah das klassische Völkerrecht zwar vor, dass ein Sieger vom Besiegten Reparationen, auch Gebietsabtretungen fordern kann, nicht aber die Besiegten vor Gericht stellen darf. Seit Hugo Grotius sollte jeder Souverän das *ius ad bellum* haben, bei Wahrung des *ius in bello*.

In Wahrheit ging es sowohl beim Nürnberger Prozess als auch bei der gerichtlichen Verfolgung der SED-Regierungskriminalität vor allem um die Frage, wie nach dem Ende einer Diktatur, die gar kein Rechtsstaat sein wollte, das Unrecht zu ahnden sei, das diese in ihrem eigenen Machtbereich begangen hatte.

Tatsächlich ist der Nürnberger Prozess von den Siegermächten des Zweiten Weltkriegs geführt worden. Dies Problem soll uns jetzt nicht beschäftigen. Jedenfalls ist es eine ungeheuerliche Geschichtsverdrehung, wenn die Verantwortlichen der SED-Diktatur nun von Siegerjustiz sprechen, und zwar aus drei Gründen:

1. Die SED-Diktatur ist nicht von der Bundesrepublik besiegt, sondern durch eine Revolution der DDR-Bevölkerung gestürzt worden. Mit dem Ausdruck Siegerjustiz möchte sie die unangenehme Tatsache vergessen machen, dass das Volk sich gegen die Regierung erhoben hat. Da ist die Rolle eines Verlierers in einem Krieg viel angenehmer. Der Ausdruck »Siegerjustiz« vollzieht sehr geschickt einen Wechsel der Perspektive. Aus der Ost-Ost-Perspektive des Herbstes – »Wir sind das Volk« und nicht eure Untertanen, mit denen ihr machen könnt, was ihr wollt – wird eine Ost-West-Perspektive gemacht. Die einstigen Machthaber stellen sich nun dar, als würden sie von einem Sieger ungerecht oder gar völkerrechtswidrig behandelt. Egon Krenz hat immer wieder behauptet, als souveränes Staatsoberhaupt könne er nicht vor Gericht gestellt werden. Die Täter schlüpfen in eine Opferrolle und laden gleichzeitig diejenigen, denen sie seinerzeit Recht und Freiheit vorenthalten haben, ein, sich mit ihnen und in ihnen als Opfer des Westens zu verstehen. Das ist so geschickt wie infam.

Als Sieg des Westens wird dabei die Wiedervereinigung verstanden. Der Westen habe die DDR übernommen. Es war aber die frei gewählte Volkskammer der DDR, die gegen die Stimmen der PDS und die allermeisten Stimmen von Bündnis 90/Grünen den Beitritt der DDR zum Geltungsbereich des Grundgesetzes beschlossen hatte. Da jedermann weiß, dass 1989/90 kein Krieg stattgefunden hat, aber der Ausdruck »Siegerjustiz« doch jene herrlichen Vorzüge hat, redet die PDS so gern vom »Kalten Krieg«. Dieser Ausdruck, der in der Geschichtsschreibung seine Berechtigung hat, bekommt im Munde der PDS-Vertreter eine ärgerliche neue Pointe. Im Kriegsfall, und zumal bei einem tatsächlichen oder auch nur glaubhaft behaupteten Angriff, steht das Volk hinter seiner Regierung, berechtigt oder verblendet. Gefahr von außen vereint nach innen. Die »Geschlossenheit von Partei und Volk« bestand aber in der DDR in Wahrheit nie. Das Feindbild des Kalten Krieges, wie die SED es vertreten hat, hat die Masse der DDR-Bevölkerung nie überzeugt. Die hat mit Begeisterung »Feindsender« gehört und gesehen, sie hat Westkontakte gepflegt, wenn sie durfte, und sehr viele haben mit dem Gedanken an »Republikflucht« gespielt, ich auch manchmal. Ein merkwürdiger Ausdruck übrigens: »Republikflucht«. Dem Ausdruck »Fahnenflucht« nachgebildet, suggerierte er so etwas wie eine unangenehme Pflicht zum Bleiben. Man flieht nämlich vor Gefahren. Die Republik als Gefahr, das war zwar nicht gemeint, aber versehentlich dennoch gesagt.

Mit dem Ausdruck »Kalter Krieg« soll uns jetzt eine Konfrontation von Völkern suggeriert werden und eine Einigkeit von Volk und Führung, die das Diktatorische und Tyrannische dieser Führung vergessen lassen soll. Der »Kalte Krieg« unterschlägt den »Klassenkampf« gegen die eigene Bevölkerung. Ich bin da sehr empfindlich, weil ich nach Herkunft und Überzeugung mit meiner ganzen Familie zu den potentiellen Klassenfeinden zählte und das auch zu spüren bekam. So etwas vergisst sich nicht, bei aller christlichen Feindesliebe. Feindesliebe, die uns Christen in der DDR übrigens als Paktieren mit dem Klassenfeind ausgelegt wurde, ist die Aufforderung, auch im Feind Gottes Geschöpf zu sehen. Feindesliebe ist aber kein Freibrief für denjenigen, der sich tatsächlich als Feind verhalten hat, nachträglich zu behaupten, er sei doch unser Freund gewesen.

2. »Siegerjustiz« suggeriert, erst nach dem Beitritt habe sich die westdeutsche, nun gesamtdeutsche Justiz die Regierungskriminalität vorgenommen. Das ist falsch. In Wahrheit hat die SED-Justiz noch vor den freien Volkskammerwahlen vom 18. März massenhaft führende SED-Funktionäre verhaf-

ten lassen, so dass schließlich weit mehr Funktionäre in Haft saßen als je wieder nach 1990. Sie begann mit der strafrechtlichen Verfolgung von Untreue, Bereicherung und Wahlfälschung (März 1990: 56 Ermittlungsverfahren!) und von Gewaltanwendung durch die Polizei im Herbst 1989. Im Januar 1990 wurde ein Ermittlungsverfahren wegen der Mauertoten eröffnet. Im März 1990 erging ein Strafbefehl gegen einen Arzt, der auf höhere Anweisung auf den Totenscheinen von Hingerichteten fälschlich natürliche Todesursachen angegeben hatte. Das gehörte zur Machterhaltungsstrategie – »Die SED erneuert sich« – und roch sehr nach »Haltet den Dieb!«

3. Es ist richtig, dass in jenen Prozessen ausschließlich Richter aus dem Westen tätig waren. Die Verantwortung dafür liegt aber bei der frei gewählten Volkskammer. Diese war nämlich gar nicht damit einverstanden, dass und wie die SED-Justiz diese Ermittlungen und Prozesse gegen SED-Funktionäre betrieb. Sie wollte rechtsstaatlich korrekte Verfahren von unbescholtenen Richtern sehen. Deshalb veranlasste sie eine Überprüfung sämtlicher Richter der DDR. Da sich aber das Einigungstempo im Laufe des Jahres 1990 enorm beschleunigte, kam sie mit dieser Aufgabe nicht ans Ende. Deshalb hat sie im Einigungsvertrag der gesamtdeutschen Justiz die Verfolgung der Regierungskriminalität übertragen. Honecker war von der SED-Justiz zunächst des Hochverrats (!), dann des »Vertrauensbruchs«, eines DDR-Straftatbestands der Wirtschaftskriminalität, angeklagt. Der Verfassungsausschuss der Volkskammer hat einer Verfassungsbeschwerde Honeckers stattgegeben und damit *dieser* Anklage die Grundlage entzogen, weil sie rechtsstaatlich nicht haltbar war.

Es war aber der Wille der Volkskammer, dass die Straftaten im Windschatten der Diktatur, die nicht verfolgt werden konnten, solange die SED an der Macht war, nicht ungesühnt bleiben.

Musste das sein? In der Tat hätte auch alles anders kommen können – wenn wir uns einen anderen Verlauf der Geschichte denken:

Scenario 1. Die Leipziger Montagsdemonstration wird niedergeschlagen, die vorbereitete Verhaftungswelle rollt und füllt die vorbereiteten Internierungslager. Dann hätte es keine Prozesse wegen Regierungskriminalität gegeben, sondern Prozesse gegen Oppositionelle.

Scenario 2. Der Volkszorn entlädt sich, es kommt zur Lynchjustiz. Das vor allem haben die Bürgerbewegungen und die Kirchen verhindern wollen: »Keine Gewalt!«, denn sie hätte Gegengewalt ausgelöst und womöglich, wie 1953, die sowjetische Armee zum Eingreifen veranlasst. Aber auch ohne solches Eingreifen wäre es dann vermutlich nicht zu einer juristischen Aufarbeitung des SED-Unrechts gekommen, weil das schwer entwirrbare Knäuel von Gewalt auf beiden Seiten eine Generalamnestie nahegelegt hätte wie in Frankreich nach den blutigen Abrechnungen mit »Kollaborateuren« nach 1945.

Szenario 3. Die SED bietet eine Konföderation mit nachfolgender Einigung an und fordert als Bedingung: keine Strafverfolgung von teilungs- und systembedingten Straftaten, in Analogie zum Saarvertrag. Bloß: Solange die SED allein an der Macht war, hat sie an dergleichen nicht gedacht. Als die Bevölkerung frei wählen konnte, hat sie die SED/PDS abgewählt.

Szenario 4. Die Sowjetunion fordert als Bedingung ihrer Zustimmung zur deutschen Einheit: keine Strafverfolgung für politische Funktionsträger der DDR. Bloß: Die Sowjetunion hat andere innenpolitische Forderungen gestellt, darunter den Fortbestand ihrer Entscheidungen als Besatzungsmacht, wozu sie die Bodenreform zählte.

Szenario 5. Die SED fordert am Runden Tisch Straffreiheit für staatliche Funktionsträger als Bedingung für freie

Wahlen. Bloß: Damals hatte die SED kein solches Interesse, sondern betrieb eine exzessive Verhaftungspolitik gegen SED-Funktionäre.

All diese Szenarien gehören in die Rubrik »Was wäre, wenn?« Die Erwägungen zeigen: Es gibt in gewissen Grenzen eine Priorität des Politischen vor dem Juristischen. Es wäre gerechtfertigt gewesen, für freie Wahlen oder für die deutsche Einheit den hohen Preis einer Generalamnestie zu zahlen, *wenn* sie anders nicht zu haben gewesen wären. Der Preis ist aber nicht eingefordert worden. Die frei gewählte Volkskammer wollte, wie gesagt, rechtsstaatliche Verfahren durch rechtsstaatlich qualifizierte Richter auch nach der deutschen Vereinigung. Ob alle in der Volkskammer so genau wussten, was das in concreto heißt, ist eine andere Frage. Erst nachträglich wurde für viele deutlich, dass »das Strafrecht nicht für Revolutionen gemacht« ist (Heitmann) und nach rechtsstaatlichen Kriterien vieles ungestraft bleibt, was zweifellos moralisch verwerflich ist und die Opfer schwer beeinträchtigt hat. Denn der Rechtsstaat garantiert zuerst Rechtssicherheit, aber nicht ebenso sicher (materielle) Gerechtigkeit, die ja immer auch umstritten ist. Denn in den Vorschriften des Rechtsstaats, die viel älter sind als die parlamentarische Demokratie, haben sich die traurigen Erfahrungen mit Justizwillkür und Justizirrtümern niedergeschlagen. Deshalb gilt: »Im Zweifel für den Angeklagten« und: »Keine Strafe ohne Gesetz«. Ist die juristische Aufarbeitung des DDR-Unrechts nach diesen Grundsätzen verfahren? Ich versuche eine Bilanz, bei der ich mich auf den Stand von 1998 beziehe.[71]

---

71 Ich beziehe mich hier auf die Materialsammlung des Forschungsprojekts »Strafjustiz und DDR-Vergangenheit« an der Humboldt-Universität unter Leitung der Professoren Klaus Marxen und Gerhard Werle (Stand 1998).

Da die Zuständigkeit für Ermittlungen teils bei der Berliner Zentralstelle für Regierungskriminalität, teils bei den neuen Ländern liegt, sind exakte statistische Angaben schwer zu haben. Insgesamt sind bis 1998 ca. 65.000 Ermittlungsverfahren eröffnet worden. Davon waren 1998 ca. 52.000 erledigt, aber nur 1055, also ca. 2 Prozent, haben zu Anklagen geführt. Die Zahlen über Verurteilungen divergieren bei den verschiedenen Arten von Straftaten sehr stark. Besonders eklatant ist das Missverhältnis bei Rechtsbeugung durch DDR-Richter. In Mecklenburg-Vorpommern z. B. haben von 2921 erledigten Verfahren nur 33 zu Anklagen geführt, also 1,1 Prozent. Von diesen 33 Anklagen haben fünf zu rechtskräftigen Urteilen geführt, also 0,017 Prozent.

Dagegen haben bei Tötungsdelikten an der Grenze in Brandenburg von 17 erledigten Verfahren 14 zu Anklagen geführt, also 84 Prozent. Dabei hat es 1998 bei 39 Angeschuldigten 20 Verurteilungen und 13 Freisprüche gegeben. In allen neuen Bundesländern zusammen belief sich die Zahl dieser Anklagen bis 1998 auf 150, die der Verurteilten auf 90 Personen, zu denen nicht nur die Schützen, sondern auch Vorgesetzte und Mitglieder des Verteidigungsrats zählen. Der Vorwurf: »Die Kleinen hängt man, die Großen lässt man laufen« ist unberechtigt. Er hat Nahrung erhalten, weil zunächst die Todesschützen vor Gericht standen, denn zuerst musste geklärt werden, unter welchen Umständen es zu den Todesschüssen kam. Erst wenn klargestellt war, dass hier Unrecht geschehen ist, konnten diejenigen belangt werden, die das Grenzregime zu verantworten hatten. Sie sind durchweg härter bestraft worden als die Todesschützen.

Sehr gering ist die Zahl der Ermittlungsverfahren aufgrund von *Anzeigen* durch betroffene Privatpersonen. In Brandenburg machen sie 3–5 Prozent aus. Selbst bei Gefangenenmisshandlung gehen die meisten Verfahren auf Akten der zentralen Erfassungsstelle in Salzgitter zurück, nicht auf Anzeigen nach 1990. Die Masse von Verfahren wegen Rechtsbeugung ist dadurch entstanden, dass bei jedem Rehabilitierungsverfahren automatisch ein Ermittlungsverfahren wegen des Verdachts der Rechtsbeugung eingeleitet wird. Auch gegen Stasi-Spitzel wird von den Betroffenen höchst selten Anzeige erstattet.

Die niedrige Quote von Anklagen hat ihren Grund darin, dass der Gesetzgeber keine besonderen Vorgaben für das SED-Unrecht gemacht hat – ein Sonderrecht wäre ja auch rechtsstaatswidrig gewesen –, so dass sich erst nach und nach durch die Rechtsprechung, namentlich des Bundesgerichtshofs (BGH) und des Bundesverfassungsgerichts (BVerfG) Richterrecht bilden musste. Das hat das Publikum sehr strapaziert, und ein Strafbegrenzungsgesetz, das von Anfang an außer Verfolgung gestellt hätte, was jetzt ohnehin nicht verfolgt wird, wäre besser gewesen.

Die Entwicklung der Rechtsprechung sei kurz an einigen Beispielen erläutert.

Der größte Teil der Verfahren wegen *Wahlfälschung*, die ja auch nach DDR-Recht strafbar war, ist noch vor dem 3. Oktober 1990 eingeleitet worden. Gegen den Einwand, dass es sich bei den Wahlen in der DDR gar nicht um Wahlen im Sinne der parlamentarischen Demokratie gehandelt habe, hat der BGH den Unterschied zwischen beiden Arten von Wahlen festgestellt,[72] aber zugleich darauf verwiesen, dass

72 Der entscheidende Unterschied ist der: Wegen der Einheitslisten bei DDR-Wahlen hatten Wahlfälschungen keinen Einfluss auf die Zusammensetzung der (Schein-)Parlamente. Die war durch die Zusammensetzung der Liste bereits vorher festgelegt. Die Wahlfälschungen erbrachten also keinen erschlichenen Machtgewinn, was bei echten Wahlen das Verwerfliche einer Wahlfälschung ist. Sie brachten lediglich eine Irreführung des Publikums über die tatsäch-

der DDR-Wahlmodus eine Ablehnung des Wahlvorschlags möglich machte. So sind denn auch über 10 Prozent der Gegenstimmen vertuscht und eine unbekannte Zahl von Nichtwählern systematisch unterschlagen worden. Die (von oben veranlasste) Praxis widersprach eindeutig dem Wahlgesetz der DDR. Und Wahlbetrug war auch nach den DDR-Gesetzen strafbar. Wenn man bedenkt, dass Wahlfälschung lediglich bei der Kommunalwahl 1989 verfolgt worden ist, bei der die Bürgerbewegungen die Fälschungen erstmals nachweisen konnten, mit Sicherheit aber jede Wahl seit 1949 gefälscht worden ist, bleibt ein eklatantes Missverhältnis zwischen der Zahl der Verurteilten und der der anderen Täter in mindestens vierstelliger Größenordnung, die ungeschoren davonkommen.

Was als *Rechtsbeugung* zu verfolgen sei, war zunächst unklar. Anfangs wurde die Auffassung vertreten, dass jede Verurteilung wegen »Republikflucht« als Rechtsbeugung zu betrachten sei, obwohl Republikflucht nach dem DDR-Recht ein Verbrechen war. Der BGH hat die Strafbarkeit auf diejenigen Fälle eingeschränkt, »in denen die Rechtswidrigkeit der Entscheidung so offensichtlich war und in denen Rechte anderer, hauptsächlich ihre Menschenrechte, derart schwerwiegend verletzt worden sind, dass sich die Entscheidung als Willkürakt darstellt«. Die Anwendung von DDR-Recht als solche ist keine Rechtsbeugung. Verurteilt wurden z. B. die Militärstaatsanwälte, die einem Stasi-Mitarbeiter, der nachweislich unter Alkohol zwei unbewaffnete Jugendliche erschossen hatte, bescheinigten, dass er ohne Alkohol-

---

liche Zustimmung zu den Einheitslisten. Der war aber nicht unwichtig für das Urteil der Bevölkerung über ihr eigenes Wahlverhalten. Es gab über zehnmal mehr Neinstimmen, als das offizielle Ergebnis zugab.

einfluss in Notwehr gehandelt habe, da die *Opfer* alkoholisiert gewesen seien; oder der Richter, der einen DDR-Bürger zu einem Jahr und zwei Monaten Haft verurteilt hat, weil er 1985 an der Grenzübergangsstelle Chausseestraße seinen Personalausweis vorgezeigt und die Ausreise gefordert hat.

Nicht selten sind DDR-Bürger bei staatlichen Stellen *denunziert* worden, z. B. wegen staatskritischer Äußerungen oder wegen beabsichtigter »Republikflucht«, und zwar nicht nur von DDR-Bürgern, sondern auch von Bundesbürgern. Hier hat der BGH entschieden, dass DDR-Bürger nicht bestraft werden können, wenn die denunzierte Handlung nach DDR-Recht anzeigepflichtig war, wie z. B. »Republikflucht« oder staatsfeindliche Hetze – außer in Exzessfällen. Für Alt-Bundesbürger dagegen gilt das härtere bundesdeutsche Recht, das dergleichen nicht vorsah, aber den Straftatbestand der politischen Verdächtigung kennt. Besonders groß war das Interesse der Bevölkerung an einer Verfolgung von *Stasi-Straftaten.* Gerade hier hat der Rechtsstaat viele Opfer enttäuscht. Das Abhören des Telefons war in der DDR nicht strafbar. Zunächst wurden Anklagen wegen »Amtsanmaßung« erhoben. Da aber die Abhörenden nicht Hauptmann von Köpenick gespielt haben (so treffend der Brandenburger Generalstaatsanwalt Rautenbach), sondern einer Dienstanweisung folgten, hat der BGH die Strafbarkeit des Telefonabhörens innerhalb der DDR verneint. Es liege eine Strafbarkeitslücke vor, »die dem Gerechtigkeitsgefühl allerdings deutlich zuwiderläuft«. Gegen die Entnahme von Westgeld aus Briefen durch die Stasi wurde zunächst unter dem Vorwurf der *Unterschlagung* ermittelt. Dem hat der BGH widersprochen, da der für eine Unterschlagung typische persönliche Vorteil nicht unterstellt werden kann. Heimliche Hausdurchsuchungen durch die Stasi waren zweifellos Hausfriedensbruch. Aber nach DDR-Recht stand auf einfachen Hausfriedensbruch keine Kriminalstrafe, sondern nur auf den schweren. Somit bleiben von den Stasi-Straftaten im Wesentlichen nur die schweren Verbrechen und Straftaten strafbar wie *Mord*, *Mordversuch*, *Verschleppung von West nach Ost*.

Markus Wolf, der Chef der Auslandsaufklärung des MfS, war zunächst wegen *Landesverrats* verurteilt worden. Er hat daraufhin gefragt, welches Land er denn verraten haben solle. Das Bundesverfassungsgericht hat erklärt, dass Spionage durch DDR-Bürger vom Boden der DDR und von anderen Staaten aus, in denen sie wegen solcher Taten aus Rechtsgründen sicher waren, nicht verfolgt werden solle. (Markus Wolf ist dann lediglich wegen *Körperverletzung* und *Freiheitsberaubung* zu zwei Jahren auf Bewährung verurteilt worden.) Daraus ergibt sich das nur scheinbar absurde Ergebnis, dass ausschließlich Alt-Bundesbürger als Stasi-Spione verfolgt werden dürfen. Bei näherem Hinsehen besteht aber der Unterschied, dass die Alt-Bundesbürger in ihrem Staat die Loyalität zu ihrem Staat (und oft auch zu ihrem Dienstherren) gebrochen haben und immer wussten, was darauf steht. Die DDR-Bürger aber haben aus Loyalität zu ihrem Staat gehandelt (was ich in dem Fall nicht für gut halte, aber auch nicht für strafbar). Sie wussten nicht, dass ihr Staat verschwinden würde.

Wie man sieht, kommt in den beschriebenen Fällen für DDR-Bürger während der DDR-Zeit nur DDR-Recht zur Anwendung. Im Wesentlichen werden schwerwiegende Menschenrechtsverletzungen verfolgt.

Eine Sonderstellung kommt den *Tötungen an der deutsch-deutschen Grenze* zu, weil sie massenhaft das elementarste Menschenrecht, das Recht auf Leben, negiert haben, aber auch, weil sie die entscheidende Grundlage für den Prozess gegen den Verteidigungsrat der DDR und für den Prozess gegen Mitglieder des Politbüros gewesen sind. Um sie wird am meisten gestritten. »Republikflucht« galt als Verbrechen. Nach dem Grenzgesetz der DDR von 1982 war die Anwendung der Schusswaffe gerechtfertigt, um die unmittelbar bevorstehende Ausführung oder die Fortsetzung einer Straftat zu verhindern, die sich den Umständen nach als ein Verbrechen darstellt. »Anwendung der Schusswaffe« ist aber nicht dasselbe wie »erschießen«. In demselben Gesetz stand, dass das Leben »nach Möglichkeit« zu schonen ist. Vergattert aber wurden die Soldaten zum extensiven Schusswaffengebrauch: Lieber erschossen als geflohen. Überprüfungen der Verhältnismäßigkeit des Schusswaffengebrauchs haben nie stattgefunden. Es gab vielmehr immer, auch in den Exzessfällen, Lob und Belohnung für die Schützen. Andererseits ist niemand für Danebenschießen bestraft worden. Nach Todesschüssen gab es eine Nachrichtensperre. Die Geheimhaltung hatte Vorrang vor ärztlicher Hilfe für verwundete Flüchtlinge – manchmal mit Todesfolge für den Verwundeten. Und bei besonderen Anlässen hieß es: Heute nicht erschießen! Im Strafgesetzbuch der DDR stand: »Eine Militärperson ist für eine Handlung, die sie in Ausführung des Befehls eines Vorgesetzten begeht, strafrechtlich nicht verantwortlich, es sei denn, die Ausführung des Befehls verstößt offensichtlich gegen die anerkannten Normen des Völkerrechts oder gegen Strafgesetze.« Aber dieser Text ist den Grenzsoldaten selten oder nie bekannt gewesen. Man kann sagen: Die Rechtslage nach Gesetzestext war zweideutig, die Praxis war leider eindeutig – und eindeutig abstoßend.

Die Schützen selbst sind nur verurteilt worden, wenn ihnen die Tötungsabsicht nachgewiesen werden konnte (z. B. Dauerfeuer), und auch dann durchweg lediglich zu Gefängnis auf Bewährung. Körperverletzung bleibt straffrei. Nur in Exzessfällen ist härter bestraft worden, wie etwa in dem Fall, bei dem ein bereits Festgenommener erschossen worden ist: zehn Jahre Haft. Haftstrafen ohne Bewährung sind gegen die Organisatoren des Grenzregimes, den Verteidigungsrat, und Grenzoffiziere ausgesprochen worden.

Hier nun haben der BGH und das BVerfG nicht einfach das DDR-Recht zum Maßstab genommen, sondern einerseits geltend gemacht, dass eine menschenrechtsfreundliche Auslegung der DDR-Bestimmungen möglich sei (die aber den Grenzsoldaten sicher nicht zu Ohren gekommen ist), und andererseits erklärt, dass das Rückwirkungsverbot (keine Strafe ohne Gesetz) eingeschränkt sei, wenn ein Staat unter schwerwiegender Missachtung allgemein anerkannter Menschenrechte schwerstes kriminelles Unrecht durch die Schaffung von Rechtfertigungsgründen begünstige. Der Sache nach handelt es sich um die berühmte *Radbruch'sche Formel.* Sie besagt, dass im Konflikt zwischen Gerechtigkeit und Rechtssicherheit »das positive, durch Satzung und Macht gesicherte Recht auch dann den Vorrang hat, wenn es inhaltlich ungerecht und unzweckmäßig ist, es sei denn, dass der Widerspruch des positiven Gesetzes zur Gerechtigkeit ein so unerträgliches Maß erreicht, dass das Gesetz als ›unrichtiges Recht‹ der Gerechtigkeit zu weichen hat«. Gustav Radbruch hat sie 1946 in Auseinandersetzung mit dem Unrecht in Gesetzesform der Nazizeit formuliert.

Dagegen wird nun eingewandt, das DDR-Recht dürfe nur zusammen mit seiner damaligen Auslegung *und* der damaligen Rechtspraxis als strafrechtlicher Maßstab gebraucht werden. Die Radbruchsche Formel sei nun einmal kein beschlossenes Gesetz.

Aber was wollen wir denn davon halten, dass die SED-Justiz Ende 1989 plötzlich ihr eigenes Recht ganz anders auszulegen begann? War für das Recht in der DDR wirklich allein die SED zuständig? Also nun doch: »Die Partei hat immer recht.« Und die Bevölkerung? Sie hielt »Republikflucht« für leichtfertig, aber nicht für ein Verbrechen – trotz Grenzgesetz. Sie hielt es mit Radbruch. Wenn nun von (westlichen!) Juristen erklärt wird, die DDR habe eine *andere* Rechtskultur gehabt, an die man nun keine fremden Maßstäbe anlegen dürfe, dann bringt mich diese Multikulti-Rechtstheorie – Alles gleichrangig, alles egal – auf die Palme. Ich muss wohl 40 Jahre lang blöd gewesen sein, wenn ich so vieles für manifestes Unrecht gehalten habe, was ich doch als eine andere Rechtskultur hätte würdigen müssen: Die Stasi schreibt das Drehbuch für den Prozess; Ulbricht dekretiert noch vor dem Prozess die Todesstrafe; jemand wird heimlich (!) hingerichtet, und auf dem Totenschein steht Herzversagen. In den Wahllisten werden die bekannten Nichtwähler gestrichen, um die Wahlbeteiligung hochzutreiben, und über zehn Prozent der Neinstimmen werden unterschlagen. An der Mauer wird geschossen. – Und das alles ist bloß eine andere Rechtskultur? Das ist eben gar keine – wie auch Sex mit Kindern nicht bloß eine andere Form von Sexualität ist. Die DDR-Wirklichkeit enthielt in sich immer den *verheimlichten* Widerspruch zwischen Rechtsanspruch und Rechtspraxis, wie in Diktaturen üblich. Aber Recht verlangt wesentlich Öffentlichkeit, schon immer. Bereits deshalb muss den Organisatoren des Grenzregimes ein Unrechtsbewusstsein unterstellt werden. Ein Staat, der Bürger heimlich töten lässt, dokumentiert, dass er Unrecht tut. Die Mauerschützen werden es als Zumutung empfinden, wenn ihnen jetzt gesagt wird, dass sie nicht hätten töten dürfen. Aber sicher ist ihnen dieser Gedanke mindestens nach der Tat einmal gekommen. Und sie waren doch keine Maschinen, die töten *mussten*. Trotzdem wäre mir wohler, wenn wir den Schützen sagen könnten: Nachdem das klargestellt ist, Schwamm drüber. Aber den Organisatoren des Ganzen kann dies nicht zugebilligt werden. Denn sie haben die Umstände aufrechterhalten oder jedenfalls hingenommen, unter denen die Schützen zum Schießen gedrängt worden sind. »Keiner von uns hat Menschen umgebracht«, hat Egon Krenz im Politbüroprozess gesagt. Das ist eine platte Richtigkeit, aber nicht die Wahrheit. Die Großen töten selten mit eigener Hand. Das stört womöglich die Nachtruhe. Sie lassen töten. Von denjenigen, die in führenden Positionen saßen, hat nur einer das Urteil akzeptiert, nämlich Günter Schabowski. Er hat erklärt, er wisse jetzt, dass er einer falschen Sache gedient habe. Dass er dafür verurteilt worden ist und seine Strafe abgesessen hat, bedeute für ihn die Bereinigung dieser Sache. Er wird nicht nur von den SED-Genossen als Verräter beschimpft, sondern von vielen anderen als Wendehals abgetan. Den unbelehrbaren Egon Krenz finden viele interessanter. Ich kann mich darüber nur wundern.

Am Ende erhielten 18 Personen Freiheitsstrafen ohne Bewährung. Das betrachten nun andere als ein Versagen der Justiz, im Besonderen die Opfer der SED-Diktatur und ihre Vereinigungen. Bei allem Respekt vor den Opfern muss ich doch daran erinnern, dass die Erfindung des unparteiischen Richters, wahrscheinlich die größte zivilisatorische Leistung in der Menschheitsgeschichte, darin ihre Größe hat, dass sie den Opfern die Sühne für das, was ihnen angetan worden ist, entzogen hat.

Wieder andere beklagen, diese Art von Bearbeitung der Regierungskriminalität habe bei Tätern und Mitläufern ein Unrechtsbewusstsein verhindert. Und dies »wird jedenfalls das politisch-moralische Klima im vereinten Deutschland noch auf lange Zeit belasten«.[73] Ich weiß nicht, auf welche geschichtlichen Erfahrungen sich die Behauptung stützen will, dass ein schneller Prozess gegen das Politbüro mit empfindlichen Strafen den Tätern und Mitläufern ein Unrechts-

73 Schroeder, *Preis der Einheit* (vgl. Anm. 11), S. 223.

bewusstsein erschlossen hätte. Das ist ein Irrglaube an Holzhammerpädagogik. Ich halte es eher für wahrscheinlich, dass er den Siegerjustiz-Mythos und seine unguten solidarisierenden Effekte gestärkt hätte. Die Botschaft dieser Prozesse sollte meines Erachtens sein: Wir gehen mit euch anders um, als ihr mit uns umgegangen seid, nämlich nicht: kurzer Prozess, wenn's politisch nützlich erscheint.

13. »Die SED hätte verboten werden müssen.«

Diese Forderung ist gelegentlich von Westdeutschen erhoben worden. Man braucht aber nur zu überlegen, wer wann warum die SED hätte verbieten sollen, um zu merken, dass das eine völlig abwegige Forderung war.

Vorbild für diese Forderung ist zweifellos das Verbot der NSDAP und ihrer Organisationen durch den Alliierten Kontrollrat 1945. Aber Geschichte wiederholt sich nicht, und dieser Analogieschluss ist arg daneben.

Zur Begründung jener Forderung kann ich mir etwa Folgendes denken: So wäre der Bruch mit der DDR-Vergangenheit augenfällig geworden. Vielleicht ist die Forderung auch volkspädagogisch gemeint: Die DDR-Bürger sollten dadurch begreifen, wie verächtlich die SED war. Volkspädagogik ist aber immer auch Volksentmündigung, bei der sich die einen die vorteilhafte Lehrerrolle zuschreiben und die anderen zu Schülern degradieren, die nachsitzen müssen. Vielleicht auch sollte durch ein Verbot der SED verhindert werden, dass die SED/PDS weiter politisch tätig ist und von der staatlichen Parteienfinanzierung profitiert, nämlich der Wahlkampfkostenerstattung und der Finanzierung der Abgeordneten und ihrer Mitarbeiter. Das wäre aber ein manifester Trugschluss, denn die ehemaligen SED-Mitglieder hätten ja eine oder mehrere neue Parteien gründen können. Allerdings hat die SED sich nicht, wie die kommunistischen Parteien der anderen ehemals sozialistischen Länder, aufgelöst, um einen Differenzierungsprozess durch Neugründungen zu ermöglichen. Der Antrag war auf dem Parteitag vom 8. und 9. Dezember 1989 gestellt worden, aber Gregor Gysi hat mit Hinweis auf die Gefahr, das riesige SED-Vermögen (6 Milliarden Ost-Mark) zu verlieren, eine Ablehnung des Antrags erwirkt. Aber auch ohne SED-Verbot hat die SED/PDS ihr Vermögen bis auf eine dem Üblichen entsprechende Ausstattung verloren. Die frei gewählte Volkskammer hat nämlich das Vermögen der SED/PDS und aller Blockparteien unter treuhänderische Verwaltung gestellt. Es wurde nach jahrelangen Ermittlungen größtenteils eingezogen und öffentlichen Zwecken zugänglich gemacht. Zwar ist ein dreistelliger Millionenbetrag aus dem SED-Vermögen nicht aufgefunden worden. Aber das hätte auch ein Parteienverbot nicht geändert.

Ein Verbot der SED hätte weit überwiegend nachteilige Folgen gehabt. Von den PDS-Wählern hätten mit Sicherheit nicht wenige ihre Stimme rechtsextremen Parteien gegeben. Sehr viele altgediente SED-Genossen (die Mehrzahl der PDS-Mitglieder sind Rentner) vertreten nämlich viel stärker antiparlamentarische oder sogar antidemokratische, antikapitalistische und auch ausländerfeindliche Positionen als die Parteiführung. Auch die NPD lobt vieles in der DDR. Da verbindet der Antimodernismus. Ein Verbot der SED hätte eine Radikalisierung der radikaleren SED-Mitglieder bewirken können. Weil sich die PDS um Mandate bemüht, musste sie eine *Partei in der Demokratie* werden, die sich an die parlamentarischen Spielregeln hält, auch wenn man Zweifel hegen kann, ob sie wirklich eine *demokratische Partei* ist, deren Mitglieder durchweg das Grundgesetz bejahen. Sie bereitet jedenfalls nicht den Umsturz vor.

Schließlich die Frage, wer wann die SED hätte verbieten können. *Vor* dem Beitritt war das unmöglich, denn die SED/PDS hatte eine Schutzmacht unter den Siegermächten, auf deren Wohlwollen es im Einigungsprozess ankam. Nicht wenige SED-Mitglieder hatten sich außerdem 1989 an den Demonstrationen gegen das Politbüro beteiligt. Am 10. November 1989 demonstrierten etwa 100.000 SED-Mitglieder für Reformen und gegen das Politbüro.

Die Forderung der Demonstranten des Herbstes hieß: freie Wahlen. Da war es ganz in Ordnung, dass die SED/PDS mit den Stimmen, die sie bei diesen freien Wahlen erzielte, auch in die frei gewählte Volkskammer einzog (16,4 Prozent).

Nach dem Beitritt aber hätte ein Verbot der SED die hohen Hürden nicht genommen, die das Grundgesetz zu Recht für ein Parteienverbot errichtet hat. Es wäre auch im Osten als Fremdbestimmung empfunden worden und hätte eine breite Solidarisierung mit der SED/PDS auslösen können. Auch unter denjenigen Ostdeutschen, die die PDS nicht wählen – und das ist eine satte Mehrheit von etwa 80 Prozent –, überwiegt doch die Überzeugung, dass sie ein Daseinsrecht hat, wenn sie gewählt wird. Ein Verbot lehnen die allermeisten ab, weil es sie an SED-Methoden erinnert.

C. Irrtümer über das vereinigte Deutschland

1. »Die deutsche Einheit ist gescheitert.«

Wenn Einheit scheitert, gehen freie Menschen getrennte Wege. Das gilt auch für Völker, wie die Tschechen und Slowaken gezeigt haben. Da das in Deutschland nicht der Fall ist, erübrigt sich eine Widerlegung. Bleibt nur noch zu erforschen, wie jemand auf diese abstruse These kommen kann.

Die radikalste Version vertritt Wolfgang Herles. Die Einheit sei nicht an Fehlentscheidungen gescheitert. Der große Fehler sei gewesen, sie überhaupt anzustreben. »Nicht die Perversion des Nationalen, sondern die Idee des Nationalen selbst ist die Quelle des Übels.«[74] Die »Patrioten« nimmt er aufs Korn. »Die Nation ist ihr Goldenes Kalb, dem sie ihre Vernunft opfern.«[75]

»Die Trennung von Staat und Kirche ist eine der großen Errungenschaften der europäischen Geschichte. Heute geht es um die Trennung von Staat und Nation.«[76]

Am besten trägt er diese These einmal Franzosen oder Polen vor. Ich ahne, was die sagen: Verrückt und – typisch deutsch. Dass jemand Deutscher ist, erkennen die an der Absicht, es nicht sein zu wollen. Er hat wohl was gehört von der These, die alte Bundesrepublik sei ein postnationaler

74 Herles, *Wir sind kein Volk* (vgl. Anm. 16), S. 128.
75 Ebd., S. 11.
76 Ebd., S. 215f.

Staat (gewesen), und nicht bemerkt, dass auch das bloß ein Trick ist, ganz was Besonderes zu sein: postnational, den anderen Völkern Europas eine Epoche voraus – und frei von der ordinären Zugehörigkeit zu einem Volk und seiner Geschichte, ganz Mensch und höchstens noch Europäer, aber doch nicht Deutscher. Wie edel!

»Alle Deutschen müssen lernen, dass, was nicht zusammenpasst, auch nicht zusammenwachsen sollte.«[77] Ich bin an Loriot erinnert: »Frauen und Männer passen eben einfach nicht zusammen.« Zwischen Westdeutschen und Ostdeutschen bestehen nämlich »unüberwindbare ideologische Gegensätze«.[78] Das macht ihm Angst. »Denn die klassenkämpferischen 40 Prozent der Ostdeutschen sind durchaus in der Lage, in Zeiten wachsender sozialer Spannungen den Umverteilungsfanatikern im Westen zur kritischen Masse zu verhelfen.«[79] Wo er die 40 Prozent hernimmt, bleibt sein Geheimnis. Aus Wahlanalysen können sie nicht stammen. Immerhin lässt er die Mehrheit ungeschoren. Seinerzeit seien die Patrioten mit dem »Radikalenerlass« gegen die Radikalen, also die K-Gruppen, vorgegangen und hätten eine »wehrhafte Demokratie« gefordert. »Heute akzeptieren sie mit einem nachsichtigen Lächeln und einem Achselzucken ein paar Millionen viel radikalerer Mitbürger«[80], nämlich diese gefährliche Bande der Ostdeutschen. Der Mann leidet unter Gespensterfurcht.

Herles vertritt die West-Nostalgie in ihrer reinsten Form. Als die Mauer noch stand, war die Welt am Rhein noch in Ordnung. Die »Westdeutschen leben heute, gemessen an

77 Ebd., S. 17.
78 Ebd., S. 32.
79 Ebd., S. 33.
80 Ebd., S. 34.

dem, was sie hatten, in einer beschädigten Republik«.[81] Die Zeit der RAF-Morde und der latenten Kriegsgefahr auf deutschem Boden, das also waren goldene Zeiten. Mein Bedauern über ihren Verlust ist begrenzt.

Herles schreibt über Deutschland, die Deutschen und die deutsche Geschichte in einem Tonfall zwischen Abscheu und Larmoyanz. Er diagnostiziert eine »deutsche Krankheit«, den Untertanengeist, und den findet er besonders in der »unausrottbaren« DDR-Mentalität. Er hat das zweifelhafte Programm der *reeducation*: »Von Luther zu Hitler« tief verinnerlicht und nun die entlastende Lösung gefunden: Wir waren den deutschen Ungeist los, aber jetzt kommt er von drüben zurück. Ostdeutschland dient tatsächlich manchen Westdeutschen zur Projektionsfläche ihrer Ängste, für das, was sie nie wieder sein wollen, aber immer noch zu sein fürchten. Auch das läuft bei mir unter Gespensterfurcht, allerdings Gespensterfurcht zu unseren Lasten.

Herles stilisiert sich als Aufklärer, der unerschrocken gegen Denkverbote, Tabus und die »Mauer des Schweigens« vorrückt. Nur leider ist das alles sehr verquast und – verklemmt.[82] Er ist ein Apologet der Freiheit – ohne innere Freiheit.

---

81 Ebd., S. 23

82 Herles ist überaus thesenfreudig und ein kühner Dilettant in Sachen Ideengeschichte. Zu Hegel: »Auf seine Lehre stützen sich alle totalitären Systeme« (S. 115). Hegel verstand bekanntlich den Fortschritt im Bewusstsein der Freiheit als das Prinzip der Weltgeschichte. Thomas Müntzer, sozusagen ein christlicher Islamist, der zur Vernichtung der Feinde Gottes mit dem Schwert aufgerufen hatte, wird zur Lichtgestalt und Luther zum Fürstenknecht, weil er ihm nicht den Rücken gestärkt hat (S. 157ff.). Dasselbe hat die SED behauptet – bis sie sich zum Lutherjubiläum 1983 korrigierte. – »Die Pfarrer, die 1990 in die Politik gegangen sind, sind an vielen Stellen mitverantwortlich für das Scheitern des wirtschaftlichen Aufbaus Ost« (S.

Trotzdem hat er ein lehrreiches Buch geschrieben. Es dokumentiert perfekt diejenige Einstellung, deretwegen Helmut Kohl 1990 befürchtet hat, die westliche Solidarität sei nur begrenzt belastbar.

Uwe Müllers Buch ist von anderer Art. Sein Thema ist die Ökonomie. Er bietet eine Fülle von Daten und Geschichten zum Aufbau Ost, vorrangig skandalöse. Erfolgsstorys, die es auch gibt, schätzt er nicht. Ich habe keinen Grund, an seinen Daten zu zweifeln. Man kann aber auch mit Richtigkeiten in die Irre führen. Das Buch, das der Verlag seinerzeit (2005) als Bestseller bewarb, belegt heute gut Verblendungen westdeutscher Einigungsgegner.

Für die deutsche Einheit hat Müller einen eindeutigen Maßstab. »Für Fortschritte im Osten kann es nur einen echten Maßstab geben: In welchem Umfang ist es gelungen, die fortgesetzte Abhängigkeit von den Geldfusionen des Westens zu verringern?« Im Krankenhaus richtet sich die Abhängigkeit von Fusionen nach dem Genesungszustand des Patienten. Müller aber hält die Fusionen für die Ursache der Krankheit. »Die Politik des vielen Geldes hat kranke Strukturen geschaffen.«[83] Und er stellt eine Prognose. Sinkende Fördergelder und der demographische Wandel werden »den Aufbau Ost in Trümmer legen«,[84] und zwar spätestens 2020. Der »Supergau deutsche Einheit« werde ganz Europa in Mitleidenschaft ziehen. Müllers Weltuntergangsprognosen sind blühender Unsinn. 2020 läuft der Solidarpakt II aus, der im Wesentlichen Infrastrukturprojekte finan-

---

161). Ich danke für das Kompliment. Nächstes Mal lassen wir den SED-Ökonomen den Vortritt – oder Wolfgang Herles.

83 Müller, *Supergau* (vgl. Anm. 17), S. 217.

84 Ebd., S. 220.

ziert und bis dahin Jahr für Jahr sinkt. Mit Sozialtransfers hat er gar nichts zu tun. Es wird also keine plötzlichen Entzugserscheinungen geben. Wenn aber Müller vom Ende des Solidarpakts 2020 das Ende des Aufbaus Ost erwartet, ist schwer zu verstehen, warum er ihn sofort beseitigen will (»Weg mit ihm«).[85] Unser größter Denker ist er nicht.

Wir können getrost das Jahr 2020 erwarten, müssen aber bis dahin sehr viel tun. Das wird auch geschehen, weil Einsichten in das Notwendige in der Demokratie zwar langsam, aber stetig wachsen, während sie in der Diktatur wirksam verdrängt werden können.

Und soll dieser »echte Maßstab« auch für das Saarland und für Bremen gelten? Wahrscheinlich nicht. Die hängen zwar auch am Tropf, sind aber »Westen«. In Müllers Kopf besteht Deutschland nämlich nicht aus sechzehn Bundesländern, sondern nur aus zwei. Das eine heißt Westen, das andere Osten. Im Osten, sagt er, muss endlich Schluss sein mit der Kleinstaaterei. Zwei östliche Bundesländer genügen.[86] Und wie steht's mit der westlichen Kleinstaaterei? Ich sage voraus, dass die noch schwerer zu beheben sein wird als die östliche.

Hätte man alles richtig gemacht, wäre der Osten heute nicht mehr von Transfers abhängig. Die drei größten Fehler sind nach Müller: die schnelle Währungsunion, die Tatsache, dass den Ostdeutschen das Treuhandvermögen nicht überlassen wurde, und die Sozialunion. Müller schildert breit, plastisch und zutreffend den maroden Zustand der DDR-Betriebe vor 1990. Wie aus dieser Konkursmasse durch Übergabe an die DDR-Bevölkerung Goldesel hätten werden sollen, bleibt sein Geheimnis.

---

85 Ebd., S. 230.
86 Ebd., S. 233.

»Das Sozialstaatsmodell? Eine Wachstumsbremse!«[87] Er hat ganz richtig erkannt, dass der größte Teil des Transfers Sozialtransfer ist: Geld für Rentner und Arbeitslose. Hätte man die Rentner und Arbeitslosen im Osten weitaus schlechter gestellt als die im Westen, dann hätte man viel Geld gespart, denkt sich Ökonom Müller. Er hat dabei aber das Verfassungsgericht vergessen, vor dem solche Pläne unweigerlich scheitern würden.

Die Westdeutschen haben die Demokratie unter dem Eindruck des Wirtschaftswunders schätzen gelernt. Die Ostdeutschen mussten sie unter dem Eindruck des Zusammenbruchs ihrer Wirtschaft schätzen lernen, was schwieriger ist. Dass die Akzeptanz von Demokratie und Marktwirtschaft am besten gelingt, wenn sie mit Verarmung einhergeht, ist eine kühne These. Die ersten Arbeitsämter entstanden in der DDR Anfang 1990, besetzt mit SED-Genossen. Die haben den Arbeitslosen gern gesagt: »Ihr wolltet doch den Kapitalismus, jetzt lernt ihr ihn kennen.« Nach Müllers Rat hätten sie ihn noch viel drastischer kennenlernen sollen. Die PDS wäre ihm für solche Wahlhilfe sehr dankbar gewesen – und die NPD auch. Doch so weit denkt unser Ökonom wohl nicht.

Weil Müller die Schwarzmalerei liebt, stören Erfolge sein Bild vom Aufbau Ost als »Geldvernichtungsprogramm«[88]. Die Milliarden-Investitionen in Telefon, Erdgas, Kanalisation (hatte ich alles 1990 noch nicht), das Gesundheitswesen, die Bausubstanz, die Wärmedämmung, Straßen und Schienen sowie die Beseitigung von Umweltschäden (lebensgefährliche waren es beim Uranbergbau) sind einmalige Ausgaben. Diese Milliarden sind nicht vernichtet, sondern so gut angelegt, dass man's sogar sieht. Da ist ein kostspieliger

87 Ebd., S. 197.
88 Ebd., S. 152.

Nachholbedarf tatsächlich gedeckt. Bei Müller ist das alles nicht der Erwähnung wert.

Zum Zweck der Dramatisierung nimmt Müller als Messgröße für den Aufbau Ost gern die Zahlen aus der DDR-Zeit, obwohl er doch genau weiß, dass damals die Arbeitsproduktivität bei 30 Prozent West lag, sich also sehr viel ändern musste. Kanzler Schröder hat 2004 die Stralsunder Werft besucht und erklärt: »Es gibt längst das, was immer verlangt wird – Wachstumskerne.« Kommentar Müller: »Dass die moderne Werft in der Hansestadt … von einst 6000 auf 1300 geschrumpft ist – kein Referent hat es ihm aufgeschrieben.«[89] Sehr geehrter Herr Müller, weil sie geschrumpft ist und weil kräftig investiert wurde, ist sie modern. Die 6000 Beschäftigten produzierten seinerzeit Schiffe für die Sowjetunion, zu »Freundschaftspreisen«, als versteckte Reparationen. Mit diesen teuren Arbeitsbeschaffungsmaßnahmen zugunsten der teuren Genossen musste allerdings 1990 Schluss sein. »Ist die Sowjetunion unser Freund oder Bruder?« »Bruder. Freunde kann man sich aussuchen.«

»Noch immer liegt der Chemieumsatz in den neuen Ländern unter dem des Jahres 1989, der vielleicht 2007 erreicht wird.«[90] Derselbe Umsatz wird aber mit 35.600 statt mit 180.000 Beschäftigten erzielt. In dieser Differenz stecken die riesigen Modernisierungskosten und die Steigerung der Arbeitsproduktivität. Das sind jetzt krisenfeste, weltmarktfähige Arbeitsplätze, möglicherweise krisenfester als manche westlichen Arbeitsplätze der chemischen Industrie. Die 180.000 von 1989 dagegen waren hoffnungslos unwirtschaftlich. Mit solchen Kunstgriffen steuert Müller seine Pointe an: »Fünfzehn verlorene Jahre sind genug.«[91] Verloren – für

89 Ebd., S. 23.
90 Ebd., S. 86.

wen? Für mich sind es die besten meines Lebens, politisch, gesellschaftlich, wirtschaftlich.

Zu den Erfolgen beim Aufbau Ost zählt die Dresdner Elektronik-Industrie. Fachkräfte aus DDR-Zeiten, ein enger Verbund von Forschung und Industrie und auswärtige Investoren haben zu beachtlichen Ansiedlungen in der Mikroelektronik-Industrie geführt. Müller rechnet nun vor, dass die öffentliche Hand »jeden direkten Arbeitsplatz mit gut 116.000 Euro bezuschusst« habe, also ist das ein ökonomisch absurder Scheinerfolg.[92] Ich habe keinen Grund, die Zahl anzuzweifeln. Das Deutsche Institut für Wirtschaftsforschung hat aber vorgerechnet, die »1,2 Milliarden Euro an staatlichen Beihilfen für die Halbleiterindustrie in Dresden ... seien bereits Ende 2003 durch Steuern an den Staat wieder zurückgeflossen. Bis 2010, so das DIW, würden Überschüsse von sechs Milliarden Euro erwartet.«[93]

Ähnlich genial verfährt Müller beim Vergleich der neuen Bundesländer mit den anderen ehemals sozialistischen Ländern. »Die gute Nachricht lautet: Der Osten holt auf. Die schlechte: Ostdeutschland ist nicht dabei.«[94] »Wäre Ostdeutschland ein eigenständiger Staat, würde er im Club der erweiterten Union lediglich den 19. Rang einnehmen. Nur sieben Staaten – Tschechien, Ungarn, die Slowakei, Polen, Estland, Litauen und Lettland – sind leistungsschwächer.«[95] Man kann dasselbe auch so ausdrücken: In der Reihe der ehemaligen RGW/COMECON-Länder in der EU gebührt den neuen Bundesländern die Goldmedaille für Platz eins.

91 Ebd., S. 230.
92 Ebd., S. 184.
93 Der Spiegel 36/2005, S. 89.
94 Müller, *Supergau* (vgl. Anm. 17), S. 201.
95 Ebd., S.198.

An solchen Punkten erkennt man, ob jemand unparteiisch informieren oder Stimmung machen möchte. Bitte etwas mehr Selbstkontrolle beim Griff in die Datenbank. Müller lügt mit Tatsachen. Das gibt's nämlich auch. Ostdeutschland hat, wie Müller weiß, bis Mitte der 90er Jahre beachtliche Zuwachsraten erreicht,[96] ist danach aber auf vergleichsweise hohem Niveau verharrt und sogar etwas gesunken, während gleichzeitig die Wirtschaft und die Einkommen bei den östlichen Nachbarn immer noch schmerzhaft schrumpften, und zwar unter das Niveau von 1989. Nun holen sie auf, aber erreichen Ostdeutschland keineswegs. Und wenn sie aufgeholt haben, müssen sie einen Vorteil abgeben: niedrige Lohnkosten. Bei Skoda verlangen die Arbeiter schon ihren Anteil am Erfolg. Ist ja so auch in Ordnung. Wir können auf Dauer kein Interesse an armen Nachbarn haben.

Zum Vergleich von Steigerungsraten ein paar Rechenübungen. Von 100 auf 200 macht 100 Prozent Zuwachs, von 1000 auf 1100 macht 10 Prozent Zuwachs. Und 10 Prozent Verlust von 1000 macht 900. Der Erste hat mehr Zuwachs, der Zweite hat mehr Geld und, in Geld statt in Prozent gerechnet, auch noch denselben Zuwachs. Der Erste würde sofort auch mit dem Dritten tauschen. Mit solchen Zuwachsraten-Rechnungen pflegte sich die DDR gegenüber der Bundesrepublik reich zu rechnen. Prozentrechnung ist eben tückisch.

Dass der Mitteleinsatz im Osten effektiver werden, dass seine Zweckbestimmung kontrolliert und das Schuldenmachen gebremst werden muss, darin hat Müller recht. Das gilt aber für ganz Deutschland.

Ob ein Sonderwirtschaftsgebiet Ost mit Steuerpräferenzen, wie Müller vorschlägt, wirklich hilft, müssen die Fachleute

96 Ebd., S.195.

sagen. Mir ist berichtet worden, dass ähnliche Fördermaßnahmen für Westberlin seinerzeit vielen genützt haben (»Mitnahmeeffekte«), Westberlin selbst aber weniger. Bei einem spürbar niedrigeren Mehrwertsteuersatz im Osten gäbe es beachtliche Umsatzeinbrüche westlich der einstigen innerdeutschen Grenze. Wie ich uns so kenne, würde dann ein Förderprogramm für das westliche Zonenrandgebiet gefordert.

2. »Der Osten ist ein Jammertal.«

Zum 3. Oktober 2006 hat mich eine westliche Journalistin gefragt, ob sich die Ostdeutschen endgültig in ihrer Misere eingerichtet hätten. Reden wir von Ostdeutschland im Ganzen und nicht von seinen Problemzonen im Besonderen (die wir dann mit Problemzonen im Ruhrgebiet oder in Großbritannien vergleichen müssten), dann kann, was die Befindlichkeit der Ostdeutschen und ihre persönlichen wirtschaftlichen Verhältnisse betrifft, von einer Misere gar keine Rede sein. Sie sind überwiegend mit ihrer persönlichen Lage zufrieden. Und auch wenn die Gehälter nicht steigen, können sich doch viele dieses und jenes Zusätzliche leisten, sofern sie nämlich nicht das ganze Einkommen zum Monatsende fürs Laufende ausgeben müssen. Kontostand null am Monatsende, das gibt es auch im Westen, obwohl viele Ostdeutsche das nicht glauben.

Die ostdeutsche Misere war und ist eine Misere der ökonomischen Parameter, aber doch nicht ebenso eine Misere der Lebensqualität. Der Lebensstandard ist höher als der Ertrag der östlichen Wirtschaft. Oder: Im Osten übersteigen die Ausgaben der öffentlichen Hand und der gesetzlichen Sozialsysteme die Einnahmen. Es fehlt an wirtschaftlicher Dynamik. Das ist ökonomisch brisant, aber nicht politisch brisant dergestalt, dass nächstens der Aufstand gegen die

Misere ausbrechen könnte. Auf Dauer ist das aber auch politisch brisant. Das Ziel muss sein, dass nicht der Osten im Ganzen, sondern nur bestimmte Regionen im Osten am Tropf hängen, wie im Westen auch.

Sie ist eine Misere, gemessen am Ziel der Angleichung an den Westen, nicht aber gemessen am Ausgangspunkt der DDR-Verhältnisse.

Es ist deshalb völlig abwegig, sich darüber zu wundern, dass der Osten nicht in den Flammen des Aufruhrs steht.[97] Da braucht man weder typisch deutschen Untertanengeist[98] noch »Duldungsstarre«[99] zu unterstellen. Warum nicht mal die nächstliegende Möglichkeit prüfen: Sie machen keinen Aufstand, weil sie – im Kern zufrieden sind? Was zur Duldungsstarre mystifiziert wird, ist womöglich schlicht – Zufriedenheit. Was sollten sie denn auch fordern – und von wem? Ausgabenkürzungen bei der öffentlichen Hand? Dafür hat noch nie jemand gestreikt. Einen Arbeitsplatz für jeden vor der Haustür? Das gibt's nirgends in der Welt. Mehr Kinder? So verrückt ist nun doch niemand. Oder sollten sie für niedrigere Sozialtransfers kämpfen? Das hat's auch noch nie gegeben. Im Osten haben viele auch begriffen, dass die Forderung nach 100 Prozent Westlohn zur Schließung ihres Betriebes führen könnte. Da verzichten sie lieber auf etwas statt auf alles. Das ist zwar ideologisch nicht korrekt, aber sehr pragmatisch – und mir sympathisch. Sie sind nämlich keineswegs am liebsten arbeitslos.

Unbestreitbar gibt es viele Unzufriedene im Osten. Befragungen haben aber folgendes merkwürdige Ergebnis zutage

---

97 Ebd., S. 202.

98 Herles, *Wir sind kein Volk* (vgl. Anm. 16), S. 44; Bisky, *Deutsche Frage* (vgl. Anm. 2), S. 122.

99 Bisky, *Deutsche Frage* (vgl. Anm. 2), S. 118ff.

gefördert: 1990 war bei den Ostdeutschen der Typ des »aktiven Realisten« häufiger vertreten als im Westen, der nonkonformistisch-idealistische und der perspektivlos resignierte Typ seltener. Drei Jahre später hat sich die Anzahl der perspektivlos Resignierten verdoppelt (»Jammerossis«), aber zugleich die der aktiven Realisten nochmals vergrößert. Dieser gilt aber als der »modernste und zukunftsfähigste Wertetyp«.[100]

Für das Jahr 2000 hat Klaus Schroeder sowohl Befragungen als auch Statistiken in großer Zahl ausgewertet. Die Ergebnisse werden auch manchen Ostdeutschen überraschen.

Von 1993 bis 1998 ist die Zahl der Ostdeutschen, die sagen, ihre Lebensbedingungen hätten sich seit 1990 verbessert, von 48 auf knapp 60 Prozent gestiegen. Bei den Westdeutschen stieg die Zahl nur von 10 auf 20 Prozent. Gleichzeitig sank die Zahl der Ostdeutschen, die ihre Lebensverhältnisse verschlechtert sahen, von 22 Prozent auf 16 Prozent. Ergo: Die Zufriedenheit wächst.

Die Lebenszufriedenheit der Ostdeutschen erreicht, nach Lebensbereichen aufgeschlüsselt nachgefragt, etwa die westdeutschen Werte, wenn auch in verschiedenem Grade nach Altersgruppen.[101] Aber bei den Vergleichsmaßstäben gibt es Irritierungen. »Ostdeutsche sind unzufriedener als West-

---

100 Thomas Ahbe, Die Konstruktion der Ostdeutschen, in: *Aus Politik und Zeitgeschichte* 41–42/2004.

101 Schroeder, *Preis der Einheit* (vgl. Anm. 11), S. 193ff., aufgrund des Wohlfahrtssurvey 1993, 1998. – Im Jahre 2005 erreichte die allgemeine Lebenszufriedenheit auf einer Skala von 1 bis 10 im Westen den Wert 6,8, im Osten 6,1; vgl. Statistisches Bundesamt (Hrsg.), *Datenreport 2006*, S. 646 (www.destatis.de/datenreport). Von 21 europäischen Ländern nehmen die Deutschen hinsichtlich der Lebenszufriedenheit Platz 9 ein. Bei der Frage nach einer Verbesserung ihrer persönlichen Situation in den nächsten fünf Jahren neh-

deutsche, wenn sie über das gleiche Einkommen verfügen.« »Die Ostdeutschen überschätzen auch weiterhin den westlichen Standard erheblich, während die Westdeutschen das östliche Niveau unterschätzen.«[102] »Insgesamt wird die eigene wirtschaftliche Lage wesentlich positiver gezeichnet als die allgemeine, ein Trend, der sich seit Beginn der Vereinigung feststellen lässt.«[103]

Beim Vergleich der *Einkommen* macht Schroeder folgende Rechnung auf. Bekanntlich liegen die Einkommen im Osten ungefähr zwischen 70 und 100 Prozent West. Es gibt aber im Osten mehr Haushalte mit zwei Verdienern. Und die Superverdiener leben im Westen. Nimmt man aus der westlichen Einkommensstatistik die obersten 10 bis 20 Prozent raus, die im Osten fehlen, und vergleicht die Haushaltseinkommen der unteren westlichen 80 Prozent mit allen östlichen Haushalten, dann waren sie im Jahre 2000 in Ost und West im Durchschnitt etwa gleich.[104] Die überraschende Rechnung ist ein brauchbares Maß für die erreichte Angleichung.

Bei den Haushalts*vermögen* fällt ins Gewicht, dass die Möglichkeiten zum Vermögenserwerb in 40 Jahren DDR weitaus schlechter waren als gleichzeitig in der Bundesrepublik. 1990 lag das durchschnittliche Haushaltsvermögen bei 20 Prozent des westdeutschen Wertes. 2000 war er auf 42 Prozent gestiegen, zum Teil wegen der (marktbedingten) Höherbewertung von Immobilien.

Ich will das gerne an meiner Person erläutern. In der DDR mussten Grundstücke zum Einheitswert von 1937

---

men die Deutschen den letzten Platz von 25 Ländern ein. Ebd., S. 662f.

102 Schroeder, *Preis der Einheit* (vgl. Anm. 11), S. 194.

103 Ebd., S. 197f.

104 Ebd., S. 148.

plus/minus 10 Prozent verkauft werden. Ich habe ein Einfamilienhaus von 1937 gekauft (70 Quadratmeter Wohnfläche, 500 Quadratmeter Grundstück). Einheitswert: 11.800 Ost-Mark. Die eingebaute Zentralheizung hatte allein 6000 Ost-Mark gekostet. Mein Verkäufer, ein Rentner, der danach in den Westen ging (die DDR genehmigte so etwas, weil sie die Rente sparte), hat gesagt: »So viel, wie ein Wartburg kostet, möchte ich aber schon haben.« Ich habe das akzeptiert und 24.000 Ost-Mark bezahlt. Das war illegal und musste geheim geschehen, sonst wäre das Geld eingezogen worden. Das Haus gehört zu einer Siedlung, in der 300-mal das gleiche Haus steht. Nach 1990 wurden diese Grundstücke mit 300.000 West-Mark gehandelt. Ich wurde also ein Einigungsgewinnler. Dazu kam noch Folgendes: Den Hauskauf hatte ich mit Schulden bezahlt, und die wurden mit der Währungsunion halbiert. Guthaben hatte ich nur knapp 4000 Ost-Mark. Bis zu dieser Grenze wurde 1:1 umgetauscht. Da war ich schon wieder Einigungsgewinnler. Mich bedrückt das nicht so sehr, denn meine Nachbarn sind diesbezüglich auch Einigungsgewinnler. Das gibt aber niemand gern zu, denn nur wer klagt, gewinnt.

Das Geldvermögen der Haushalte hat sich im Osten bis 2000 verdoppelt, beträgt aber nur ein Drittel des westlichen Durchschnitts.[105] Schroeder rechnet vor, dass die Haushaltsvermögen im Osten 1990 dem westlichen Stand von 1955 entsprachen, in zehn Jahren aber beim westlichen Stand von 1992 angelangt sind.[106] Er spricht deshalb zu Recht von einer ostdeutschen Wohlstandsexplosion, was sich mit meinen unsystematischen Beobachtungen vollkommen deckt. Da diese Wohlstandsexplosion in der ersten Hälfte der 90er

---

105 Ebd., S. 150ff.

106 Ebd., S. 149.

Jahre erfolgte, danach aber die Einkommen nur in kleinen Schritten oder gar nicht wuchsen, kann man denselben Sachverhalt auch so beschreiben: Die Einkommen im Osten stagnieren seit zehn Jahren. Diese Darstellungsversion ist für die Jammerfritzen natürlich viel geeigneter. Die durchschnittliche Verschuldung der Haushalte ist übrigens im Osten niedriger als im Westen. Auch die Kunst, mit Schulden plus zu machen, kennt man im Osten noch nicht so ausführlich. Man ist hier gerne schuldenfrei, bisschen altmodisch, aber sympathisch, wie ich finde. Müssen wir uns diesbezüglich auch angleichen?

Aber die hohe Arbeitslosigkeit müsste doch die Ostdeutschen auf die Barrikaden bringen! Warum bricht dann nicht in westlichen Städten mit derselben hohen Arbeitslosigkeit der Aufstand aus? Die Arbeitslosigkeit ist zwar im Osten doppelt so hoch wie im Westen, aber das ist die Zahl derer, die Arbeit suchen. Im Osten ist aber die Erwerbsneigung höher als im Westen, das heißt Frauen suchen fast durchweg einen Arbeitsplatz, und zwar einen Vollzeitjob – und dies sogar häufiger als zu DDR-Zeiten, wo die Teilzeitarbeit bei Frauen verbreiteter war als heute. Die Beschäftigtenquote, also der Anteil derjenigen an der Gesamtbevölkerung, die einen Arbeitsplatz haben, liegt im Westen bei 45, im Osten bei 43 Prozent, ist aber z. B. in Thüringen höher als in Nordrhein-Westfalen. Bei den Arbeitslosenzahlen muss immer bedacht werden, dass fortwährend 18 Prozent doch nicht fortwährend dieselben betrifft. Für die meisten ist Arbeitslosigkeit eine verlängerte Arbeitsplatzsuche. Langzeitarbeitslosigkeit (d. h. mehr als ein Jahr) betrifft wohl etwa ein Drittel. Die Zahl variiert in verschiedenen Quellen wegen verschiedener Berechnungsmethoden. Unter den Langzeitarbeitslosen steigt aber die Zahl derer, die keinen Berufsabschluss oder sogar keinen Schulabschluss haben.

Die anderen haben sich nämlich bewegt, oft in Deutschlands Süden. Das alles sage ich nicht zur Verharmlosung der Arbeitslosigkeit, sondern zur Korrektur des Eindrucks, im Osten seien 18 Prozent der Bevölkerung etwa gar zehn Jahre ohne Arbeit. Im Osten gibt es eine »Unternehmenslücke« und deshalb eine »Arbeitsplatzlücke«.[107]

Man muss nicht auf Charakterfehler oder Untertanengeist rekurrieren, um zu verstehen, warum im Osten nicht der Aufstand tobt. Die Ostdeutschen finden die Lage im Osten schlimm, ihre persönliche aber ganz passabel oder gut, und deshalb sind sie zum Aufstand nicht hinreichend motiviert. Hat jemand daran etwas auszusetzen? Übrigens: Die durchschnittliche Lebenserwartung ist um fünf Jahre gestiegen, das heißt doppelt so stark wie gleichzeitig im Westen. Wen es betrifft, der weiß natürlich ganz genau, welche medizinischen Hilfen ihm heute zur Verfügung stehen, die es in der DDR nur im Regierungskrankenhaus gab. Auch auf diesem Gebiet bin ich mit einer künstlichen Hüfte ein Einigungsgewinnler. Viele andere auch, sie sagen es aber nicht.

3. »Der Osten ist ein Milliardengrab. Der Aufbau Ost führt zum Abbau West.«

Milliardengrab soll heißen: Die Transferzahlungen in den Osten sterben dort ohne Frucht und Nutzen, totes Kapital, Verschwendung. Dort wird »unser Geld« vernichtet. Ein

---

107 Vgl. Rüdiger Pohl, Ostdeutschland im 12. Jahr nach der Vereinigung. Eine Bilanz der wirtschaftlichen Transformation, in: *Aus Politik und Zeitgeschichte* 37–38/2002; ders., Gemeinsam oder gar nicht. Nur mit einer Wachstumspolitik für ganz Deutschland kommt auch der Aufbau Ost voran, in: FAZ vom 13. November 2004 (Nr. 266), S. 13.

Fass ohne Boden soll das sein, also Schluss damit. Das meiste geht sinnlos in den Konsum.

Das klingt so, als würden wir Ostdeutschen das Geld verprassen, statt uns von dem Geld Maschinen zu kaufen und endlich zu arbeiten. »Die Hälfte des östlichen Lebensstandards beruht auf Transfers.« Das klingt so, als würden wir Ostdeutschen neben dem regulären Einkommen monatlich noch einen Scheck überreicht bekommen. Das ist natürlich alles Quatsch. Wenn die Statistik besagt, dass auf jede Frau 1,5 Kinder kommen, laufen dennoch nirgends halbe Kinder herum. Genauso wenig ist für Ostdeutsche der Transfer auf ihrem Lohnzettel oder Rentenbescheid sichtbar. Sie bekommen Lohn oder Rente nach denselben Prozeduren und aufgrund entsprechender Ansprüche wie die Westdeutschen. »47 Prozent aller Erwachsenen in Ostdeutschland bestreiten ihren Lebensunterhalt aus Sozialtransfers.« Das klingt so, als würde die knappe Hälfte Geld bekommen, ohne zu arbeiten. Aber ein Altenpfleger, ein Orthopädieschuster oder eine Krankenschwester müssen für ihr Gehalt aus »Sozialtransfers« sogar ein bisschen länger arbeiten als ihre westlichen Kollegen. Es gibt doch da keine Geschenke ad personam.

Der Transfer wird für die Jahre 1991 bis 2003 mit 1280 Milliarden Euro berechnet und mit 120 Milliarden Euro pro Jahr. So hat das Ministerpräsident Stoiber seinerzeit seinen bayrischen Wählern vorgerechnet. Das ist schon mal nicht ganz richtig. Im Osten werden schließlich auch Steuern und Sozialabgaben bezahlt, in diesem Zeitraum waren das zwar bloß 300 Milliarden, aber ganz nichts ist das auch nicht. Der Nettotransfer wird deshalb mit 980 Milliarden und etwa 75,4 Milliarden jährlich angegeben, immer noch eine gewaltige Summe.

Die wichtigsten Posten sind folgende:[108]

---

108 Die folgenden Angaben entstammen dem Jahresgutachten 2004/2005

1. *Sozialpolitisch motivierte Ausgaben*, z. B. Rente, Arbeitsmarkt, Kindergeld, BAFöG: 630 Milliarden, das waren jährlich 52 Milliarden oder 64,2 Prozent des Transfers. Sie entstehen dadurch, dass die Ausgaben für diese Zwecke die entsprechenden Einnahmen, nämlich Bundessteuern und Sozialbeiträge, um diesen Transferbetrag überschreiten. Dasselbe gilt natürlich für alle wirtschaftlich schwachen Regionen, egal ob in Ost oder West, Nord oder Süd. Hier für die Betroffenen einen gewissen Ausgleich zu schaffen, der sie nicht noch stärker zum Opfer der regionalen Wirtschaftsschwäche werden lässt, ist eine der Aufgaben des Sozialstaats, dafür ist er da. Man könnte also auch den Sozialtransfer nach Duisburg bzw. ins Ruhrgebiet berechnen. Für solche Berechnungen gibt es aber gerade keine polemische Verwendung, deshalb unterbleiben sie. Die Ruhrkumpel und Stahlkocher sind außerdem immer noch als Helden des Wirtschaftswunders beliebt, da wird man ihnen doch nicht kleinlich den Sozialtransfer oder den Kohlepfennig oder andere Steinkohlensubventionen vorrechnen oder die Knappschaftsrente missgönnen. Das wäre wirklich unanständig. Sie können ja schließlich nichts dafür, dass die Montan- und Schwerindustrie dort nicht mehr blüht. Ebenso viel Großmut für die Ostdeutschen, das geht aber zu weit.

Nun hat aber jeder Bundesbürger unabhängig vom Wohnort ein Recht auf diese Sozialleistungen. Deshalb sehe ich nur zwei Möglichkeiten, diese Transfers zu senken. Entweder gibt es mehr Arbeitsplätze und Steuereinnahmen im Osten durch weitere Wirtschaftsförderung, oder die Rentner und Arbeitslosen ziehen um, in den Westen. Dann kosten sie zwar genauso viel, aber es ist kein Transfer mehr.

---

des Sachverständigenrates zur Begutachtung der gesamtwirtschaftlichen Entwicklung, S. 466. Es ist im Internet zugänglich.

2. *Ausgaben für den Ausbau der Infrastruktur*, z. B. Straßen, Schienen, Wasserstraßen, Wohnungs- und Städtebau: 160 Milliarden Euro, also etwa 13 Milliarden pro Jahr oder 16,3 Prozent. Wo das Geld geblieben ist, kann man sehen. Im Osten ist der von der DDR hinterlassene Verfall der Infrastruktur im Wesentlichen aufgeholt. Östliche Landespolitiker sehen natürlich noch erheblichen Nachholbedarf. Das liegt aber an dem Grundsatz: Nur wer klagt, gewinnt.

Zudem ist durch Abschreibungsmöglichkeiten der Gebäudebestand von Grund auf saniert worden. Das muss sich doch auch irgendwie madig machen lassen. Richtig: Das sind »potemkinsche Dörfer«[109], also bemalte Bretter, hinter denen – nichts ist. In Wahrheit ist auch hinter den Fassaden aufgeräumt worden. Qualität und Größe der Wohnungen haben sich ungemein verbessert. »Potemkinsche Dörfer« hieß bisher: Planken, hinter denen niemand wohnen kann. Aber so ist es ja nicht. Nun soll es offenbar heißen: Wenn eurem Landstrich die Wirtschaftskraft fehlt, dann wohnt gefälligst auch in Ruinen. Vielen Dank für so viel Mitgefühl. Irgendwo habe ich tatsächlich gelesen, in anderen osteuropäischen Ländern seien die Einkommen niedrig und der Wohnungsstandard auch. Es sei für die Ostdeutschen eine zusätzliche Demütigung, in herrlich hergerichteten Städten arbeitslos zu sein. Darauf muss man erst mal kommen.

Manche beklagen, dass nun die Infrastruktur oft moderner sei als im Westen. Hotels mit dem Charme der 80er Jahre gibt es nun tatsächlich nur noch im Westen. Das liegt daran, dass die Kunst, auf 20 Jahre alt zu renovieren, noch nicht erfunden ist.

---

109 Herles, *Wir sind kein Volk* (vgl. Anm. 16), S. 68; Der Spiegel 15/2004, S. 37.

Der Ausbau der Infrastruktur kommt ostdeutschen Unternehmen zugute, aber auch westliche Bauriesen verdienen kräftig mit. Weil der Ausbau der Infrastruktur ein endliches Unternehmen ist – Klärwerke und Kanalisation mussten nur einmal gebaut oder erneuert werden –, sind nach dem Ende des Booms auch Ostunternehmen eingegangen – traurig, aber unvermeidlich. Wer sich keine Gelegenheit zum Klagen entgehen lassen will, kann natürlich auch den Rückgang der Bauaktivitäten als Versagen des Aufbaus Ost anklagen.

3. *Ausgaben für Wirtschaftsförderung*: 90 Milliarden Euro, also etwa 7 Milliarden pro Jahr oder 9,2 Prozent. Das sind staatliche Unterstützungsgelder für private Unternehmen, die in Ostdeutschland Arbeitsplätze schaffen.

4. *Sonstige Ausgaben*, nämlich für die Einrichtungen des Bundes in den neuen Bundesländern, wie die Bundeswehr, das Bundesverwaltungsgericht in Leipzig, das Bundesarbeitsgericht in Erfurt, das Bundesumweltamt in Dessau usw., mit insgesamt etwa 77.000 Beschäftigten (1996): 105 Milliarden Euro.

Der letzte Posten ist besonders lustig, weil hiervon sogar weniger Geld in den Osten fließen dürfte als in den Westen. Pro Kopf der Bevölkerung gibt es im Osten zum Beispiel weniger Soldaten. Die Rechnung geht nun so: Ein Bundeswehroffizier in Leipzig ist Transfer, einer in München nicht. Ein Bundesrichter in Leipzig ist Transfer, einer in Karlsruhe nicht.

Man könnte auch den »Transfer« von Bundesgeldern für die Bundeswehr in Bayern berechnen. Und warum nur den Autobahnbau im Osten Transfer nennen und nicht auch den im Westen? Die gesetzliche Grundlage ist dieselbe. Merke: Transfer sind die Bundesmittel in den Osten, die Bundesmittel in den Westen dagegen sind eine Selbstverständlichkeit.

Diese Rechnungen setzen voraus: Wenn sich morgen die Erde öffnete und Ostdeutschland mit Mann und Maus verschlänge, würden wir jährlich 120 Milliarden Euro sparen, zumal Grabpflegekosten nicht anfallen würden. Man würde auch einiges sparen, wenn der Erdboden das Saarland verschlänge. Diese Transferrechnungen sind Rechnungen am Maßstab unseres kollektiven sozialverträglichen Ablebens. Es handelt sich um die Berechnung der Kosten nutzloser Esser. Warum wohl fühlen sich viele Ostdeutsche immer noch als Bürger zweiter Klasse?

Aber selbst diese Rechnung haut nicht hin. Ich habe mir 2007ein neues Auto gekauft. Mein Gehalt bezahlt das Land Berlin, und da Berlin im Länderfinanzausgleich zu den Nehmerländern gehört (wie Bayern bis 1986), steckt also in meinem Gehalt ein bisschen Transfer. An meinem Autokauf hat der Händler vor Ort etwas verdient. Da mein Gehalt transferverseucht ist, ist dessen Verdienst nun auch ein bisschen transferbedingt, also nicht echt verdientes Geld. Der Arme ahnt das gar nicht. Ich selbst habe die Mehrwertsteuer bezahlt. Ein bisschen habe ich also auch den Transfer mitbezahlt, aber ein bisschen davon ist wiederum Transfergeld gewesen. Ich habe also Transfer mit Transfer bezahlt. Die Sache wird irgendwie unübersichtlich. Aber nun kommt der Hauptposten, das Auto selbst (ich war unbescheiden: 28.000 Euro!). Es kommt aus dem Westen. Ich habe also die westdeutsche Konjunktur belebt, dort einen Arbeitsplatz sichern geholfen und die dortige Unternehmenssteuer mitfinanziert.

Fazit: Das »Fass ohne Boden« hat im Boden ein Rohr, da fließt einiges in den Westen zurück, und gar nicht so knapp. Es gibt dazu Berechnungen. Man braucht nur einen beliebigen Supermarkt oder Baumarkt im Osten zu besichtigen, um festzustellen, dass das wie ein riesiger Absatzmarkt für Westprodukte ist. Die Verkäufer sind Ostdeutsche. Aber die

Eigentümer und Produzenten wohnen im Westen und zahlen die meisten Steuern vermutlich dort. Der West-Ost-Transfer ist jedenfalls auch ein kräftiges Nachfrageprogramm für die westliche Wirtschaft. Aber das klingt ja ganz erfreulich! Deshalb muss man das sofort anders ausdrücken: »Jährlich liefert Westdeutschland rund 4,6 Prozent seines Warenausstoßes im Osten ab.«[110] Ist ja wirklich gemein, wo doch VW seine produzierten Autos am liebsten immer für sich behält, wie ein Maler seine Bilder.

An jenem Kraterrand müsstet ihr deshalb spürbare Absatzeinbußen hinnehmen und steigende Arbeitslosenkosten. Die heißen neuerdings Sozialtransfer, also hättet ihr ihn wieder, den Sozialtransfer.

Aber auch der Sozialtransfer bleibt wirtschaftlich nicht untätig, ist also keineswegs versenkt und begraben. Die Rentner geben ihr Geld ja aus, und zwar regelmäßig im Supermarkt (dazu siehe oben). Vielleicht hat einer ein Haus und lässt sich eine neue Heizung einbauen. Davon profitiert der örtliche Handwerker (ein Teil seines Lebensstandards ist dadurch auch »transferbedingt«, und er dachte doch, er würde für sein Geld echt arbeiten). Jetzt löst der Sozialtransfer eine echte Wertschöpfung im Osten aus! Der neue Heizungskessel aber dürfte aus dem Westen kommen (dazu siehe oben).

Die Wirtschaftsförderung soll privates Kapital in den Osten locken. Ob die Instrumente optimal gewählt sind, beurteile ich nicht. Jedenfalls werden hier erhebliche Mittel eingesetzt, und die fehlen doch der westlichen Wirtschaft. Auch diese Rechnung stimmt nicht ganz. Die staatlichen Zahlungen, die direkt die östliche Wirtschaft fördern sollen, sind nämlich zu einem stattlichen Teil kreditfinanziert. Der

---

110 Steingart, *Abstieg* (vgl. Anm. 68), S. 24. Er verwechselt dabei allerdings Bruttosozialprodukt und Warenausstoß.

Staat hat sich dafür verschuldet. Diesen Teil zahlen also nicht die Westdeutschen – da rühmen sie sich zu Unrecht einer Wohltat –, sondern unsere Kinder und Enkel. Seit der deutschen Vereinigung sind die Schulden der öffentlichen Hand aber weitaus höher gestiegen, als für diesen Teil der Einheitskosten gebraucht wurde, manche sagen: doppelt so hoch. Man hat bei der Gelegenheit also gleich zweimal zur Pulle gegriffen. Bitte, für den zweiten Schluck sind die Ostdeutschen aber nicht verantwortlich. Die hohe Staatsverschuldung belastet in der Tat den Staatshaushalt und engt den disponiblen Teil der öffentlichen Finanzen erheblich ein. Aber die Alternative, nämlich die Einigungskosten zum erheblichen Teil durch Steuern zu finanzieren, war ja 1990 ausgesprochen unbeliebt. Wer A nicht will, muss B hinnehmen, so ist das nun mal in unserer Welt. »Wir konnten sie ja schließlich nicht nach Polen abschieben«, habe ich einen Westpolitiker die Vereinigung rechtfertigen gehört. Da hatte er allerdings vollkommen recht.

Wollte man die Wirtschaftsförderung Ost kräftig reduzieren, würde das unweigerlich die Sozialkosten erhöhen, vor allem im Osten, aber auch im Westen, nämlich mehr Arbeitslose, aber weniger Steuern und Beiträge. Eine zielgenaue Wirtschaftsförderung wäre am Ende nicht nur humaner, sondern auch rentabler.

Wenn schon Transfers aufgerechnet werden, dann soll man bitte auch den Ost-West-Transfer an »Humankapital« einbeziehen. Die Tüchtigsten und Beweglichsten gehen in Deutschlands Süden oder nach Hamburg und befördern dort den Aufschwung West, verdienen gut und zahlen in die Transfertöpfe. Seit 1945 geht das nun schon so. Das westliche Wirtschaftswunder hat enorm davon profitiert, dass massenhaft hochqualifizierte Fachleute die DDR verlassen haben, weil sie sich dort nicht entfalten konnten oder gar verfolgt wurden. Anfangs brachten sie Patente und eingeführte Firmennamen und viel Know-how mit.[111] Ein Audi-Museum gibt es heute in Zwickau und in Ingolstadt, aber nur in Ingolstadt wird produziert. Würden alle Unternehmen und Banken, die einmal in Ostdeutschland zu Hause waren, zurückkehren, hätten wir keine Probleme mit dem Aufbau Ost, dafür aber einen Aufschrei West. Keine Angst, das wird nicht passieren. Aber dann ist weiter Transfer nötig, auch damit im Osten neue Unternehmen entstehen können, wenn denn die alten nicht zurückkommen. Neue Unternehmen entstehen, wenn man im Osten Gewinn machen kann, sonst nicht.

In den Aufbau Ost ist sogar noch viel mehr geflossen als die hier aufgelisteten Transferzahlungen: die Investitionen der Alteigentümer in ihre Häuser und der Neueigentümer in ihre Ostbetriebe. Dazu kommen die Investitionen in das Telefonnetz (von 2 auf 10 Millionen Anschlüsse erweitert; Kosten: 25 Milliarden Euro)[112], das Erdgasnetz oder die Kanalisation. Natürlich werden die Anschlusskosten den Ostdeutschen nicht etwa geschenkt, die bezahlen sie wie die Westdeutschen die ihren.

Das Verhältnis zwischen der wirtschaftlichen Entwicklung in West und Ost ist kompliziert. Die Auswirkungen der Finanzkrise waren im Westen stärker als im Osten, weil der Westen stärker exportorientiert ist. Aus demselben Grund wirkt sich der gegenwärtige Aufschwung im Westen stärker aus als im Osten. Aber auch der Osten profitiert. Und der Westen profitiert kräftig von den Fachkräften aus dem Osten.

---

111 Vgl. Dagmar Kift, Strukturwandel durch Ostflüchtlinge, in: FAZ vom 7. März 2006 (Nr. 56), S. 8.

112 In der DDR wurde das Telefonnetz künstlich klein gehalten, weil man sonst mit dem Abhören nicht nachkam.

Es gibt eindrucksvolle Listen von Schildbürgerstreichen, Verschwendung und Ärgerem beim Aufbau Ost. Das ist zwar alles ärgerlich und manchmal kriminell gewesen, aber doch nicht die Ursache dafür, dass der ersehnte selbsttragende Aufschwung bisher ausgeblieben ist. Die Kriminalitätsrate beim Aufbau Ost ist erstaunlich niedrig und wird von dem, was da weiter östlich passiert ist, weit in den Schatten gestellt.

Deshalb befördern die sehr beliebten Artikel zum Aufbau Ost unter der Rubrik Pleiten, Pech und Pannen eher die unterhaltsame Entrüstung als weiterführende Einsichten. Was da aufgezählt wird, hatte teils vermeidbare, teils unvermeidbare Ursachen. Anfangs waren die Erwartungen über das Tempo des Aufholprozesses viel zu hoch. Westliche Ratgeber haben ostdeutschen Unternehmensgründern nicht selten völlig unrealistische Absatzmöglichkeiten vorgerechnet. Die haben dann zu groß investiert und gingen in die Pleite, als der Gewinn unter den Tilgungskosten blieb. Ich erwähne das nur zum Beweis, dass östliche Pleiten nicht immer ostdeutschen Unfähigkeit beweisen. Durch solche unrealistischen Prognosen entstanden leer stehende Gewerbegebiete und überflüssige Büroflächen. Oft saß auch anfangs das Geld sehr locker. Und bis heute werden Projekte irgendwo hingesetzt nur deshalb, weil sie unsinnigerweise förderungsfähig sind. Mein Eindruck ist folgender: Projekte, die nachhaltig Arbeitsplätze schaffen, sind schwerer zu beschaffen als Fördergelder. Gerhard Jahn, der ehemalige Justizminister und ein selbstloser Berater für Brandenburg, hat mir das schon 1990 erklärt: Nicht Geld ist das Hauptproblem, sondern erfolgreiche Projekte zu erfinden.

Und es gab absurde Elemente in den Förderrichtlinien. Eine Kirchengemeinde wollte Anfang der 90er Jahre ihren Kindergarten auf das Doppelte der Quadratmeterzahl pro

Kind erweitern. Alle wären zufrieden gewesen. Aber Fördermittel gab es nur bei Verdreifachung, denn das war der westliche Standard. Heute dürfte der Kindergarten wegen des Geburtenrückgangs zu groß sein. Oft gab es eine unheilige Allianz zwischen unerfahrenen Kommunalpolitikern Ost und großkotzigen Westlern. Noch öfter gab es gute und sehr gute Kooperationen. Aber die erscheinen nicht in den Skandalgeschichten. Massenweise wurden Kläranlagen von westlichen Firmen viel zu groß konzipiert. Denn sie bekamen Prozente. Anfangs fehlten noch die demokratischen Kontrollinstitute, wie Kommunalaufsicht und Rechnungshöfe. Es gab hier aber auch einen unaufhebbaren Zielkonflikt zwischen erwünschtem Tempo und erwünschter Kontrolltiefe. Und eine Ordnung der Freiheit kann aus prinzipiellen Gründen den unvernünftigen Gebrauch der Freiheit nicht ausschließen, sondern nur darauf bauen, dass die Freiheit der Meinung und der Medien ihn korrigiert. Dass Zentralismus Unfug besser verhindert, das ist allerdings durch die Erfahrungen in der DDR widerlegt worden. Man kann nämlich, wie Karl Popper einmal bemerkt hat, Macht nahezu unendlich akkumulieren, nicht aber Kompetenz, so dass, wenn am Ende einer über alles entscheidet, er zumeist falsch entscheidet. Dafür hat das Politbüro weit mehr Beweise geliefert, als irgendjemandem lieb sein kann. Im Übrigen bietet der Bund der Steuerzahler seit Jahrzehnten alljährlich ein Verzeichnis von Schildbürgerstreichen und Geldverschwendungen, erst exklusiv West, nun aus beiden Teilen. Es war eine abstruse Erwartung, dass mit dem Fall der Mauer in Deutschland schlagartig die Dummheit und der Eigennutz verschwinden würden. Für diejenigen Ostdeutschen, die sich für die moralischeren Deutschen halten, habe ich einige unangenehme Tatsachen: die beachtlichen Betrügereien mit Transferrubeln bei der Währungsunion, die Schiebereien mit dem SED-Vermögen, die bis heute noch nicht vollständig aufgeklärt sind, und die Gaunereien bei der Umwandlung der LPGs. Ein schwacher Trost: Weiter östlich wurde noch viel mehr betrogen und ergaunert.

Die Berichte über Pleiten, Pech und Pannen sind aber oft angereichert mit Scheinskandalen. Für Radwege wird das Geld im Osten verplempert! »Herrlich, diese Alleen im Osten, wie in unsrer Kindheit«, schwärmen viele Westdeutsche. Ja, warum sind denn die Alleen im Westen verschwunden? Weil der Verkehr enorm zunahm und die Verkehrstoten auch. Also wurden die Straßen verbreitert und die Alleen abgeholzt. Im Osten wird öfter eine billigere Variante gewählt, die die Alleen erhält und Menschenleben auch noch: statt Verbreiterung der Straße ein Radweg neben der Allee. Die Zahl der Verkehrstoten ist nach 1990 im Osten sprunghaft gestiegen, nun aber stark rückläufig.

»Da wird erst mit Steuergeschenken in dreistelliger Milliardenhöhe der Bau von Wohnungen angekurbelt, dann werden diese wieder mit Steuergeldern abgerissen.«[113] Dass das dieselben Häuser betrifft, stimmt natürlich nicht. »Stadtrückbau« ist aus drei Gründen notwendig. Zunächst wurde, der Wohnungsnot wegen, der Bedarf an neuen Wohnungen überschätzt. Propheten waren damals rar, also hat man weder das Ausmaß des Geburtenrückgangs noch die fortwährende Abwanderung in Rechnung gestellt. Und: Die leeren Hauser stehen meist am falschen Ort. Die Industriestandorte, deretwegen in der DDR riesige Neubaustädte auf die Wiese gesetzt wurden (Halle-Neustadt, Eisenhüttenstadt, Schwedt, Hoyerswerda-Neustadt), waren ganz von den Verhältnissen im RGW/COMECON abhängig und mussten mit diesem

113 Müller, *Supergau* (vgl. Anm. 17), S. 152.

verschwinden. Die Menschen, die seinerzeit der Arbeit wegen dorthin gezogen waren (auch in der DDR gab es Umzug zur Arbeit), müssen nun der Arbeit wegen woandershin ziehen. Das gehört zum Unvermeidbaren. Hoyerswerda wuchs zu DDR-Zeiten durch die Errichtung des Braunkohleveredelungswerks »Schwarze Pumpe«. Da Erdöl knapp war, musste die einheimische Braunkohle als Grundstoff für die chemische Industrie dienen. Das war zwar teurer und eine riesige Umweltzerstörung, aber alternativlos, solange der Devisenmangel den Zugang zum Weltmarkt versperrte. Also wuchs Hoyerswerda von 7000 auf 71.000 Einwohner. Der Mauerfall mit seinen Folgen war das Todesurteil für »Schwarze Pumpe«. Heute hat Hoyerswerda etwa 44.000 Einwohner. Das ist kein Skandal, sondern ein Problem, ein unvermeidliches. Man kann nicht die Mauer wegreißen und das Echo stehen lassen.

Das größte Problem beim Aufbau Ost ist dies, dass es sich um eine nachholende Modernisierung bei gesättigten Märkten handelt.[114] Die Chancen für das produzierende Gewerbe bestanden deshalb einerseits in neuen Produkten, die es bisher nicht gab (z. B. Biotechnologie, Medizintechnik) – das können hochspezialisierte, forschungsnahe Unternehmen leisten, die naturgemäß klein sind –, oder in Produkten, die es schon gibt, nun aber billiger. Das verlangt hochgradige Automatisierung, hohen Kapitaleinsatz, bringt aber nur wenige Arbeitsplätze. Der einfache Weg, im Osten einfach noch mehr von dem zu produzieren, was im Westen bereits produziert wurde, war dagegen meist versperrt. Im Osten

114 Rolf Reißig hat das hervorgehoben in dem Aufsatz: Anspruch und Realität der deutschen Einheit, in: Bahrmann / Links, *Am Ziel vorbei* (vgl. Anm. 37), S. 293ff.

gab es genügend Facharbeiter für weitere Autofabriken (inzwischen sind sie wahrscheinlich weggezogen), aber wo hätten sich Käufer für die zusätzlichen Autos auftreiben lassen? Wegen fehlenden Bedarfs in Deutschland und der Welt konnten in Ostdeutschland nicht proportional ebenso viele Großbetriebe entstehen wie im Westen vorhanden. Das drückt auf die durchschnittliche Arbeitsproduktivität. Sie hat sich seit 1990 verdoppelt, stagniert aber nun. Auch diese Angabe kann die Phantasie in die falsche Richtung lenken. Manche denken, im Westen brauchten die Leute für dieselbe Arbeit nur zwei Drittel der Zeit. Die müssen faul sein im Osten. Man müsste sich aber dann wundern, warum ostdeutsche Arbeitnehmer im Süden gesucht sind. Ostdeutsche Handwerker sind inzwischen längst so flott wie westdeutsche und mit Maschinen genauso ausgestattet. Aber größere Betriebe können viel produktiver arbeiten als kleinere, weil sie ganze Werkhallen mit Automaten vollstellen, die von wenigen Arbeitern kontrolliert werden. Riesige Investitionen, hohe Produktivität, wenig Arbeiter. Das erhöht statistisch die westliche Arbeitsproduktivität, macht aber westliche Arbeiter nicht fleißiger. Die Differenz in der Arbeitsproduktivität ist also nur eine Spiegelung des Defizits an großen Betrieben im Osten und nicht ein zweiter Missstand daneben. Im Osten sperrt sich niemand gegen die Errichtung von Großbetrieben. Sie wollen bloß leider nicht kommen.

Die Defizite des Aufbaus Ost, die zu Recht am Ziel einer weitgehenden Unabhängigkeit vom Westtransfer bemessen werden, sollten doch nicht übersehen lassen, was geleistet werden musste, um überhaupt den heutigen Stand zu erreichen. Das heutige Wirtschaftsleben im Osten besteht im Wesentlichen aus Neugründungen und Modernisierungen, die Neugründungen gleichkommen. Man sollte einmal einen Fotoband publizieren von 100 Unternehmen: Ansicht von 1989,

Ansicht von heute. Von ostdeutschen Städten gibt es bereits solche vergleichenden Fotobände. Sie sind zum Staunen.

Es ist wahr: Es gibt im Osten noch zu wenig Unternehmen, auch in der Industrie. Aber die es gibt, sind hochmodern und effektiv. Wer lediglich feststellt: »Nur 15 Prozent aller Ostbeschäftigten arbeiten überhaupt in der Industrie, im Westen sind es doppelt so viele«[115], führt die Leser in die Irre. Denn die »ostdeutsche Industrie wächst kräftig, der Rezession in Deutschland zum Trotz. Die Produktion stieg von 1995 bis 2003 um 59 Prozent (Westdeutschland: 2 Prozent).« Das belegt spürbare Erfolge der Wirtschaftsförderung.[116]

Dass der Aufbau Ost und namentlich die dafür aufgenommenen Schulden Mittel binden, die für andere Zwecke nicht zur Verfügung stehen, ist klar. Dass die westdeutsche Wirtschaft Mitte der 90er Jahre an Schwung verlor, hängt aber sicher auch mit verschlepptem Reformbedarf zusammen. In welchem Maße, das mögen andere berechnen. Die OECD hielt 2006 zwei Drittel der deutschen Wirtschaftsschwäche für einigungsbedingt.

Inzwischen ist die öffentliche Empörung über die Höhe des Transfers weitgehend verstummt. Und das hängt auch damit zusammen, dass der Transfer erheblich zurückgegangen ist. Wenn Transfergelder überflüssig werden, ist das in der Regel der Beweis für ihre Berechtigung zuvor.

---

115 Steingart, *Abstieg* (vgl. Anm. 68), S. 246. Rüdiger Pohl nennt für 2003 andere Zahlen: 16,4 Prozent im Osten und 22,8 Prozent im Westen: ders., Gemeinsam oder gar nicht. Nur mit einer Wachstumspolitik für ganz Deutschland kommt auch der Aufbau Ost voran, in: FAZ vom 13. November 2004 (Nr. 266), S. 13.

116 Ebd.

Das Leistungsbilanzdefizit in den östlichen Bundesländern (d. h. die Differenz zwischen Verbrauch und Wertschöpfung dort) ist von 100 Milliarden Euro 1995 auf 60 Milliarden Euro 2009 gesunken. In Prozent des östlichen Bruttoinlandsprodukts ist es von 75 Prozent 1991 auf 20 Prozent 2009 gesunken, wobei der größere Teil dieses Defizits bei den Sozialleistungen anfällt, also Folge der Überalterung des Ostens ist. Man könnte auch sagen: Folge der Tatsache, dass viele unserer tüchtigen jungen Ostdeutschen den Aufschwung Süd und den in Hamburg fördern und also dort Steuern und Abgaben zahlen. Wenn dieses Geld dann zu ihren Eltern, die Rentner sind, gelangt, ist das »Transfer«. Das ist aber doch dann so recht und billig und kein Gnadengeschenk oder Almosen![117]

Ich habe für die Transfers folgende Metaphern gefunden:

1. »Schmerzstillende Medikamente« (Karl Schiller[118]), das heißt: Arbeitslosengeld und ABM machen nicht gesund, aber die Krankheit (den wirtschaftlichen Zusammenbruch) erträglicher.
2. »Soziale Abfederung« (allgemein), das heißt Schonung für die Knochen auf holprigem Weg.
3. »Schweigegeld« (Uwe Müller[119], Jens Bisky[120]), das heißt dem Zeugen eines Verbrechens, hier der verfehlten Einigungspolitik, wird der Mund mit Geld gestopft.
4. »Ablasshandel« (Uwe Müller[121]), das heißt der Sünder (West) schiebt Geld rüber, statt tätige Buße zu tun.

---

117 Paqué, *Gewachsen, aber gefährdet* (vgl. Anm. 32), S. 30.
118 Schiller, *Der schwierige Weg*, S. 41 (vgl. Anm. 23).
119 Müller, *Supergau* (vgl. Anm. 17), S. 202.
120 Bisky, *Deutsche Frage* (vgl. Anm. 2), S. 88.
121 Müller, *Supergau* (vgl. Anm. 17), S. 215.

5. »Schutzgeld« (Wolfgang Herles[122] für den Solidaritätsbeitrag), das heißt die Mafia (der Staat) erpresst unter Androhung brutaler Gewalt Geld von seinen Bürgern.
6. »Kopfsteuer« (Gabor Steingart[123] für den Solidaritätsbeitrag), soll heißen der Kolonialherr Ost vergreift sich am kärglichen Besitz der Wessis im Urwald.

Sage mir, woher du deine Metaphern nimmst, und ich sage dir, was für ein Mensch du bist.

4. »Es ist ein Skandal, dass die Löhne im Osten immer noch niedriger sind als im Westen.«

Ich halte das nicht für einen Skandal. Mein Einkommen ist auch etwas niedriger als das meiner Westkollegen an derselben Universität. Eine vollständige Angleichung wäre nur durch Erhöhung des West-Ost-Transfers möglich. Der Satz »Gleicher Lohn für gleiche Arbeit« bedarf nämlich einer Ergänzung: bci gleichen Umständen, namentlich bei gleicher Ertragslage. Wir haben kein Politbüro mehr, das Löhne und Preise einheitlich festlegt – und dann in die Schuldenfalle läuft. Ich bin mit ca. 90 Prozent völlig zufrieden, vergleiche gern mit meinem DDR-Gehalt und habe im Übrigen bis heute nicht verstanden, warum ein Professor Weihnachtsgeld und Urlaubsgeld bekommt. Beides ist doch nur für diejenigen gerechtfertigt, bei denen am Monatsende das Gehalt durch die laufenden Ausgaben verbraucht ist – und deshalb inzwischen berechtigterweise abgeschafft.

---

122 Herles, *Wir sind kein Volk* (vgl. Anm. 16), S. 80.
123 Steingart, *Abstieg* (vgl. Anm. 68), 243.

5. »Die Renten sind im Osten ungerecht hoch.«

Das ist an vielen westdeutschen Stammtischen der größte Einigungsskandal: Die Renten sind im Osten höher als im Westen. Wir zahlen denen höhere Renten als uns selber, bei aller Liebe, das geht zu weit. Richtig. Das ginge zu weit – wenn's so wäre.

Die Statistik sagt, es ist so: 2006 liegen die durchschnittliche Männerrente Ost 5,4 Prozent und die durchschnittliche Frauenrente sogar 29 Prozent über den entsprechenden westlichen Durchschnittsrenten. Und das ist doch nicht gerecht!

Man kann durch richtige Statistiken ganz schön in die Irre geführt werden, zum Beispiel durch das harmlose Wörtlein Durchschnitt. Durchschnitt wovon genau?

Bekommt also ein Maurer Ost nach 40 Arbeitsjahren eine höhere Rente als der Maurer West nach 40 Arbeitsjahren? Nein. Ostdeutsche bekommen bei derselben Erwerbsbiographie (genauer bei derselben Anzahl von Entgeltpunkten, was nicht ganz dasselbe ist) eine etwas niedrigere Rente, weil die Entgeltpunkte bei Ostrentnern niedriger bewertet werden als bei Westrentnern (2006: 22,97 Euro und 26,13 Euro; 2013: 25,74 Euro und 28,14 Euro). Nach 45 Beitragsjahren hat deshalb der ostdeutsche Durchschnittsverdiener 142,20 Euro weniger Rente als der westdeutsche. Andererseits profitieren Ostrentner davon, dass ihre Erwerbsbiographie in der DDR keine Lücken durch Arbeitslosigkeit aufweist. Und sie »haben bei Eintritt in den Ruhestand im Schnitt 45,1 Jahre gearbeitet, im Westen 40,3 Jahre«.[124] Also: Es bleiben Unterschiede zuungunsten der Ostdeutschen, sie sind aber für die ostdeutsche Empörung zu klein. Auch diese Empörung gibt es trotzdem.

---

124 Bert Rürup in Bild.de vom 4. Oktober 2006.

Bekommt also der Hochschullehrer Ost eine höhere Rente als der Hochschullehrer West? Nein. Der Hochschullehrer West bekommt nämlich überhaupt keine (gesetzliche) Rente, wenn er Beamter war, sondern etwas Besseres, die Beamtenpension. Sie richtet sich nach dem letzten Gehalt und nicht nach den Beitragszahlungen. Der Beamtenstatus war aber in der DDR abgeschafft worden (außer in der Kirche). Nun liegen die (westlichen) Beamtenpensionen im Durchschnitt deutlich über den (westlichen) gesetzlichen Renten. Da Ärzte, Architekten, Rechtsanwälte und Minister nur in der östlichen Rentenstatistik miterfasst werden, heben sie den östlichen Durchschnitt an, nicht aber die ausgezahlte Rente für einen Kraftfahrer. In Wahrheit aber sind jene ostdeutschen »Besserverdienenden« spürbar schlechter gestellt als ihre verbeamteten Westkollegen. Ich bin, in erträglichem Umfang, auch davon betroffen.

Also: Zu den Ost-Rentnern zählen alle Berufe (natürlich nur für die Zeit der Berufstätigkeit in der DDR), während die Gruppe der Westrentner weder die Beamten noch die Selbständigen mit einer privaten Rentenversicherung enthält, sondern eben nur die Empfänger einer Rente aus der gesetzlichen Rentenversicherung. Man vergleicht insofern Äpfel mit Birnen – das erleichtert die Empörung ungemein.

Dass die durchschnittliche Ost-Rente für Frauen so viel höher ist, liegt daran, dass der Anteil der berufstätigen Frauen im Osten viel höher war als im Westen. Wie Hausfrauen in der Rentenversicherung behandelt werden, dafür sind aber jedenfalls nicht die Ostdeutschen verantwortlich.

Daraus ergibt sich, dass ein östlicher Rentnerhaushalt im Durchschnitt höhere Einnahmen aus der gesetzlichen Rente hat als ein westlicher Rentnerhaushalt. Also haben die Ostrentner-Paare im Durchschnitt doch monatlich mehr auf der Hand als die Westrentner-Paare? Auch das stimmt so nicht ganz.

Denn neben der gesetzlichen Rente beziehen viele westliche Arbeitnehmer noch eine Betriebsrente. Sie haben in ihrem Erwerbsleben zudem besser Vermögen bilden können als die Ostdeutschen.

Also: Die durchschnittliche gesetzliche Rente ist im Osten höher als im Westen, das durchschnittliche Alterseinkommen dagegen ist im Westen höher als im Osten, wenn nämlich alle Einkommensarten einbezogen werden. In der *Studie Alterssicherung in Deutschland 2003* des Bundesministeriums für Gesundheit heißt es: »Das durchschnittliche Nettoeinkommen der Senioren im Alter ab 65 Jahre ist zwischen 1999 und 2003 um 11 Prozent gestiegen. Es liegt bei 1641 Euro im Westen und bei 1477 Euro im Osten.« »Nach Haushaltstypen aufgeschlüsselt haben Ehepaare in den alten Ländern durchschnittlich 2211 Euro, in den neuen Ländern 1938 Euro zur Verfügung.«[125]

Regelmäßig liest man in vorwurfsvollem Ton, die Ostdeutschen bekämen Renten aus einem System, in das sie nie eingezahlt hätten. Den westlichen Autoren[126], die das schreiben, erkläre ich gern noch einmal unser Rentensystem, da sie es offenbar noch nicht begriffen haben. Es ist nämlich nicht wie zu Bismarcks Zeiten, wie in der Schweiz oder den USA kapitalfinanziert. Die Beiträge werden nicht gesammelt, angelegt (das sind die berüchtigten »Pensionsfonds«) und mit Ertrag sowie einem Solidarausgleich (die Menschen werden verschieden alt) ausgezahlt. Die entsprechenden Kapita-

---

125 Presseerklärung des Bundesministeriums für Gesundheit vom 1. Juni 2005, http://www.bmg.bund.de.

126 Herles, *Wir sind kein Volk* (vgl. Anm. 16), S. 76f.: »DDR-Bürger zahlten keinen Pfennig in die Rentenversicherung ein. Trotzdem werden sie behandelt, als hätten sie es getan. Man kann dies nationale Solidarität nennen – oder Wahnsinn.«

lien sind nämlich in Deutschland zweimal in Weltkriegen verpulvert worden. Deshalb wurde der »Generationenvertrag« erfunden. Die *heutigen* Renten stammen nicht aus den Beiträgen dieser Rentner, sondern aus den Beiträgen der *heutigen* Arbeitnehmer plus Steuergeldern. Wer arbeitet, zahlt; wer Rentner ist, empfängt, egal ob Ostdeutscher oder Westdeutscher. Dieses für demographischen Wandel sehr anfällige System (das deshalb durch die kapitalfinanzierte Riester-Rente ergänzt werden soll) war seinerzeit auch deshalb notwendig, um nach dem Zweiten Weltkrieg die »auslandsdeutschen« Flüchtlinge zu integrieren. Jetzt sind eben noch einmal siebzehn Millionen dazugekommen.

Die Überführung des DDR-Rentensystems in das westliche ist eine ungemein komplizierte Angelegenheit gewesen. Nur scheinbar war das DDR-System einfach. In Wahrheit gab es eine Vielzahl von Zusatzrentensystemen. Und es gab in der DDR eine Revolution. Die frei gewählte Volkskammer hat die Absicht verfolgt, die Renten der »Träger des Systems« kräftig zu beschneiden, und ist in dieser Absicht, wie ich auch damals fand, zu weit gegangen. Die entsprechende Gesetzgebung ist vom Bundesverfassungsgericht korrigiert worden.

Es ist sehr viel dafür getan worden, dass die ostdeutschen Rentner nicht die Leidtragenden der Einigung werden und auch nicht Opfer der niedrigen DDR-Gehälter. Dann kämen die Ostrenten aus den Arbeitsjahren in der DDR nach meiner Vermutung nur auf 50 Prozent der Westrenten. Das wird nun durch ein kompliziertes Umrechnungsverfahren ausgebügelt. Trotzdem sehen sich immer noch viele Ostdeutsche als Opfer von Gerechtigkeitslücken, manche auch mit einleuchtenden Argumenten. Ich mache mich aber nicht zu ihrem Fürsprecher. Das Urteil des Bundesverfassungsgerichts, das die Streichung bestimmter Rentenansprüche aus der DDR für nicht rechtens erklärt hat, hat den östlichen Bundesländern riesige finanzielle Belastungen aufgebürdet. Das ist so in Ordnung, und deshalb sollte nun endgültig Schluss sein mit dem Gejammer über das angebliche »Rentenstrafrecht«. Das Urteil hat aber nicht alle Wünsche erfüllt. Der Gesetzgeber kann sehr wohl mehr tun, als das Verfassungsgericht geboten hat, also weitere Gruppen, die sich benachteiligt sehen, besser stellen. Ein Nullsummenspiel kann das aber nie werden, weil niemand auf etwas verzichten will. Dann stellt sich eine andere Gerechtigkeitsfrage: Was zur Aufstockung östlicher Altersversorgungen zusätzlich verwendet wird, wird zwangsläufig der östlichen Zukunftsvorsorge für die nächste Generation entzogen. Deswegen sage ich: Würde die DDR bis heute fortbestehen, hättet ihr alle eine viel schlechtere Altersversorgung. Und nun denkt auch mal an eure Kinder. Die schröpfen wir ohnehin schon ungefragt durch hohe Staatsschulden.

6. »Die Gesellschaft im Osten ist atheistisch.«

Die Entkirchlichung Ostdeutschlands ist wohl die wirksamste Hinterlassenschaft der SED. 1950 waren 91,5 Prozent der DDR-Bürger Kirchenmitglieder, 1964 waren es noch 67,4 Prozent. Am Ende der DDR waren es etwa 25 Prozent, und so ist es etwa bis heute geblieben. Im Westen dagegen gehören immer noch 70 Prozent einer christlichen Kirche an.

Zwar gab es im Herbst 1989 auch bei vielen in der DDR ein großes Erstaunen, dass die tot geglaubten Kirchen plötzlich im Lichte der Öffentlichkeit standen, als Dach für oppositionelle Gruppen, mit Fürbittgottesdiensten für Inhaftierte, mit Friedensgebeten, an die sich oft die ersten zaghaften Demonstrationen anschlossen. Nach dem Rücktritt Honeckers waren es die christlichen Kirchen, die sowohl die SED mit ihren

Blockparteien als auch die oppositionellen Gruppen zum Runden Tisch einluden, um den Ausstieg aus der Diktatur und den Übergang zur Demokratie zu moderieren. Landesweit wurden danach Runde Tische eingerichtet, meist unter Vorsitz von Pfarrern. Dass die Revolution friedlich verlief, hatte auch darin einen Grund, dass die Herrschenden und die Oppositionellen den Kirchenvertretern Fair Play zutrauten. Denn die große Angst der Herrschenden war, es käme jetzt eine Revolution von der Art, wie die kommunistische Revolutionstheorie sie vorsah, mit der Gewalt als Geburtshelferin. Der Runde Tisch übrigens hatte ein Vorbild: Die Polen hatten ihn für den Zweck des friedlichen Ausstiegs aus der Diktatur erfunden. Schließlich wurden die Kirchengebäude landesweit die Versammlungsorte für die ersten freien Bürgerversammlungen, in denen sich die neuen politischen Gruppierungen vorstellten. Westliche Fernsehzuschauer haben aus solchen Bildern von vollen Kirchen gefolgert, die Kirchen in der DDR hätten einen starken Rückhalt in der Bevölkerung, wie das von der katholischen Kirche in Polen bekannt war. Das war aber eine optische Täuschung. Die Rolle der Kirchen in der Endphase der DDR war eine Stellvertreterrolle. Sie konnte als Gegenöffentlichkeit, sozusagen als Ersatz für den Marktplatz, fungieren, den die Sicherheitskräfte noch nicht für freie Bürgerbegegnungen freigegeben hatten. Sie konnten diese Rolle übernehmen, weil die Kirchen nach ihrem eigenen Selbstverständnis Orte für das freie Wort und – zwar nicht für den tätigen Widerstand, wohl aber für den deutlichen Widerspruch sein wollten.

Auch in der DDR unterlagen manche zunächst einer optischen Täuschung. Lehrer baten Pfarrer in die Schulen, damit sie den Schülern etwas über Kirche und Christentum vermittelten, bis dahin in den strikt atheistisch ausgerichteten Lehrplänen eine *terra incognita*. Manche Lehrer dachten wohl auch, eine Revolution sei die Umkehrung von unten und oben, also werde nun die atheistische SED abdanken und der bisher schikanierten Kirche die ideologische Führungsrolle zufallen. Als sie den Irrtum bemerkten, haben diejenigen mit antikirchlichen und antireligiösen Einstellungen – und das waren bei den Lehrern wegen der politischen Auswahlkriterien mehr als im Bevölkerungsdurchschnitt – aus ihren Überzeugungen keinen Hehl mehr gemacht. Bei Begegnungen mit westlichen Kollegen konnten sie ja schnell feststellen, dass unter denen bekennende Christen ebenfalls eine Minderheit darstellten.

Dass die Gesellschaft im Osten atheistisch ist, ist ja nicht völlig verkehrt. 75 Prozent sind konfessionslos, und unter diesen sind viele überzeugte Atheisten. Falsch aber wäre die Deutung: Westdeutschland sei eine christliche, Ostdeutschland eine atheistische Gesellschaft. Atheistische Religionskritik[127], die Religion als Illusion versteht, ist ja in den westlichen Diskursen selbstverständlich präsent, und nicht erst seit den Achtundsechzigern, die die Religionskritik von Marx, Freud und Nietzsche kräftig rezipiert haben. Unterschiede gibt es da durchaus. Die westlichen Diskurse sind

---

127 Religionskritik ist nicht per definitionem atheistisch. Es gibt auch religiöse Religionskritik, nämlich Kritik an religiösen Institutionen oder Verhaltensweisen aus dem Glauben. Dazu gehört in der jüdisch-christlichen Tradition die prophetische Kultkritik und Jesu Auseinandersetzung mit den »Pharisäern und Schriftgelehrten«. In der Christentumsgeschichte gehören dazu die mittelalterliche Kirchenkritik innerchristlicher Reformbewegungen, aber auch die protestantische Kritik an Ablasshandel, weltlicher Macht der Bischöfe, Kreuzzügen und Ketzerverbrennungen sowie später die christlich motivierte Kritik an den Hexenverbrennungen. In der griechischen Philosophie ist die philosophische Kritik am anthropomorphistischen Mythos im Namen eines vernünftigen Gottesverständnisses seit den Vorsokratikern zu Hause.

weitaus differenzierter und offener als die atheistische Propaganda der SED, die sich (seit Lenin) holzschnittartig auf den Gegensatz von Religion und Wissenschaft und den reaktionären Charakter »der Religion« konzentrierte, aber mit diesen ziemlich primitiven Argumentationsmustern in Schule und Schulung eine enorme Breitenwirkung erzielt hat. Die SED hatte 2,2 Millionen Mitglieder, und sie hatte sich das gesamte Bildungssystem unterworfen. Dass atheistische Positionen in Ostdeutschland die SED-Herrschaft in beachtlicher Breite überlebt haben, hängt auch damit zusammen, dass Atheismus ganz zutreffend gar nicht als spezifisch kommunistisch verstanden wird.

Nun muss aber noch Folgendes bedacht werden: In Westdeutschland brauchte man gewichtige Gründe, aus der Kirche auszutreten. In der DDR brauchte man gewichtige Gründe, Kirchenmitglied zu bleiben. Deshalb bilden die Zahlen über die Kirchenmitgliedschaft nicht ohne Weiteres die Überzeugungsverteilung in den beiden Landeshälften ab.

Die vierte Erhebung der Evangelischen Kirche in Deutschland über Kirchenmitgliedschaft[128] hat in ihre Befragung auch Konfessionslose aus Ost und West einbezogen. Dabei zeigt sich, dass westdeutsche Konfessionslose größerenteils selbst aus der Kirche ausgetreten sind (2002: 75 Prozent), während zwei Drittel der ostdeutschen Konfessionslosen schon immer konfessionslos waren, oft schon in der zweiten Generation. Auch in der Nazizeit sind viele aus der Kirche ausgetreten, es gab aber nach 1945 eine Wiedereintrittsbewegung. So etwas hat sich nach 1990 nicht ereignet. Das hängt mit dem Unterschied von zwölf und 40 Jahren zusammen. Für einen Wieder-

---

128 Wolfgang Huber / Johannes Friedrich / Peter Steinacker (Hrsg.), *Kirche in der Vielfalt der Lebensbezüge. Die vierte Erhebung der EKD über Kirchenmitgliedschaft*, Gütersloh 2006.

eintritt gab es keine biographische Anknüpfung, wenn schon die Eltern ausgetreten waren. Vielmehr sind der Kirchensteuer wegen viele Ostdeutsche erst 1990 ausgetreten. Das betraf allerdings großenteils diejenigen, die zwar getauft waren, sich aber nicht mehr zur Kirche gehalten und auch keine Kirchensteuer (die in der DDR die Kirche selbst einzog) mehr bezahlt haben. Sie verstanden sich gar nicht mehr als Kirchenmitglieder, waren aber formell nicht ausgetreten. Das haben sie nachgeholt, als sie nun aufgrund ihrer Taufe zur Kirchensteuer veranlagt wurden.

Auf die Frage, warum sie konfessionslos sind, kreuzen deutlich mehr Ostdeutsche als Westdeutsche folgende Antworten an: »Weil ich in meinem Leben keine Religion brauche« und: »Weil es in meinem Umfeld normal war/ist, nicht in der Kirche zu sein«. Westdeutsche dagegen nennen deutlich öfter als Ostdeutsche: »Weil ich mich über kirchliche Stellungnahmen geärgert habe« (oder über kirchliche Mitarbeiter).[129] Drei Viertel der ostdeutschen Konfessionslosen negieren den Gottesglauben, während die Mehrheit der westdeutschen Konfessionslosen an Gott oder eine höhere Kraft glaubt, also die Position einer Religion ohne Kirche vertritt.[130] Dazu passt, dass im Osten weder die Esoterik noch die sogenannten Jugendsekten, vor deren Verführungspotential 1990 gewarnt wurde, nennenswerten Zulauf finden. Im Übrigen ist es eine interessante Frage, ob ein humanistischer Atheismus, der die Unantastbarkeit der Menschenwürde und unser Leben zwischen Geburt und Tod als den einen Ernstfall akzeptiert, weiter vom christlichen Glauben entfernt ist als eine esoterische Naturreligiosität, magische Weltauffassungen oder Reinkarnationserwartungen. Ich möchte sie verneinen.

---

129 Ebd., S. 95.
130 Ebd., S. 100f.

19 Prozent der ostdeutschen und 25 Prozent der westdeutschen Konfessionslosen gehen etwa einmal im Jahr in die Kirche, aber aus verschiedenen Anlässen. Bei den Westdeutschen sind es bevorzugt familiäre Anlässe, bei den Ostdeutschen aber bevorzugt hohe kirchliche Feiertage und »am Urlaubsort«.[131] Dabei muss man bedenken, dass Gottesdienste aus familiärem Anlass (Taufe, Konfirmation, Beerdigung) im Umfeld der ostdeutschen Konfessionslosen viel seltener sind.

Nicht schlechte Erfahrungen mit der Kirche, sondern gar keine Erfahrungen mit Kirche und Religion sind für viele ostdeutsche Konfessionslose charakteristisch. Die ostdeutsche Religionslosigkeit ist nicht aggressiv antikirchlich oder antireligiös. Das unterscheidet sie vom propagandistisch-aggressiven Atheismus der SED.

Es gibt im Osten kein Interesse an der Mitgliedschaft in atheistischen Weltanschauungsgemeinschaften. 1989 hatte die SED einen Freidenkerverband gegründet. Offiziell sollte er der Kulturpflege auf der Grundlage der atheistischen Weltanschauung dienen. Es hieß ausdrücklich, er sei nicht gegen die Kirche gerichtet. Inzwischen wissen wir aus den

---

131 Ebd., S. 104f. Möglicherweise ist das ein DDR-Relikt. Anonyme Gottesdienstbesuche am Urlaubsort waren damals nämlich bei denen üblich, die am Wohnort nicht als Gottesdienstbesucher auffällig werden wollten. Allerdings begeben wir uns hier in Tiefen der Seelen, die durch Befragungen schwerlich sicher ergründet werden. Dass sie aufgrund von politischem Druck aus der Kirche ausgetreten seien, wird von den allermeisten ostdeutschen Konfessionslosen verneint (S. 95). Das widerspricht aber meinen Erfahrungen. Es wird wohl so gewesen sein: Auf politischen Druck haben viele, denen ihre Kirchenmitgliedschaft keineswegs unangenehm, aber auch nicht schlechthin unverzichtbar war, diese aufgegeben. Nunmehr erscheint ihnen das nicht mehr korrekturbedürftig, sie haben mit dem Gang der Dinge ihren Frieden geschlossen.

Stasi-Akten, dass er zu dem Zweck gegründet wurde, den Einfluss der Kirchen zurückzudrängen.[132] Dieser Freidenkerverband der DDR ist nach 1989 zerfallen. Die Reste sind in den aus der alten Freidenkertradition stammenden Westberliner Freidenkerverband eingegangen, der sich 1993 in den Humanistischen Verband umgründete. 1998 hatte der Landesverband Berlin 533 ordentliche Mitglieder, beschäftigte aber 150 Lehrer, die 1998 vorrangig an Ostberliner Schulen 15.000 Schüler im Fach »Lebenskunde« unterrichteten. Der Berliner Senat subventionierte 1998 diesen Unterricht mit ca. 10,6 Millionen DM, weil er ihn dem Religionsunterricht »in den Räumen der Schule« gleichgestellt hat.[133] Obwohl sich der Humanistische Verband

---

132 Vgl. das Stasi-interne Rundschreiben vom 30. Dezember 1988 in: Gerhard Besier / Stephan Wolf (Hrsg.), *Pfarrer, Christen und Katholiken. Das Ministerium für Staatssicherheit der ehemaligen DDR und die Kirchen*, 2. Aufl. Neukirchen 1992, S. 611ff. Alle Diensteinheiten des MfS werden verpflichtet, »die Vorstände und Gruppen rechtzeitig mit geeigneten operativen Kräften zu durchdringen«.

133 Die Angaben entstammen den Urteilen des Berliner Verwaltungsgerichts vom 3. Juni 1999 (VG 27 A 179.98 und VG 27 A 58.98). Der Humanistische Verband hatte den Status einer Körperschaft öffentlichen Rechts einklagen wollen. Das wurde abgelehnt, weil er nicht die Gewähr auf Dauer biete. Im institutionellen Bereich sei er zu 92 Prozent durch staatliche Zuschüsse finanziert. (Übrigens: Er polemisiert gern gegen die Kirchensteuer). In einem zweiten Verfahren wollte er auch noch seine JugendFEIERn (früher Jugendweihe) und seine Zeitschrift »Diesseits« vom Senat subventioniert bekommen. Auch das wurde abgelehnt. Der Humanistische Verband ist nur ein kleiner Anbieter für die Jugendweihe. Die Mehrzahl der Teilnehmer an der Jugendweihe in den östlichen Bundesländern nimmt das Angebot der Nachfolgeorganisationen der Jugendweihe-Ausschüsse der DDR wahr. Sie wollen ein Familienfest ohne weltanschauliche oder politische Verbindlichkeit, obwohl die PDS auf ihren Internet-Auftritten für die Jugendweihe wirbt, auch im Westen. Sehr gründlich informiert

gern als Interessenvertreter der 80 Prozent Konfessionslosen im Osten bezeichnet, kann er nicht einmal ein Promille der Konfessionslosen als ordentliche Mitglieder gewinnen. Sein Angebot des Schulfachs Lebenskunde wird zwar namentlich in Ostberlin reichlich wahrgenommen (2005 waren es 35.000 Schüler), eine mitgliedschaftliche Bindung aber gehen weder die Eltern noch die Schüler ein.

Der überraschende Befund hinsichtlich des Gottesdienstbesuchs ostdeutscher Konfessionsloser passt zu einigen anderen Beobachtungen. Die Landeskirchen in Ostdeutschland haben viel zu viele Kirchengebäude, bezogen auf die Zahl der Gemeindeglieder, die in absoluten Zahlen (also nicht unbedingt prozentual) zudem noch aufgrund des Kindermangels und der Abwanderung schrumpfen. Aber überall werden Dorfkirchen renoviert. Da bilden sich Kirchbauvereine, die nur zum Teil aus Kirchenmitgliedern bestehen. Denn »unsere« Kirche gehört doch zum Dorf. Seinerzeit haben wir von der Kirche in der DDR kritisch gesagt, sie sei Volkskirche ohne Volk, weil neuartige Organisationsformen für die manifeste Minderheitensituation kaum entwickelt wurden. Nun legt sich das Wortspiel nahe, es gebe hier und da im Osten Volkskirche ohne Kirche. Christliche Traditionselemente, darunter der Festkalender, sind offenbar eng mit dem Heimatgefühl verbunden. Dazu passt folgender Befund: »Am Stadtrand einer Großstadt soll eine Moschee gebaut werden. Wie stehen Sie dazu?« Das lehnen 31,4 Prozent der westdeutschen und 44,9 Prozent der ostdeutschen Kirchenmitglieder ab. Bei den Konfessionslosen aber ist die Ablehnungsrate sogar etwas höher (West 35,7, Ost 47,9).[134]

über all dies Andreas Meier, *Jugendweihe, JugendFEIER. Ein deutsches nostalgisches Fest vor und nach 1990*, München 1998.

134 Ebd., S. 303.

Da steckt irgendetwas Nebulöses vom christlichen Abendland in den Köpfen der östlichen Konfessionslosen. Sie setzen sich auch dafür ein, dass das verfallene Kriegerdenkmal von 1871 und das vom Ersten Weltkrieg wiederhergestellt wird, denn da steht doch Uronkels und Opas Name drauf. Nach dem Ende des Sozialismus, in dem alle Geschichte nur die Geschichte von Klassenkämpfen sein durfte, gibt es im Osten einen starken Wunsch nach Heimat. Ich finde, wer das ganz und gar nicht versteht, hat das Recht verspielt, die gerechtfertigten Bedenken anzumelden.

Was erwarten Konfessionslose von der Kirche? Das ist in Ost und West fast identisch: »Alte, Kranke und Behinderte betreuen«, »Sich um Probleme von Menschen in sozialen Notlagen kümmern« und »Entwicklungshilfe leisten«. An einem Punkt differieren die Erwartungen. Bei den westdeutschen Konfessionslosen steht »Gottesdienste feiern« an vierter, bei den Ostdeutschen an dritter Stelle.[135] Da kann einem der Gedanke kommen, das sei der Kern des christlichen Glaubens, nämlich Gottesliebe und Nächstenliebe, bloß in umgekehrter Reihenfolge. Wenn wir nur wüssten, was ostdeutsche Konfessionslose am Gottesdienst so wichtig finden!

Bekanntlich hat das Land Brandenburg in Abweichung von Artikel 7 Grundgesetz das neue Schulfach Lebensgestaltung – Ethik – Religionen (LER) eingeführt. Daneben wird an den Schulen evangelischer Religionsunterricht angeboten. Obwohl die Schülerzahl wegen des Geburtenrückgangs sinkt, steigt die Teilnehmerzahl am Religionsunterricht, der noch gar nicht an allen Schulen angeboten werden kann, kontinuierlich an.[136] In Sachsen nehmen im Landesdurchschnitt 25

135 Ebd., S. 107.

136 Von 19.412 Schülern im Schuljahr 2001/02 auf 24.608 Schüler im Schuljahr 2005/06. Wie viel Prozent der Schüler an den jeweiligen

Prozent der Schüler am Religionsunterricht, 75 Prozent am Ethikunterricht teil, wobei das Verhältnis in den verschiedenen Landesteilen sehr stark differiert.

Wer im Osten eine kräftige Rechristianisierungsbewegung erwartet hat, sieht sich enttäuscht. Von außen wird aber einiges Gewichtige übersehen. Christen sind nicht mehr diskriminiert. Bei den ersten freien Kommunalwahlen am 6. Mai 1990 haben überproportional viele Kirchenmitglieder für die Kommunalvertretungen kandidiert und sind auch gewählt worden. Gelegentlich konnte man den Eindruck gewinnen: Der Gemeindekirchenrat wird zum Gemeinderat. Bekennende Christen sind in Ostdeutschland eine Minderheit, aber keine verachtete und auch keine diskriminierte mehr. Und wenn der PDS-Abgeordnete im Gemeinderat den Bürgermeister, der gleichzeitig Mitglied des Gemeindekirchenrates ist, akzeptiert, und der ihn auch als frei gewähltes Mitglied des Gemeinderates akzeptiert, dann sollte man das nicht zu schnell als Kumpanei mit den Kommunisten abtun. Die PDS oder Linkspartei ist jedenfalls eine Partei in der Demokratie. Ich liebe sie wirklich nicht. Aber ich empfehle, sie nicht zu hassen – als Christ.

7. »Der Osten ist rechtsextrem und ausländerfeindlich. Das bedroht die Demokratie in Deutschland.«

»Was sagt eine ostdeutsche Mutter, die nach ihrem Sohn schauen will? Ich muss mal nach dem Rechten sehn«, so ein aktueller Westwitz.

Schulen das sind, ist nicht erhoben worden. Die Zahlen entstammen einer Dokumentation der Evangelischen Kirche Berlin-Brandenburg-Schlesische Oberlausitz.

Klaus Schroeder und seine Mitarbeiter von der Freien Universität Berlin haben 2004 eine Studie über Rechtsextremismus und Jugendgewalt in Deutschland vorgelegt,[137] die auf der Befragung von 899 Schülern in je einer niedersächsischen, brandenburgischen, bayrischen und thüringischen Kleinstadt beruht. Die Untersuchung unterscheidet zwischen antizivilem Verhalten einschließlich Gewaltakzeptanz, Devianz, Intoleranz, Autoritarismus und Antiindividualismus einerseits und Rechtsextremismus andererseits, für den Nationalismus, Antisemitismus, Biologismus, Ausländerfeindlichkeit, Antiparlamentarismus und NS-nahes Geschichtsbild charakteristisch sind.

Der Grund für diese Unterscheidung ist der, dass beides nicht immer gemeinsam auftritt.

Im engeren Sinne rechtsextrem eingestellt sind nach dieser Untersuchung 2,1 Prozent der befragten Schüler, und zwar »deutlich mehr männliche als weibliche Jugendliche, in etwa gleich viel in Ost und West, sehr viel mehr im Norden als im Süden sowie mehr Haupt/Gesamtschüler und Berufsschüler als Gymnasiasten«.[138]

Antizivile Einstellungen finden sich ebenfalls nur bei wenigen. Aber sehr viele Schüler lehnen antizivile Einstellungen nicht ab. Sie antworten also indifferent oder neutral. Sie finden also Gewalt gar nicht so schlimm. Das waren im Westen 29,9 Prozent, im Osten aber 37,9 Prozent. Bei Haupt- und Gesamtschülern sind es 53,8 Prozent, bei Gymnasiasten 17,3 Prozent.

Über ostdeutsche Jugendliche hatte der Züricher Soziologe Gerhard Schmidtchen bereits 1994 eine Studie angefer-

---

137 Klaus Schroeder u. a., *Rechtsextremismus und Jugendgewalt in Deutschland. Ein Ost-West-Vergleich*, Paderborn 2004.

138 Ebd., S. 301.

tigt,[139] die ebenfalls nicht zu den verbreiteten Klischees passt: »Ein Test der Persönlichkeitsstruktur ergab, dass es zwischen Ost und West keine Unterschiede gibt, jedenfalls nicht unter jungen Leuten«, »Arbeitsethos und Arbeitsdisziplin (sind) sogar ausgeprägter als im Westen«, »Jugendliche im Osten weisen eine geringere Tendenz zum Rückzug und zur Selbstschädigung auf«, »Die empirischen Untersuchungen zeigen, dass das Familienklima besser war als in Westdeutschland, das Vertrauen größer, die Akzeptanz der Familienrolle ausgeprägter. ... Auch der Erziehungsstil erwies sich in den ersten Untersuchungen als besser, die Eltern gaben den Kindern mehr emotionale Unterstützung, stellten aber auch deutlicher Forderungen«, »Mehr junge Leute im Osten sagten, Sohn oder Tochter zu sein, das sei für sie etwas Wichtiges«. Denn »die Familien sind gerade unter dem Einfluss eines kontrollierenden Systems enger zusammengerückt«, was ich aus eigenen Erfahrungen nur bestätigen kann.[140]

Aber: »Junge Menschen im Osten sind gewaltbereiter als im Westen. Die instrumentelle Gewaltbereitschaft, also sich persönlich zu schützen oder einen Angriff auf die eigene Gruppe abzuwehren, ist größer. 34 Prozent der Jugendlichen

---

139 Ich zitiere hier seinen Vortrag »Der Westen betreibt Ost-Ethnologie. Wie junge Deutsche die Wiedervereinigung erlebt und verarbeitet haben«, in: Archiv der Jugendkulturen. Journal der Jugendkulturen, Ausg. 1, November 1999 (www.jugendkulturen.de) – Gerhard Schmidtchen, *Wie weit ist der Weg nach Deutschland? Sozialpsychologie der Jugend in der postsozialistischen Welt*, Opladen 1997.

140 Vgl. Elmar Brähler / Jörg Schumacher / Martin Eisemann, Das erinnerte elterliche Erziehungsverhalten im Ost-West-Vergleich und seine Beziehung zur aktuellen Befindlichkeit, in: Ingrid Kerz-Rühling / Tomas Plänkers (Hrsg.), *Sozialistische Diktatur und psychische Folgen*, Tübingen 1999.

im Osten gegenüber 19 Prozent im Westen drücken eine solche instrumentelle Gewaltbereitschaft aus.« Die Bereitschaft, Legalitätsgrenzen zu überschreiten, ist ebenfalls im Osten markant höher (29 Prozent West, 48 Prozent Ost), ebenso die Vergeltungsbereitschaft und die Bereitschaft für unspezifischen Vandalismus (»Wenn ich mich ärgere, darf ich etwas kaputt machen«). Von dieser »subjektiven Gewaltdoktrin« sagt Schmidtchen: »Keine andere Variable hat bisher so viel an politischer Gewalt erklären können.«

Meinungsforscher wollten wissen, was ein Bürokaufmann tun soll, der seine Arbeit verliert. 45 Prozent im Westen und 46 Prozent im Osten empfahlen ihm, Arbeitslosengeld zu beantragen. Zur Selbständigkeit rieten 26 Prozent im Westen und 25 Prozent im Osten. Anders sah das Ergebnis bei jungen Menschen unter 30 aus. Für Arbeitslosengeld votierten da im Westen 51, im Osten 27 Prozent, für Selbständigkeit 37 Prozent im Osten und 22 Prozent im Westen.[141]

In der wissenschaftlichen Literatur gibt es offenbar beachtliche Übereinstimmungen in der Analyse der Ostdeutschen aufgrund empirischer Untersuchungen. Das hindert aber viele nicht, ihre Privattheorien über »die Ostdeutschen« zu zimmern. Wir werden uns doch nicht unsere Vorurteile rauben lassen.

Wenn in Hamburg ein Paar sein Kind verhungern lässt oder in Saarbrücken die Wirtin der Tosa-Klause sexuellen Kindesmissbrauch organisiert, ist die Öffentlichkeit zu Recht schockiert. Aber niemand kommt auf die Idee, zu diskutieren, ob das typisch sei für den Westen. Wenn aber bei

141 Peter Förster, *Junge Ostdeutsche auf der Suche nach Freiheit. Eine systemübergreifende Längsschnittstudie zum politischen Mentalitätswandel vor und nach der Wende*, Leverkusen 2002; zitiert nach Bisky, *Deutsche Frage* (vgl. Anm. 2), S. 143.

Frankfurt/Oder eine Frau neunmal ihr Neugeborenes heimlich tötet, gibt es eine Diskussion, ob das typisch sei für den Osten. »Der Westen betreibt Ost-Ethnologie«, hat Gerhard Schmidtchen beobachtet. Dafür bleibt der makaberste Beleg der Fall Sebnitz aus dem Jahre 2000.

Ein irakisch-deutsches Apothekerehepaar aus dem Westen hatte in Sebnitz eine Apotheke eröffnet, aber die Sebnitzer gingen weiter zu den zwei alteingesessenen Apotheken. Die Frau vermutete ein Komplott. Als ihr siebenjähriger Sohn 1997 beim Baden starb, wollte sie die Diagnose »plötzlicher Herztod« nicht glauben. Über Jahre ermittelte sie, sammelte Aussagen von Kindern, denen sie ein bisschen Geld gab, und kam zu dem Schluss, 50 Neonazis hätten unter Anstiftung der Apothekerstochter ihren Sohn vor 300 Zeugen im Stadtbad betäubt, geschlagen und ertränkt. Einige Zeitungen, darunter der *Spiegel*, hatten nach Prüfung der Unterlagen von einer Veröffentlichung abgesehen. Sie erschienen ihnen nicht glaubwürdig. Im November 2000 aber brachte *Bild* die Meldung: »Viele hörten seine Hilferufe, keiner half.« Es kam zu drei Verhaftungen. Die meisten deutschen Medien meldeten darauf die Geschichte als Tatsache. Wenige Tage später stellte sich heraus, dass nichts davon stimmte. Einige Zeitungen entschuldigten sich bei ihren Lesern. Andere warnten vor Entwarnung. »Es hätte passieren können« titelte die *taz*. Ich habe das seinerzeit Inländerfeindlichkeit genannt. Denen im Osten ist einfach alles Schlechte zuzutrauen. Dass Neonazis ein Kind umbringen, ist noch nie vorgekommen. Dass es nie vorkommen kann, wage ich nicht zu behaupten, aber es passt nicht in ihr typisches Feindbild. Dass aber 300 Zeugen in einem Stadtbad einen öffentlichen Kindermord trotz der Hilferufe des Kindes geschehen lassen und dann noch drei Jahre lang geheim halten, das kann nie vorkommen, nirgends in der Welt. Wer bei Sinnen ist, weiß das.

Dass der Osten rechtsextrem und ausländerfeindlich sei, ist allerdings nicht aus der Luft gegriffen. Es stimmt, dass Übergriffe auf Ausländer in Ostdeutschland dreimal häufiger vorkommen als im Westen. Und die Zahl gewalttätiger rechtsextremer[142] Jugendlicher (Skinheads und Neonazis) ist ebenfalls dreimal so hoch, bezogen auf die Bevölkerungszahl. Es hat sich eine rechtsextreme Jugend-Subkultur etabliert, die in ausgedünnten ländlichen Räumen sogar tonangebend ist[143] und vor allem durch gewaltverherrlichende Musik Einfluss ausübt.

Und rechtsextreme Parteien haben einige spektakuläre Wahlergebnisse im Osten erzielt. Die DVU hat 1998 bei den Landtagswahlen in Sachsen-Anhalt 12,9 Prozent erreicht, ist aber seit 2002 nicht mehr im Landtag vertreten. Die NPD hat 2004 in Sachsen 9,2 Prozent und 2006 in Mecklenburg-Vorpommern 7,3 Prozent erreicht.

Im Zusammenhang mit dem Fall Sebnitz im Jahre 2000 habe ich damals einer westlichen Journalistin gesagt, 90 Prozent der rechtsextremen Parteimitglieder seien Westdeutsche. Da hat sie geantwortet: »Es muss doch aber einen Grund geben, dass die in den Osten gezogen sind.« Sie hielt es einfach für undenkbar, dass die rechtsextremen Parteien im Westen entstanden und beheimatet sind. Es war aber so.

Der politische Rechtsextremismus der organisierten Parteien ist typisch West. Typisch Ost ist dagegen der Rechtsextremismus der jugendlichen Subkultur. »Der genuine Ost-Rechtsextremismus kann als ideologisch gering fundiert,

---

142 In dem Falle müsste man korrekt von Rechtsradikalismus sprechen. Im Folgenden vernachlässige ich diesen terminologischen Unterschied.

143 »Kulturelle Hegemonie« genannt. Dagegen sind die »national befreiten Zonen« ein Programm, keine Wirklichkeit.

schwach organisiert, spontan und besonders aggressiv charakterisiert werden«[144], so Richard Stöss im Jahre 2000. Der westliche Parteien-Rechtsextremismus und der östliche Subkultur-Rechtsextremismus vertragen sich trotz ideologischer Gemeinsamkeiten sehr schlecht. Während jene für Zucht und Ordnung eintreten und für (klein-)bürgerlichen Anstand, lieben diese den Alkohol- und Gewalt-Exzess, sie stilisieren sich geradezu selbst als Bürgerschreck.[145] Deshalb bekamen bei den Bundestagswahlen 1990 und 1994 die rechtsextremen Parteien im Westen mehr Stimmen als im Osten. Der DVU-Wahlerfolg in Sachsen-Anhalt, der nur mit Plakaten und ganz ohne Gesichter und Wahlveranstaltungen ablief, wiederholte sich nicht.

Allerdings hat sich seit 2000 die Lage insofern geändert, als die NPD im Osten an Mitgliedern und durch eine Doppelstrategie zugleich im rechtsextremen Milieu Sympathisanten gewonnen hat.

Für 2005 hat der Verfassungsschutz die Zahl der Rechtsextremen in ganz Deutschland mit 39.000 angegeben, also 0,5 Promille der Bevölkerung. Davon waren 10.475 Ostdeutsche, also 25 Prozent. Die Ostdeutschen machen 18 Prozent der Gesamtbevölkerung aus. Von 6500 Mitgliedern der Republikaner waren ca. 200 Ostdeutsche, von 9000 DVU-

---

144 Richard Stöss, *Rechtsextremismus im vereinigten Deutschland*, 3. Aufl. Berlin 2000, S. 170.

145 »Wer ist böse und verlogen,
dreckig, völlig unerzogen?
Wer tut sich mit Bier betrinken,
wer tut wie ein ›Assi‹ stinken?
Das kann doch nur einer sein …
Ein Skinhead, ein Nazischwein.«
Aus einem Lied der sächsischen Gruppe »Oiphorie«, zitiert bei Stöss, *Rechtsextremismus* (vgl. Anm. 145), S. 164.

Mitglieder waren 800 Ostdeutsche (8,8 Prozent), aber von den 6000 NPD-Mitgliedern (2013 waren es nur noch 5400) waren 2080 Ostdeutsche (33 Prozent). Von den schwach organisierten, aber sehr militanten Rechtsextremen (Skinheads und Neonazis) waren dagegen etwa die Hälfte Ostdeutsche. Etwa genauso hoch war der ostdeutsche Anteil an den rechtsextremen Gewalttaten.[146] Wie erklärt sich das?

Darüber gehen die Meinungen diametral auseinander. Die einen erklären die stärkere rechtsextreme Jugendszene, die Ausländerfeindlichkeit und die höhere Anzahl von Gewalttaten im Osten als DDR-Erbe. Das empört diejenigen, die den antifaschistischen Ruf der DDR hochhalten wollen. Sie machen für all das ausschließlich die gesellschaftliche Situation seit 1990 verantwortlich. Das ist einer jener abstrusen Beschuldigungsdiskurse, bei denen es den Beteiligten um ihre Ehre geht. Die unverstellte Wahrnehmung der Sachverhalte kommt dabei meistens unter die Räder. Für den ostdeutschen Rechtsextremismus gibt es eine dokumentierte Vorgeschichte. Ebenso unstreitig ist seine heutige Gestalt auch von den Prozessen seit 1990 mitbestimmt, zum Beispiel durch die Tatsache, dass die beweglichen Jugendlichen das flache Land verlassen und die dumpfen Typen zurückbleiben, aber auch durch die Ressentiments, die nicht wenige ostdeutsche Erwachsene pflegen.

---

146 Ich habe die Zahlen aus den Verfassungsschutzberichten 2005 der fünf östlichen Länder addiert. Berlin, Mecklenburg-Vorpommern und Brandenburg machen keine Angaben über die dort unbedeutenden Republikaner. 1999 waren noch sehr viel mehr, nämlich 51.400 Rechtsextreme in Deutschland erfasst, davon 9.575 Ostdeutsche, also 18,4 Prozent. Die Zahl der Mitglieder der rechtsextremen Parteien (NPD, DVU, Republikaner) war damals um 15.500 höher. Von 37.000 Mitgliedern waren damals 3960 Ostdeutsche (10,6 Prozent), also 880 mehr als 2005 (Stöss, *Rechtsextremismus* [vgl. Anm. 145], S. 103).

In der DDR gab es bereits eine gewalttätige Skinhead-Szene, seit etwa 1982. 1988 hatte die Stasi 1067 Personen erfasst. Am 17. Oktober 1987 überfielen 30 Skinheads ein Punk-Konzert in der Berliner Zionskirche, riefen »Sieg Heil« und »Judenschweine« und schlugen viele Besucher zusammen. Zuvor hatten sie bei Alkohol einen Kameraden verabschiedet, der sich als Längerdienender bei der Volksarmee verpflichtet hatte. Aus den Stasi-Akten wissen wir, dass selbst Offiziere der Volksarmee Hitlers Geburtstag feierten, dabei Naziparolen grölten, sich Judenwitze erzählten und von der Wehrmacht schwärmten.[147] In der Schule meiner Tochter war der Gegensatz von »rechten« und »linken« Schülern etabliert, wobei »links« nichts mit der SED zu tun hatte, sondern mit Punk und einer Emanzipation von bürgerlichen Beschränktheiten und einer Aussteiger-Mentalität. Die »Rechten« wurden von der FDJ als Saalordner bei der Disko eingesetzt. Die SED ist gegen Skinheads mit Haftstrafen vorgegangen. Nach Mauerfall und Vereinigungsamnestie kamen sie frei, fühlten sich befreit und breiteten sich aus. Sie profitierten von den neuen Freiheiten und von der permissiven Toleranz: »Wir haben doch jetzt Meinungsfreiheit.«

Verbindungen dieser Skinheads zu Altnazis bestanden nicht, wohl aber Beziehungen zur westdeutschen und schwedischen Skinhead-Szene. »Die rechtsextremistischen Parolen bedeuteten anfangs weniger eine Identifikation mit dem Nationalsozialismus, sondern vor allem einen gezielten Tabubruch mit der antifaschistischen Staatsdoktrin der DDR, eine Identifikation mit dem Feind des Feindes.«[148]

---

147 Walter Süß, *Zur Wahrnehmung und Interpretation des Rechtsextremismus in der DDR durch das MfS*, Berlin 1993 (BStU Abteilung Bildung und Forschung, Analysen und Berichte, Reihe B, Nr. 1).

148 Ebd., S. 63.

Diese fatale Umkehrlogik dürfte bei der Akzeptanz rechtsextremer Positionen im Osten weiter eine gewisse Rolle spielen. Die Kommunisten waren gegen die Nazis, jetzt sind sie gestürzt, Opa hatte also doch recht. Dazu kommen die enormen Verunsicherungen aufgrund der Transformationsprozesse, die überall in den ehemals sozialistischen Ländern rechtsextreme und nationalistische Positionen befördern. Wer sich als Verlierer der Einheit fühlt und als Bürger zweiter Klasse, sucht Sündenböcke und ist anfällig für die Logik des Ressentiments: aus Unwertgefühlen heraus an Schwächeren sein Mütchen kühlen.

Ein zweites Erbe der DDR ist die Ausländerfeindlichkeit. In der DDR gab es keine Erfahrungen mit dem Ausländer nebenan oder am Arbeitsplatz. Gastarbeiter aus Vietnam oder Moçambique wurden in Arbeiterwohnheimen untergebracht und arbeiteten in eigenen Brigaden. Beziehungen zur einheimischen Bevölkerung waren unerwünscht. Bei Schwangerschaften wurden Gastarbeiterinnen umgehend nach Hause geschickt.

Wir haben es im Osten mit einer Ausländerfeindlichkeit ohne Ausländer zu tun. Dafür gibt es zwei Deutungen: Ausländerfeindlichkeit, *obwohl* es keine Ausländer gibt, das würde einen ostdeutschen Hang zum Rechtsextremismus belegen. Es muss aber mindestens *auch* heißen: Ausländerfeindlichkeit, *weil* es keine Erfahrungen mit Ausländern gibt. Wir sollten zwischen Xenophobie, Überfremdungsängsten, Ausländerfeindlichkeit und Rassismus unterscheiden.

Xenophobie, Angst vor Fremden, ist zunächst etwas ganz Normales und bei jedem Kind zu beobachten, das fremdelt. Nach und nach erst lernen Kinder, dass sie nicht vor jedem Fremden Angst haben müssen. Irgendwann kommt dann aber die Mahnung, keinem Fremden zu vertrauen, der sie mitnehmen möchte. Aber auch für Erwachsene gilt: *Ein*

Fremder ist interessant, aber *hundert* wirken bedrohlich, wenn man sie nicht versteht und sich nicht verständigen kann. Wer mir nicht vertraut ist, dem kann ich auch nicht vertrauen. Das ist der rationale Kern von *Überfremdungsängsten*. Angst vor Überfremdung ist als solche auch noch kein Rechtsextremismus. Wer sein Kind aus einer Klasse nimmt, in der 40 Prozent nicht richtig deutsch sprechen, ist kein Rechtsextremist, sondern handelt im Interesse seines Kindes. Im Osten handelt es sich allerdings nicht um erlebte, sondern um befürchtete Überfremdung. Irrational ist dabei die Befürchtung, dass dergleichen bevorstehe. Zwei Drittel der Deutschen überschätzten im Jahr 2000 den Anteil der Ausländer an der Bevölkerung Deutschlands erheblich.[149]

Übrigens: Ausländer sind für andere Ausländer auch wieder Ausländer. Zwischen Ausländern in Deutschland gibt es selbstverständlich auch Ausländerfeindlichkeit. Türken, Kurden, Araber sind doch nicht deshalb ein Herz und eine Seele, weil sie in Deutschland allesamt Ausländer sind. Es gibt auch Jugendliche mit Migrationshintergrund, die zu den Mitschülern deutscher Muttersprache sagen: »Die Deutschen sind Versager.« Gemeint ist: Ihr seid Weicheier, Schlappschwänze. Und wer behauptet, bei Ausländern sei die Kriminalitätsrate höher, ist deshalb noch kein Rechtsextremist. Für die

149 »Nur ein Drittel schätzt den tatsächlichen Anteil der in Deutschland lebenden Ausländer an der Gesamtbevölkerung richtig ein, dieser Anteil wird in der Regel dramatisch überschätzt. So glauben rund 36 Prozent, dass der Ausländeranteil zwischen 11 und 20 Prozent liegt, 15 Prozent gehen von 21 bis 30 Prozent aus und weitere 10 Prozent glauben, dass der Ausländeranteil sich zwischen 31 und über 45 Prozent bewege.« Friedrich-Ebert-Stiftung (Abteilung Gesellschaftspolitische Information), *Die gesellschaftliche Akzeptanz von Rechtsextremismus und Gewalt. Ergebnisse einer Repräsentativumfrage – Kurzfassung –, November 2000* (www.fes-online-akademie.de), S. 8.

Jugendkriminalität weist das nämlich die Berliner Kriminalitätsstatistik tatsächlich aus. Türkischstämmige und russlanddeutsche Jugendliche sind dort überproportional vertreten, weil sie besonders große Integrationsprobleme haben. Jugendliche aus Polen dagegen sind in der Statistik überhaupt nicht auffällig. Je größer der kulturelle Abstand ist, umso schwieriger ist die Integration, und je schlechter die Integration, umso größer die Kriminalitätsneigung.

Um von *rechtsextremistischer Ausländerfeindlichkeit* sprechen zu können, muss zu Xenophobie und Überfremdungsängsten noch etwas hinzukommen, nämlich die Sündenbocktheorie: Sie nehmen uns etwas weg, sie schaden uns. Die wird vom Ressentiment gespeist. Von *Rassismus* sollte man erst dort sprechen, wo ein Unwerturteil über bestimmte Menschengruppen dazukommt.

»Der genuine Ost-Rechtsextremismus kann als ideologisch gering fundiert, schwach organisiert, spontan und besonders aggressiv charakterisiert werden«[150] – das gilt grundsätzlich immer noch, muss aber für die NPD eingeschränkt werden. Es ist der NPD gelungen, eine Brücke zur ostdeutschen Skinhead- und Neonazi-Szene zu schlagen. Zwar können sie sie nicht integrieren. Bei ihren Demonstrationen können sie keine angetrunkenen Skinheads gebrauchen, da soll Zucht und Ordnung demonstriert werden. Aber die NPD treibt ein Doppelspiel. Sie sympathisiert mit militanten Neonazis und Skinheads, tritt auf ihren Veranstaltungen auf und punktet damit in ihrem Milieu, und sie lässt zugleich gezielt erkennen, dass sie Brutalos auf ihrer Seite hat. Einschüchterungen und Gewalttätigkeiten gehören seitdem zu ihrem Wahlkampf. Die NPD hat sich vor allem im Elbsandsteingebirge und in Vorpommern eine Basis in den

---

150 Stöss, *Rechtsextremismus* (vgl. Anm. 145), S. 170.

Kommunen geschaffen, auch durch Jugendveranstaltungen und Dorffeste (»Die tun was«). Sie hat inzwischen als einzige rechtsextreme Partei einen überproportionalen Mitgliederbestand im Osten.[151] Sie spricht diejenigen an, die sich als Verlierer der Einheit (genauer der Transformation) empfinden, und knüpft sehr geschickt an die DDR-Nostalgie an, indem sie betont: Wir sind auch für den Sozialismus, aber für einen nationalen.[152]

Die NPD hat ihren Schwerpunkt nach Sachsen verlegt. Dort hat sie etwa 1000 Mitglieder. Vier der neun NPD-Landtagsabgeordneten sind aus dem Westen nach Sachsen übergesiedelt, auch die meisten Fraktionsmitarbeiter sind westdeutsche NPD-Funktionäre. Das ändert freilich nichts an der Tatsache, dass der Import gelungen ist. Ob der Erfolg Bestand hat, ist allerdings nicht sicher: Erstens machen die rechtsextremen Abgeordneten überall eine schlechte Figur. Zweitens könnten diejenigen, die vom »nationalen Sozialismus« angezogen werden, von der Liaison mit Skinheads gerade abgestoßen werden.

---

151 1999: 1960 von 6000 (Stöss, *Rechtsextremismus* [vgl. Anm. 145], S. 103); 2005: 1955 von 6000 (aus den Berichten der Landesämter für Verfassungsschutz addiert).

152 In einem allerdings innerhalb der NPD umstrittenen Flugblatt der NPD heißt es: »Wir Mitglieder der NPD Sachsen stehen zur ganzen deutschen Geschichte und auch zur Geschichte der DDR. Die Mehrheit unserer Mitglieder ist im 8. Jahr des Beitritts der DDR zur BRD der Meinung, dass die DDR das bessere Deutschland war. Wir wollen deshalb die positiven Erfahrungen aus der DDR in die deutsche Politik einbringen. … Schluss mit der Diskriminierung der Sachsen durch die Westdeutsche Landesregierung in Dresden! … Für eine neue Nationale Front des demokratischen Deutschlands in Sachsen.« – ›Nationale Front des demokratischen Deutschland‹ war in der DDR die offizielle Bezeichnung für die SED und ihre Blockparteien. Zit. nach Stöss, *Rechtsextremismus* (vgl. Anm. 145), S. 114.

Wenn die Dinge so stehen wie beschrieben, warum soll dann der Satz »Die Ostdeutschen sind rechtsextrem und ausländerfeindlich« ein Irrtum sein?

Erstens: weil dies von »den Ostdeutschen« behauptet wird. Auch im Osten lösen NPD-Aufmärsche Gegendemonstrationen aus. Rechtsextreme jeder Art sind auch im Osten eine verschwindende, wenn auch sehr auffällige Minderheit. Dass Jugendliche Ausländer oder Obdachlose totschlagen, löst im Osten dieselbe Betroffenheit aus wie im Westen. Die »Konstruktion der Ostdeutschen«[153] hat doch selbst xenophobische Züge und geht bisweilen bis zur Inländerfeindlichkeit. Manche Westdeutsche träumen von einer multikulturellen Gesellschaft mit Eskimos und Indianern – bloß die Ostdeutschen, das ist einfach zu viel Fremdheit. In Wahrheit sind die Ostdeutschen die Probe aufs Exempel, wie viel Befremdliches ihr tatsächlich vertragt.

Zweitens: weil unterstellt wird, der Rechtsextremismus unterscheide die Ostdeutschen fundamental von den Westdeutschen. Auch im Westen haben rechtsextreme Parteien den Sprung in die Landesparlamente geschafft, und zwar nicht zu knapp.[154] Niemand kommt auf die Idee, das für typisch West zu halten. Für das Jahr 1998 gibt es eine Umfrage zur Wahlbereitschaft für rechtsextremistische Par-

---

153 Thomas Ahbe, Die Konstruktion der Ostdeutschen. Diskursive Spannungen, Stereotype und Identitäten seit 1989; in: *Aus Politik und Zeitgeschichte* 41–42/2004, S. 12ff.

154 Zur Erinnerung: Der (alten) NPD gelang zwischen 1966 und 1968 der Einzug in sieben westdeutsche Landesparlamente mit bis zu 9,8 Prozent (Baden-Württemberg 1968). Die DVU erreichte 1991 in Bremen 6,2 Prozent und 1992 in Schleswig-Holstein 6,3 Prozent. Die Republikaner erreichten 1989 in Berlin-West 7,5 Prozent, in Baden-Württemberg 1992 10,9 Prozent und 1996 9,1 Prozent. Zit. nach Stöss, *Rechtsextremismus* (vgl. Anm. 145), S. 51f., 57ff., 172.

teien: »Könnten Sie sich unter Umständen vorstellen, bei Landtagswahlen/Bundestagswahlen auch einmal die Republikaner, die DVU oder die NPD zu wählen?« Das bejahten in Sachsen-Anhalt und Baden-Württemberg 11 Prozent, in Bayern und Thüringen 10 Prozent, im Saarland und in Mecklenburg-Vorpommern 9 Prozent, in Sachsen und Nordrhein-Westfalen 7 Prozent.[155] Aber nur der Osten gilt als rechtsextrem – vom Westen aus.

Drittens: weil der Rechtsextremismus nicht in seiner fatalen Vielfalt, sondern als etwas Einheitliches wahrgenommen wird. »Kommt das Vierte Reich?«, das ist die große Angst, die den Blick nach Osten leitet, und zwar seit 1990. Es ist die Angst vor einem misslungenen Exorzismus. Wir hatten den Teufel bei uns erfolgreich ausgetrieben und dachten, wir seien ihn los. Aber er ist in die Ostdeutschen gefahren, und nun bedroht er uns wieder. Aber die Geschichte wiederholt sich nicht. Die nächste Krankheit ist meistens eine andere. »Der Rechtsextremismus« wird nicht selten verstanden wie ein einheitlich und zielstrebig handelndes Subjekt, obwohl beide Teile der Szene, die Parteien und die informellen Gruppen, mächtig zerstritten und zerfasert sind. Von einem einheitlichen Wollen kann da gar keine Rede sein. Wer behauptet, wir befänden uns in einer Situation wie vor 1933 oder gar wie nach 1933, der hat sehr schlecht beobachtet.

Viertens: Weil diese Fixierung auf die Gefahr eines »Vierten Reichs« eine angemessene Reaktion erschwert. Ich rede jetzt von den öffentlichen Diskursen. Denn die Fachleute und diejenigen, die vor Ort gegen Rechtsextremismus und Gewalt arbeiten, wissen sehr wohl, worum es geht. Aber in der Öffentlichkeit wird Rechtsextremismus mit Nazi-Ideologie gleichgesetzt. Der Kern des Übels ist demnach die falsche Ideologie,

155 Stöss, *Rechtsextremismus* (vgl. Anm. 145), S. 136f.

verkehrtes Denken. Also muss man die Nazizeit in der Schule gründlicher behandeln – als wenn Rechtsextremismus auf Wissenslücken beruhen würde. Er ist emotional verankert und wird durch eine Gruppenidentität stabilisiert.

Gegen politische Programme muss man politisch argumentieren und zum Beispiel zeigen, dass die politischen Forderungen der NPD unsere Probleme gar nicht lösen können. Man muss das für die Wähler tun und für diejenigen, die in der Gefahr stehen, sich der NPD anzuschließen. Die überzeugten NPD-Funktionäre aber sind unzugänglich für Argumente. Ich habe da meine Erfahrungen mit politischen Fanatikern.

Nun ist aber der typisch ostdeutsche Rechtsextremismus des Milieus »ideologisch gering fundiert, schwach organisiert, spontan und besonders aggressiv«. Die ressentimentgeladene Brutalität ostdeutscher Gewalttäter, meist spontan und unter Alkohol, wird nicht durch Nazi-Gedankengut erzeugt, sondern findet in ihm ihren Ausdruck. Ich weiß schon, dass nun der Vorwurf der Verharmlosung kommt. Aber außer der Pest gibt es auch noch die Cholera. Die Therapien sind grundverschieden.

In der Öffentlichkeit haben sich seltsame Rituale etabliert. 80 NPD-Mitglieder kündigen eine Demonstration an. Daraufhin wird sofort die größere Gegendemonstration organisiert. Derer gibt es zwei Typen. Die einen sind die »antifaschistischen«. Diese Antifaschisten wollen sich mit den Neonazis prügeln, sie werfen auch Steine, Flaschen und Feuerwerkskörper. Sie geben den NPD-Leuten die Gelegenheit, als angegriffene friedliche Demonstranten zu erscheinen. Die Polizei hat alle Hände voll zu tun, dass sich die beiden Demonstrationen ja nicht begegnen.

Die anderen wollen gewaltfrei protestieren, vielleicht mit Trillerpfeifen, am besten entlang der Demonstrationsstrecke auf dem Bürgersteig. Dafür gab es sehr eindrucksvolle Beispiele namentlich aus Leipzig. In der Tat ist die Demonstration beherrschter Verachtung das, was die NPD am meisten ärgert. Aber wehe, wenn sich da die Antifaschisten einmischen und nun doch Steine fliegen. Dann steht die Polizei vor unlösbaren Aufgaben.

Und auch jene friedlichen Demonstrationen am Straßenrand können nicht verhindern, dass sie den paar Neonazis eine Bühne liefern, die ihnen öffentliche Beachtung über Gebühr verschafft. Das ist eine Aporie. Nichts tun ist falsch, auch unseres Rufes in der Welt wegen, Aufwertung der NPD ist misslich, auch unseres Rufes wegen.

Auf die Meldung von einem Anstieg der rechtsextremen Gewalttaten kam Oktober 2006 die Forderung nach einem »Demokratiegipfel«. Das ist Unfug. Wenn schon ein Gipfel, dann müsste es einer für ziviles Verhalten sein. Ich halte unter den vielen Aktivitäten »gegen rechts« Programme für Aussteiger aus der Szene und Programme für ziviles Verhalten für sinnvoll. Ein »Kampf gegen rechts«, der die Polarisierung fördert, ist kontraproduktiv.

Die Pest ist das nationalsozialistische Gedankengut. Die Cholera ist die Brutalität von Jugendlichen, auch untereinander. Und die ist tatsächlich im Osten stärker verbreitet als im Westen.

Trotzdem ist der Rechtsextremismus in Deutschland keine Gefahr für die Demokratie. Die rechtsextremen *Parteien* verfügen weder über attraktive Führer noch über Intellektuelle. Durch Protestwähler, nicht durch Überzeugungswähler sind sie in Landesparlamente gekommen. Dort fallen sie gar nicht oder unangenehm auf. Wer dieses geringe Potential als Gefährdung der Demokratie ansieht, muss in den meisten europäischen Ländern, zumal den östlichen, die Demokratie gefährdet sehen. Dort gibt es nämlich oft stärkere rechtsextreme Parteien.

Die rechtsextremen *Gewalttäter* sind gefährlich für die Opfer. Da sind Polizei und Gerichte gefordert. Sie schaden außerdem unserem Ruf ungemein. Und sie schaden denjenigen, die sich dieser Jugend-Unkulturbewegung anschließen. Politisch aktiv werden wollen sie nicht und können sie nicht.

Aber Befragungen belegen doch regelmäßig, dass die Akzeptanz der Demokratie im Osten sinkt. Es ist aber interessant, wie solche Nachrichten gemeldet werden. Mit Berufung auf den *Datenreport* des Statistischen Bundesamtes für 2005 heißt es da: »In Ostdeutschland ist in den vergangenen fünf Jahren die Demokratiefeindlichkeit deutlich gestiegen.«[156] Demokratiefeindlichkeit hat der Datenreport aber gar nicht erfragt. Er hat zwei andere Thesen getestet.

»Die Demokratie in Deutschland ist die beste Staatsform.«
Die Zustimmung ist zwischen 2000 und 2005 im Westen von 80 auf 71 Prozent und im Osten von 49 auf 38 Prozent gesunken.

»Die Demokratie ist die beste Staatsform.«
Die Zustimmung ist zwischen 2000 und 2005 im Westen von 92 auf 85 Prozent und im Osten von 78 auf 64 Prozent gesunken.

Man hätte also korrekt melden müssen: »Die Mehrheit in Ost und West bejaht die Demokratie, aber die Zustimmung geht im Osten stärker zurück als im Westen.« Wer den Westen ins Zwielicht setzen möchte, könnte melden: »Mehrheit der Ostdeutschen für die Demokratie, aber im Westen Rückgang der Zustimmung um 7 Prozent.«

156 Der Tagesspiegel vom 14. September 2006.

Auch bei der Zufriedenheit mit dem Funktionieren der Demokratie gibt es in West und Ost ein Auf und Ab bei einer etwa konstanten Grunddifferenz (Durchschnitt 1990 bis 2004: Westen 63, Osten 38 Prozent). »Die Fluktuationen sind im Zeitverlauf nahezu identisch. Das heißt, dass die Bürger in beiden Teilen Deutschlands ganz ähnlich auf bestimmte Ereignisse reagieren.«[157] 2005 reagierten sie auf Hartz IV, anhaltend hohe Arbeitslosenzahlen und eine sehr verwirrende Reformdebatte. Das schlägt im Osten stärker durch, weil dort die Erwartungen an den Sozialstaat höher sind als im Westen, wie demselben *Datenreport* zu entnehmen war.[158]

Die ostdeutsche Skepsis gegenüber der Demokratie hat drei Gestalten:

1. Sehr verbreitet ist die Politiker-Verdrossenheit: Die kassieren fette Diäten und tun nichts. Dass das kein Erfahrungssatz ist, erlebe ich öfters. Manche denken nämlich, ich sei

---

157 Statistisches Bundesamt (Hrsg.), *Datenreport 2006*, S. 646 (www.destatis.de/datenreport).

158 Ebd., S. 648ff. – Die Aussage »Der Sozialismus ist im Grunde eine gute Idee, die nur schlecht ausgeführt wurde« wurde 2005 im Westen von 46, im Osten von 74 Prozent bejaht (S. 646f.). Die letztere Zahl wird oft fälschlich identifiziert mit der Zahl derjenigen im Osten, die sich die DDR zurückwünschen. Die liegt aber in Wahrheit etwa bei 9 Prozent. Gemeint sein muss: Soziale Demokratie ist gut, denn während »eine hohe Wertschätzung der DDR demokratiebejahende Einstellungen eher vermindert, werden sie durch eine Bejahung des Sozialismus eher befördert«. Zit. nach Detlev Pollack, Wie ist es um die innere Einheit bestellt?, in: *Aus Politik und Zeitgeschichte* 30–31/2006, S. 5. – »42 bis 55 Prozent in der Amerikanischen Besatzungszone hielten 1946 den Nationalsozialismus für eine gute Idee, die schlecht ausgeführt worden sei.« Zit. nach Erich Röper, Die minderen Brüder und Schwestern, in: *Aus Politik und Zeitgeschichte* 40/2005, S. 23.

immer noch Bundestagsabgeordneter, obwohl das 24 Jahre zurückliegt. Deshalb bekomme ich hin und wieder Briefe, in denen mich jemand, der mich nicht kennt, als Politiker beschimpft. Die Diäten sind in Deutschland nicht besonders hoch. Ein erfolgreicher Unternehmer, Arzt oder Rechtsanwalt verdient mehr. Schlecht bezahlte Politiker und Beamte sind oft auch schlechte Politiker und Beamte und anfällig für Korruption. Diese Politikerverdrossenheit ist zumeist Neid ohne Verstand. Es kann sich doch jeder um ein Mandat bewerben!

2. Sehr häufig wird gesagt: Wir werden ja gar nicht gefragt. Deshalb ist die Forderung nach »direkter Demokratie« sehr verbreitet. Das wäre dann wohl die wahre Demokratie. Dabei wird übersehen, dass auch dann jeder nur eine Stimme von 60 Millionen hat, ein Tropfen im Wasserglas. Demokratie, das soll wohl heißen: »Mein Wille geschehe!« – und deiner nicht! Denn wenn »das Volk« gefragt wird, gibt es nie *eine* Antwort, sondern viele, auch widersprüchliche, jedenfalls aber einander widersprechende. »Wir werden ja nicht gefragt«, das ist eine berechtigte Kritik in Gruppen und Gemeinschaften persönlicher Vertrautheit. In der Großgesellschaft von Millionen kann es nur anonyme Befragungen und Mehrheitsvoten geben. Nicht einmal ein Landtagsabgeordneter kann bei jedem persönlich mal vorbeisehen. Die Forderung nach einer familiären Politik ist ebenso abwegig wie die Forderung nach einer familiären Volkswirtschaft.

3. Das ist ja ein Chaos, jeder sagt was anderes, wir brauchen eine starke Persönlichkeit, die sagt, wo's langgeht. Manche sehen in dieser Haltung bereits den Beweis für eine rechtsextreme Gesinnung. Da würde ich vorsichtig sein. Auch in der Demokratie ist *leadership* gefragt, wofür wir kein passendes Wort mehr haben, denn »Führerschaft« ist kontaminiert. Es ist aber voreilig, hier den Wunsch nach einem Diktator zu ent-

decken. Da könnte auch ein Kennedy oder de Gaulle gewünscht werden. Wer sich mehr *leadership* wünscht, muss das Wahlrecht ändern. Beim Verhältniswahlrecht entspricht die Zusammensetzung des Parlaments dem Stimmenanteil jeder Partei, die mehr als fünf Prozent geschafft hat. Das Parlament ist bunt. Dann sind Koalitionen unvermeidbar, also muss die Regierung eine Politik der Kompromisse zwischen verschiedenen Konzepten eingehen. Beim Mehrheitswahlrecht schickt jeder Wahlkreis nur einen Abgeordneten, die Stimmen für die anderen sind verloren. Das ergibt leichter absolute Mehrheiten, dann kann eine Partei die Regierung stellen und ihre Politik ungeschmälert durchsetzen. Die Zusammensetzung des Parlaments weicht dann aber erheblich von der Stimmenverteilung bei den Wählern ab. Kleine Parteien kommen dann nicht ins Parlament. Vielleicht müsste man all dies einfach öfter geduldig erklären.

Die Antwort auf jene zwei Fragen ist nicht das einzige Kriterium für die Akzeptanz der Demokratie. Ebenso wichtig sind Befragungen über Institutionen der Demokratie im Einzelnen. »Das Vertrauen in den Bundestag und die Bundesregierung als parteistaatliche sowie in die Gerichte und die Polizei als rechtsstaatliche Institutionen war unmittelbar nach der Wiedervereinigung im Osten Deutschlands deutlich niedriger als in Westdeutschland. Nach 15 Jahren haben sich die Vertrauenswerte bezüglich der parteistaatlichen Institutionen zwischen West und Ost weitgehend angeglichen, wenn auch auf einem insgesamt niedrigen Niveau. Hinsichtlich der rechtsstaatlichen Institutionen kam es im Osten Deutschlands sogar zu einer eindeutig positiven Entwicklung.« »Demokratische Prinzipien wie die Unterstützung der Meinungsfreiheit, das Recht auf Opposition oder die Möglichkeit zu einer alternierenden Parteienregierung finden in der ostdeutschen Bevölkerung sogar eine größere

Unterstützung als im Westen Deutschlands.«[159] Das kann doch nicht wahr sein, sagt sich der Westjournalist und meldet: wachsende Demokratiefeindlichkeit im Osten.[160]

Die Deutschen müssen gegenwärtig den Beweis erbringen, dass sie die Demokratie auch unter schwierigen wirtschaftlichen Verhältnissen akzeptieren und ihre sozialen Verhältnisse in Ordnung bringen können. Ganz ohne Unbequemlichkeiten und Verstimmungen geht das nicht ab.

Ich kenne keinen Grund, all jene Umfrageergebnisse anzuzweifeln. Jeder weiß aber von sich selbst: Meinung und Handeln ist zweierlei. Wer den schlechten Zustand seines Hauses beklagt, reißt es deshalb noch nicht ab. Er weiß auch zwischen einem Loch im Dach und einem drohenden Hauseinsturz zu unterscheiden.

Konkludentes Handeln nennen die Juristen die Bejahung eines Sachverhalts durch die Tat, unabhängig von Worten und Meinung. Wer Miete bezahlt, hat das Mietverhältnis akzeptiert, auch wenn er bestreitet, dass ein Mietvertrag bestehe.

Im Osten ist die Wahlbeteiligung sehr hoch, zumal im Vergleich mit anderen ehemals sozialistischen Ländern. Gewählt werden mit 75 Prozent und mehr demokratische Parteien. In allen Kommunen und Ländern wird die Demokratie konkurrenzlos praktiziert.

---

159 Detlev Pollack, Wie ist es um die innere Einheit bestellt?, in: *Aus Politik und Zeitgeschichte* 30–31/2006, S. 4.

160 Der Tagesspiegel vom 14. September 2006.

8. »Die Ostdeutschen sind undankbar.«

Warum sind die Ostdeutschen nicht dankbar?, fragen viele Westdeutsche. Im Klartext soll das heißen: Uns müssen sie doch dankbar sein für so viel Hilfe. Sie möchten sich einseitig als Wohltäter anerkannt sehen, eine sehr komfortable Position. Den römischen Patronen mussten ihre Klienten dankbar am Bett ihre Aufwartung machen.

Undank ist verletzend, das ist wahr. Aber die Einforderung von Dankbarkeit ist der Tod jeder Beziehung. Eheberater können davon ein Lied singen.

Im Alltag wissen wir das. Wenn uns jemand dankt, sagen wir »Keine Ursache« oder »Gern geschehen«. Wir wehren den Dank ab. Wer Dankbarkeit einfordert, fordert Unterwerfung und verhindert damit, was er erwartet. Denn echte Dankbarkeit gibt es nur in Freiheit, in einer Beziehung wechselseitiger Anerkennung.

In Süddeutschland beantwortet man Hilfe mit dem schönen Satz »Vergelt's Gott«. Darin steckt auch Weisheit. Deine Hilfe hat Lohn verdient. Aber den kann ich nicht liefern, und wenn ich das versuchte, würde ich dich zum Geschäftemacher degradieren, der es auf Gegenleistung abgesehen hatte. »Vergelt's Gott«, das ist eine schöne Bezeugung von Dankbarkeit, ohne in die Dankbarkeitsfalle der Abhängigkeit zu geraten. Übrigens: Nur Gott können wir ohne Verlust unserer Freiheit uneingeschränkt dankbar sein. Unter Menschen verträgt sich Dankbarkeit mit Freiheit nur bei beiderseitiger Großherzigkeit, am besten unter Liebenden.

Bei Lichte besehen haben doch beide Seiten Grund zur Dankbarkeit. Erst die Herbstrevolution hat den Weg zur deutschen Einheit eröffnet. Und die große Last der Umstellungen und Umwälzungen hat die ostdeutsche Bevölkerung getragen. Und es ist ja kein persönliches Verdienst, im Westen geboren zu sein unter den freundlicheren Besatzungsmächten, die euch zum Grundgesetz gedrängelt haben. Es wäre manches einfacher, wenn wir aus Anlass der deutschen Einigung gemeinsam sagen könnten: »Nun danket alle Gott«.

9. »Der 3. Oktober ist als Nationalfeiertag ungeeignet.«

Der 3. Oktober sei als Nationalfeiertag ungeeignet, weil das Datum nur für einen bürokratischen Akt stehe. Das sei ein Tag ohne Emotionen. Andere Tage seien da viel geeigneter.

Den ersten Platz unter den Konkurrenten nimmt der 9. November ein, Tag der Maueröffnung. Nun ist das aber gleichzeitig der Tag der Pogromnacht von 1938. Eben deshalb, sagt Joschka Fischer, sei er so geeignet, weil er die Ambivalenz der deutschen Geschichte repräsentiert. Das stimmt allerdings. Hitlers Putschversuch in München fand am 9. November 1923 statt. Deshalb wurde in der Nazizeit an diesem Tag ein makabrer Heldenkult für die damals Umgekommenen zelebriert. Die Rechtsextremen hätten also auch etwas zu feiern. Und dann ist es noch das Datum der Novemberrevolution von 1918. Da wurde von Philipp Scheidemann vom Reichstag aus die Republik und von Karl Liebknecht vom Berliner Schloss aus die »freie sozialistische Republik« ausgerufen. Dort könnte dann die PDS – oder wie sie jetzt gerade heißt – ihre Sonderfeier veranstalten.

Es ist eine verrückte Idee, einen Nationalfeiertag damit zu begründen, dass sich an diesem Tag sowohl höchst Erfreuliches als auch Furchtbares ereignet hat. Wie machen wir denn das? Vormittags lustig, nachmittags in Trauer und Scham? »Ein Jegliches hat seine Zeit«, sagt der Prediger Salomo, »weinen und lachen, klagen und tanzen« (3,1.4). Es ist der Sinn von Festkalendern, des Gegensätzlichen je für sich zu gedenken, statt Weihnachten und Karfreitag auf einen Tag zu legen. Und den Zustand emotionaler Ambivalenz soll man meiden, nicht suchen. Es ist schwer zu verkraften, mit innerer Beteiligung am selben Tag an einer Beerdigung und einer Hochzeit teilzunehmen. Das Wort »Weltschmerz« ist ins Englische übernommen worden, weil die Briten für so etwas kein eigenes Wort und wenig Verständnis haben.

Der 9. November ist für die Westdeutschen der Tag der Emotionen, weil da wie aus heiterem Himmel die Trabbis kamen. Für uns Ostdeutsche war die Maueröffnung selbstverständlich auch ein unglaubliches Ereignis, aber mit dramatischer Vorgeschichte. Die Ketten zerrissen am 9. Oktober, als alles vorbereitet war, um die Montagsdemonstration niederzuschlagen, aber dann scheute die SED-Führung davor zurück. Es waren mehr als erwartet gekommen. Am 18. Oktober trat Honecker zurück, und bei den ersten Gehversuchen der neuen SED-Führung mit Glasnost kam es zu den glücklichen Missverständnissen auf jener Pressekonferenz, die versehentlich die Maueröffnung auslösten.

Aus Sachsen kam deshalb der Vorschlag, den 9. Oktober zum Nationalfeiertag zu machen. Bloß: ein gesamtdeutsches Ereignis war der 9. Oktober 1989 selbst noch nicht. Nun hätte man ja die Vereinigung, den Beitritt, auf den 9. Oktober 1990 legen können. Das wäre doch ein schönes Doppelgedenken: 1989 kapitulierte die SED vor 70.000 Demonstranten, und 1990 vereinigten wir uns. Im Nachhinein bedaure ich, dafür in der Volkskammer nicht gekämpft zu haben. Der Vorschlag wurde abgelehnt mit dem Argument: Einen 41. Jahrestag der DDR (7. Oktober) wollen wir nicht mehr erleben.

Vom Westen aus ist immer wieder einmal behauptet worden, der 17. Juni hätte der Nationalfeiertag werden sollen. Man war ihn doch als Gedenktag der deutschen Einheit gewöhnt. Ein schöner Feiertag, meist mit Badewetter. Das ist wieder eine Schnapsidee aus Liebe zum ambivalenten Gemütszustand. Warum sollten wir das erfreuliche Ereignis der Einheit an dem Tag feiern, da sie verhindert wurde, weil sowjetische Panzer 1953 den Aufstand in der DDR niedergewalzt haben? Am 17. Juni 1990 stellte die DSU und eine Gruppe weiterer Abgeordneter einen Antrag auf sofortigen Beitritt. Mit Mühe hat Ministerpräsident Lothar de Maizière (CDU) mit kräftiger Unterstützung der SPD den Unfug abgewehrt. Das war ein hochdramatischer Nachmittag in der Volkskammer. Denn zu dem Zeitpunkt waren die Zwei-plus-Vier-Verhandlungen noch nicht abgeschlossen. Die Sowjetunion hätte doch aus dem Radio erfahren, dass sie nun 400.000 Soldaten auf NATO-Gebiet stehen hat. Die deutsche Einheit hätte als Sturzgeburt aus deutschem Eigensinn auf deutschem Sonderweg ohne Rücksicht auf den Rest der Welt begonnen.

Der 3. Oktober stehe bloß für einen bürokratischen Akt, den Helmut Kohl dekretiert habe, hieß es oft. Ganz so mächtig war er nun auch wieder nicht. Den Beitritt musste nämlich die Volkskammer allein beschließen, da bedurfte es nicht einmal der Zustimmung der Bundesrepublik. Denn so hatte sie es sich selbst ins Grundgesetz geschrieben. Helmut Kohl hatte nur eine Empfehlung: Bitte nicht im November, sonst müssen wir Jahr für Jahr bei trübem Wetter feiern. Er hat einen Sinn fürs Praktische.

Apropos bürokratischer Akt: So gesehen steht auch jedes Hochzeitsfest bloß für einen bürokratischen Akt. Das erste Rendezvous war sicher prickelnder als der bürokratische Akt beim Standesamt. Aber nun erst ist die Verbindung rechtskräftig und öffentlich. Dass das ein Tag ohne Emotionen sei, können nur Geschichtsblinde behaupten, die außerdem über den Tellerrand der deutschen Grenzen nicht hinaussehen.

Das Datum kam nämlich so zustande. Die Siegermächte des Zweiten Weltkriegs hatten sich die Verantwortung für Deutschland als Ganzes vorbehalten. Insofern standen beide deutsche Staaten noch unter Kuratel, auch wenn das viele Westdeutsche längst verdrängt hatten. Sie konnten sich gar nicht aus eigener Machtvollkommenheit vereinigen. Und die Nachbarn wollten auch mitreden. Sie waren ja von Deutschland überfallen worden. Der Zweite Weltkrieg war nämlich völkerrechtlich noch nicht abgeschlossen. Eine Friedenskonferenz aller Staaten, die bis 1945 Deutschland den Krieg erklärt hatten, hätte eine Mammutveranstaltung über Jahre mit unabsehbaren Forderungen werden können. Da war es ein großes Glück, dass sich George Bush sen. und Michail Gorbatschow auf die Idee »zwei plus vier« verständigten. Damit aber die Nachbarn, die auch mitreden wollten, nicht gänzlich leer ausgingen, wurde beschlossen, dass der Zwei-plus-Vier-Vertrag vor der deutschen Vereinigung der KSZE vorgestellt werden sollte. Das geschah am 1. Oktober 1990. Dort beschlossen die Siegermächte auch, dass die Deutschen sich vor der Ratifizierung des Vertrags durch die Parlamente der Siegermächte vereinigen dürfen. Einen Tag brauchten die deutschen Politiker zur Rückreise, also war der 3. Oktober der frühestmögliche Termin für den einvernehmlichen Beitritt der DDR zur Bundesrepublik Deutschland.

Wenn ich ein Datum in der deutschen Geschichte suche, das mit dem 3. Oktober 1990 vergleichbar ist, fällt mir nur der Westfälische Frieden von 1648 ein. Er hat einen 30-jährigen heißen Krieg beendet. Mit dem Zwei-plus-Vier-Vertrag wurden der Zweite Weltkrieg und ein über 40-jähriger Kalter Krieg beendet. Damals verhandelten 111 deutsche und 38 ausländische Gesandte, also 111 plus 38, nicht nur zwei plus vier. Einen Konfessionskrieg hat es in Deutschland danach nie wieder gegeben.

Seit dem 3. Oktober 1990 lebt Deutschland zum ersten Mal in seiner Geschichte in allseits anerkannten Grenzen, umgeben von Freunden, vereinigt in der Europäischen Union und verbündet in der NATO. Es gibt keine offene deutsche Frage mehr und keine offenen Rechnungen. Nach menschlichem Ermessen wird es an Deutschlands Grenzen nie wieder einen Krieg geben. Und das soll kein Grund zum Feiern sein?

1990 wurde beschlossen, der Tag der deutschen Einheit jedes Jahr reihum in einer anderen Landeshauptstadt zu feiern. Mit dem 16. Jahr ist jede einmal drangekommen. Ich finde, das reicht. Der Einheitswanderzirkus ist etwas Absonderliches. In jeder Landeshauptstadt, überall, sollte der Tag der deutschen Einheit gefeiert werden und fürs ganze Land noch einmal in der Hauptstadt, jedes Jahr, überall. Deutschland ist schließlich kein Staatenbund, sondern ein Bundesstaat.

Wir Deutschen haben einen Hang zum Pessimismus.[161] Das muss sich ändern.

161 Nach dem Datenreport des Statistischen Bundesamtes von 2006, S. 662 (www.destatis.de/datenreport) waren damals die Deutschen die pessimistischsten von allen Europäern.

Anhang: Deutschland vereint, Korea geteilt. Eine vergleichende Betrachtung.

Von den vier Ländern, die im Gefolge des Zweiten Weltkriegs geteilt wurden, ist Österreich durch Staatsvertrag, Vietnam durch den Sieg des kommunistischen Nordens über den Süden vereinigt worden und Deutschland nach der Herbstrevolution und der unverhofften Maueröffnung durch den Zwei-plus-Vier-Vertrag. Korea aber ist immer noch geteilt, und die Frage, wie sich das Verhältnis zwischen Nord- und Südkorea entwickeln wird, ist nach wie vor offen.

Die südkoreanische Regierung ist unter dem vorigen Präsidenten Lee Myung-bak an die Bundesregierung herangetreten mit der Bitte, eine koreanisch-deutsche Konsultationsgruppe zu Fragen der Wiedervereinigung ins Leben zu rufen. In Südkorea gibt es ein Ministerium für Wiedervereinigung, in Deutschland ist das Bundesinnenministerium zuständig. Bisher haben drei solcher Konsultationen stattgefunden. Die Bundesregierung hat mich in diese Konsultationsgruppe berufen.

Die Frage, was die Koreaner aus der deutschen Wiedervereinigung lernen können, lässt sich in negativer Hinsicht einfach beantworten: Sie können die deutsche Wiedervereinigung nicht kopieren, weil die Ausgangslage 1989 im geteilten Deutschland und 2013 im geteilten Korea sich so gewaltig unterscheiden. Das lehrt uns zum einen, durch wie viele Faktoren oder glückliche Umstände die deutsche Einheit möglich wurde, die so für Korea leider nicht gegeben sind. Aber wenn sich die deutsche Vereinigung nicht kopieren lässt, so lässt sich doch nach einem Vergleich besser abschätzen, welche Optionen bleiben. Und jedenfalls liefert das Studium der deutschen Vereinigung einen Katalog dessen, was da alles bedacht und geregelt werden muss.

Bei jenen koreanisch-deutschen Konsultationen hatte ich den Eindruck, die südkoreanische Seite versuche sich an einer anderen Deutung, nämlich der, die deutsche Vereinigung sei so dilettantisch organisiert worden, dass man bei derselben Ausgangslage – das nordkoreanische System bricht zusammen und die Grenzen öffnen sich plötzlich – zu passablen Ergebnissen kommen könne, wenn man es nur vernünftiger anstellen würde. Mein Kollege aus der deutschen Delegation, der Ökonom Prof. Dr. Paqué, hatte aber eine andere Deutung für den großen koreanischen Fehlerkatalog: Sie haben das einfach der deutschen Presse entnommen, denn die handelt ja bis heute die deutsche Einheit weithin unter »Pleiten, Pech und Pannen« ab.

Wie dem auch sei, jedenfalls ist klar, dass sich das deutsche »Modell« aufgrund einiger sehr einfacher Rechnungen für Korea nicht wiederholen lässt. Südkorea hat 50 Millionen Einwohner, Nordkorea 24 Millionen, das macht 2:1. 1989 hatte Westdeutschland 60 Millionen Einwohner, die DDR 16 Millionen, das macht etwa 4:1. Der West-Ost-Transfer betrug im ersten Jahrzehnt ca. 50 Milliarden Euro jährlich, der koreanische Süd-Nord-Transfer wird bei plötzlicher Grenzöffnung auf 182 Milliarden Euro jährlich geschätzt – die aber nicht von vier Fünfteln, sondern von zwei Dritteln der Bevölkerung aufgebracht werden müssten. Das kann Südkorea beim besten Willen nicht leisten. Das Durchschnittseinkommen in Nordkorea wird auf 5 Prozent des südkoreanischen geschätzt; in der DDR lag das Durchschnittseinkommen bei 30 Prozent West, 1:1 gerechnet, bei Facharbeitern waren es sogar 48 Prozent. Daraus ergibt sich aber nur, dass eine unvorbereitete Grenzöffnung mit plötzlichem freiem Verkehr für Personen, Geld und Waren jedenfalls vermieden werden muss.

Die gewaltigen Unterschiede zwischen der koreanischen und der deutschen Teilung hängen mit deren Zustandekommen zusammen. Die koreanischen Teilung wurde durch einen blutigen Bürgerkrieg besiegelt. Nicht der Zweite Weltkrieg, sondern dieser vierjährige Bürgerkrieg hat Korea verwüstet und zwischen einer und vier Millionen Todesopfer gekostet. Und dieser Bürgerkrieg ist noch immer zwischen beiden Staaten eine ungeheure und reale Hypothek. Eine vergleichbare Hypothek hat das Verhältnis zwischen beiden deutschen Staaten nie belastet. Man kann zwar sagen, dass die Schuld der Naziverbrechen weitaus schwerer wiege, aber obwohl die SED immer behauptet hat, sie habe mit diesen Verbrechen nichts zu tun, da sie neben der Sowjetunion auf der Seite der Sieger der Geschichte stehe, standen diese Verbrechen doch nie ernsthaft zwischen Ost und West, wie in Korea die Bürgerkriegstoten.

Was mich sehr überrascht hat, war die Auskunft, Flüchtlinge aus Nordkorea hätten die größten Schwierigkeiten, in Südkorea heimisch zu werden. Das sei für sie eine fremde Welt: Marktwirtschaft, Wohlstand, Informationsflut. Es gelinge ihnen oft nicht, sich in die neue Arbeitswelt einzugliedern. Vor allem aber: Viele Südkoreaner sehen in ihnen desertierte Feinde. Den Millionen von Flüchtlingen aus den verlorenen deutschen Ostgebieten ist dies jedenfalls nie begegnet. Das erklärt sich aber wohl auch etwas durch Zahlen. Von 1953 bis 1989 sind nämlich lediglich 607 Flüchtlinge von Nord- nach Südkorea gelangt, das sind rechnerisch 20 pro Jahr. 1990 waren es neun. In demselben Zeitraum sind wohl zwei Millionen Flüchtlinge von Ostdeutschland nach Westdeutschland gelangt. Aber auch hier ändert sich etwas: Seit dem Jahr 2000 kommen etwa 2500 nordkoreanische Flüchtlinge jährlich.

Nordkoreanische Flüchtlinge, die in China festgenommen und zurückgeschickt wurden, sind wohl öfters öffentlich hingerichtet worden, ihre Angehörigen wurden in Arbeitslager geschickt. 70 pro Jahr heißt es, aber solche Angaben sind nie überprüfbar. Zum Vergleich: Der Versuch der »Republikflucht« wurde in der DDR zwar mit Gefängnis, in der Regel wohl bis zu zwei Jahren, bestraft, führte aber in den 80er Jahren fast immer zum Häftlingsfreikauf durch den Westen.

Zwischen Ost- und Westdeutschland hat es immer Postverkehr gegeben, immer Besuchsverkehr von West nach Ost und mit der Unterbrechung einiger Jahre nach dem Mauerbau auch umgekehrt von Ost nach West, jedenfalls für Rentner, nach dem deutsch-deutschen Vertrag auch für Berufstätige in dringenden Familienangelegenheiten. Es gab außerdem geregelte Familienzusammenführungen und Gefangenenfreikauf sowie Ausreiseanträge. All dies erneuerte familiäre und freundschaftliche Beziehungen zwischen Ost und West für die nächste Generation, denn jeder, der ging, ließ Freunde und Verwandte zurück. Befördert wurde all dies durch die neue Ostpolitik Willy Brandts und namentlich durch den Helsinki-Prozess zwischen den europäischen Staaten, USA und Kanada.

Nur kurze Zeit um das Jahr 1961 herum wurden in der DDR Westfernsehen und Westrundfunk verboten. Oberschüler und Studenten mussten sich schriftlich verpflichten. Bestraft wurde aber wohl nur das öffentliche Sehen und Hören von Westsendern, zum Beispiel in Gasthäusern.

Zwischen Nord- und Südkorea gibt es keinerlei Postverbindung, Radio und Fernsehen aus dem Süden sind als Feindsender im Norden streng verboten. Allerdings ändert sich auch hier etwas. Zu China hin blüht der Schmuggel.

Ein chinesisches Transistorradio kostet 5 Euro, heißt es. Es soll bereits eine Million davon in Nordkorea geben.

Da es nach dem Bürgerkrieg keinen Suchdienst des Roten Kreuzes gab wie seit 1945 im geteilten Deutschland, herrscht weithin Unkenntnis über die Verwandten im anderen Teil. Die Lebenserwartung in Nordkorea ist sehr niedrig (Männer 65, Frauen 68; Südkorea: Männer 75, Frauen 82). Deshalb kann es in Nordkorea kaum noch Menschen geben, die Verwandte in Südkorea persönlich kennen. Von deren Kindern und Enkeln können sie nichts wissen.

Ein Mitglied der deutschen Delegation aus der ostdeutschen Bürgerbewegung hat bei einem Treffen den Vorschlag gemacht, Südkorea solle die Opposition in Nordkorea stärken. Die Ahnungslose. Es gibt sie nicht. Der Terror gegen die eigene Bevölkerung hat ein Ausmaß erreicht, das das Stasi-System in den Schatten stellt. Seit der Staatsgründung wird in stalinistischer Manier unterschieden zwischen drei Klassen (oder wohl besser: Kasten), nämlich: 1. Genossen, 2. schwankende Personen und 3. feindlich gesinnte Personen, die berüchtigten Klassenfeinde. Sichere Zahlen hat man auch hier nicht, aber die letzte Gruppe soll etwa die Hälfte der Bevölkerung ausmachen. Sowohl die Zuteilung von Lebensmitteln als auch die Bildungschancen richten sich nach der Kastenzugehörigkeit. Die Kategorie des Klassenfeindes gab es auch in der DDR und ebenso deren Benachteiligung im Bildungswesen, aber nicht im nordkoreanischen Ausmaß. Nach Stalins Tod ist die Repression zunehmend abgemildert worden.

Für Christenverfolgungen gibt es einen Weltverfolgungsindex. Nordkorea steht auf Platz 1. 1907 gab es in Pjöngjang ca. 100 Kirchen und 13.000 Christen. Heute gibt es noch vier Kirchen, die aber außer einer russisch-orthodoxen Kirche nicht gottesdienstlich genutzt werden.

Bis heute unterhält Nordkorea ein System von KZ-ähnlichen Zwangsarbeitslagern mit ca. 200.000 Häftlingen (Schätzung für 2005) und einer jährlichen Sterblichkeitsrate zwischen 10 und 20 Prozent.

Zurück zur Frage der Opposition in Nordkorea. Ich habe den deutschen Botschafter in Nordkorea danach gefragt. Er sagt: Es gibt sie deshalb nicht, weil die nordkoreanische Gesellschaft vollständig der Parteikontrolle unterworfen ist. Es gebe nicht die geringsten Anzeichen von zivilgesellschaftlichen Organisationen wie Vereine oder Religionsgemeinschaften. Zweitens seien die Nordkoreaner dermaßen mit der Organisation des Überlebens beschäftigt, dass sie weder Kraft noch Zeit haben, sich mit politischen Gestaltungsaufgaben zu befassen. Und drittens sei eine oppositionelle Bewegung auch deshalb nicht so schnell zu erwarten, weil trotz des insgesamt so niedrigen Lebensstandards die meisten Nordkoreaner noch die Sorge haben, sie könnten ihre kleinen Privilegien verlieren, die sie gegenüber denen ganz unten haben.

Also: Eine Herbstrevolution und Montagsdemonstrationen sind in Nordkorea nicht zu erwarten, solange nicht ganz Einschneidendes geschieht. Allerdings haben wir in Deutschland auch gelernt: Das kann auch unerwartet geschehen.

Auf der anderen Seite tritt nun deutlicher ins Licht, dass der Herbst 1989 eine sehr lange Vorgeschichte hatte, die in Korea leider fehlt. Dazu gehört die Rolle der Kirchen im geteilten Deutschland, aber auch die Einbindung beider Teile Deutschlands in ihr jeweiliges Lager oder die Tatsache, dass die DDR aus ökonomischen Gründen zunehmend vom westlichen Wohlwollen abhängig war. Eine vollkommen isolierte Diktatur dagegen hat vollkommen freie Hand im Umgang mit ihren Untertanen. Wenn die nordkoreanische Führung aus den Ereignissen von 1989/90 im sogenannten sozialistischen Lager folgert, jede Aufweichung führe zum

Machtverlust, so ist das, machtpolitisch gedacht, nicht einmal ganz falsch. Es gibt aber auch noch andere Gefahren für den Machterhalt, die durch solche Sturheit nicht gebannt werden.

Heute wird Nordkorea neben Kuba als das letzte kommunistische Land bezeichnet. Das ist von der Genese her richtig, aber 1977 wurde der Marxismus-Leninismus ganz offiziell durch die sogenannte Juche-Ideologie ersetzt, deren politisch wichtigster Punkt die Autarkie ist. Ihr Schöpfer Kim Il-sung überragt nun Marx, Engels, Lenin und Stalin. Im Jahre 2009 wurden alle Bezugnahmen auf den Kommunismus aus der Verfassung getilgt – verständlich, wenn man das nordkoreanische Kastensystem mit dem kommunistischen Gleichheitsideal vergleicht.

Wenn man das nordkoreanische Herrschaftssystem typologisch einordnen will, hat es wohl die meiste Ähnlichkeit mit dem japanischen Kaiserreich, der einstigen Kolonialmacht. Jedenfalls hat Kim Il-sung offenbar die sozialistische Dynastie oder Monarchie erfunden.

Nordkorea ist in einem heute wohl weltweit einmaligen Sinne isoliert. Es hat nicht nur die sowjetische Abwendung von Stalin verweigert, sondern nun auch die chinesische Zuwendung zu einer »sozialistischen Marktwirtschaft«. In dieser seiner Isolation sieht es offenbar die einzige Überlebensstrategie in der Rolle des Wahnsinnigen mit der Lunte am Pulverfass, den man ja nicht reizen dürfe. Zwar könnte es Nordkorea genügen, derart gefürchtet zu sein, es müsste nicht außerdem noch tatsächlich zündeln. Aber wer weiß.

Irgendetwas Verrücktes scheint Nordkorea immer wieder unternehmen zu müssen, wie die Versenkung eines südkoreanischen Kriegsschiffs 2010 und die Beschießung einer südkoreanischen Insel 2011.

Von hier aus noch einmal nach Deutschland zurückgeblickt: Es war ein Segen, dass Ost- und Westdeutschland jeweils eingebunden waren in Bündnissysteme. Honeckers Mannschaft ist eben auch daran gescheitert, dass sie Gorbatschows Reformkurs nicht folgen wollte. Das hat innerparteiliches Murren ausgelöst, das auch zu den Voraussetzungen des Herbstes 1989 gehörte. In das Neue Forum sind massenhaft auch SED-Mitglieder eingetreten, die sich von der SED entfremdet hatten und auf Gorbatschow ihre Hoffnungen setzten.

Woran können Hoffnungen für eine koreanische Vereinigung und ein Ende der Diktatur anknüpfen?

Nordkorea hat einen jungen Chef. Aber hinter ihm steht die alte Garde aus der Generation seines Großvaters. Hier tickt eine biologische Uhr. Wenn eine nächste Generation von Spitzenfunktionären etwas von Chinas Weg kopiert, könnte durch Wiederbelebung der daniederliegenden Industrie Nordkoreas der ungeheure Abstand zu Südkorea geringer werden. Dann könnte, an Chinas Entwicklung gemessen, vielleicht in zehn Jahren ernsthaft an eine Wiedervereinigungspolitik zu denken sein.

Eine andere kleine Hoffnung kann daran anknüpfen, dass das Informationsmonopol der Partei bröckelt.

Was das Verhältnis zwischen beiden koreanischen Staaten betrifft, so war es wohl in seinen besten Zeiten ungefähr auf dem Stand der deutsch-deutschen Beziehungen im Jahre 1970, als Willy Brandt und Willi Stoph sich in Erfurt trafen. Der südkoreanische Präsident Kim Dae-jung hatte 1997 die sogenannte Sonnenscheinpolitik eingeleitet: Zwei Eisenbahnlinien nach Norden wurden wiederhergestellt, in Nordkorea wurde eine Sonderwirtschaftszone für südkoreanische Unternehmen eingerichtet. Touristische Besuche von Südkoreanern auf dem heiligen Berg wurden möglich sowie einige kurze Treffen von Großgruppen nord- und südkoreanischer Verwandter. Aber von 2008 an hat Nordkorea den Rückwärtsgang eingelegt. Darauf hat sich wohl in Südkorea die Auffassung durchgesetzt, dass die Sonnenscheinpolitik viel gekostet, aber nichts gebracht habe.

Im Rückblick war der erste Schritt in Richtung auf eine deutsche Wiedervereinigung die neue bundesdeutsche Ostpolitik unter Bundeskanzler Willy Brandt, für die sein enger Vertrauter und Berater Egon Bahr die Formel »Wandel durch Annäherung« geprägt hat. Das Ziel war zunächst: miteinander reden und verhandeln, vertraglich regeln, was sich einvernehmlich regeln lässt, und offenlassen, worüber kein Konsens möglich ist. Die Wiedervereinigung war dabei (nur) ein Fernziel. Das Nahziel war für die Bundesrepublik: Erleichterungen schaffen für die Lasten der Teilung, von denen die Ostdeutschen mehr als die Westdeutschen zu tragen hatten. Die DDR ließ sich auf diese Politik ein, weil sie sich internationale Anerkennung erhoffte. Voraussetzung für diese Politik war allerdings Vertragstreue auf beiden Seiten, die im deutschen Falle tatsächlich gegeben war.

Nach meinem Eindruck diskutierten manche unserer südkoreanischen Gesprächspartner die Möglichkeit einer Wiedervereinigung Koreas unter der Voraussetzung, dass das nordkoreanische Regime zusammenbricht und Südkorea Nordkorea übernimmt wie ein herrenloses Gut. Ich halte das für eine reine Illusion. Der Fall wird nie eintreten. Es wird immer Leute geben, die für Nordkorea zu sprechen beanspruchen, nämlich entweder reformwillige Personen aus der Einheitspartei oder – für mich äußerst unwahrscheinlich – Revolutionäre, die die Parteiherrschaft gestürzt haben. Wenn das aber wirklich äußerst unwahrscheinlich ist, muss man sich darauf einstellen, dass der Weg zu einer koreanischen Wiedervereinigung zusammen mit Vertretern der derzeit herrschenden Klasse beschritten werden muss. Deshalb habe ich in meinem Eröffnungsreferat bei unserer ersten koreanisch-deutschen Konsultation gesagt: »Wenn anders die Freiheit nicht gewonnen werden kann, ist wohl auch die Amnestie der Verbrechen der Diktatur kein zu hoher Preis.«

Die SED-Funktionäre haben wohl auch deshalb ihren Machtverlust hingenommen, weil sie überzeugt waren: Lynchjustiz wird es nicht geben. Man darf nicht den Mut der Verzweiflung heraufbeschwören.

Allerdings darf die Amnestie nicht so weit gehen, dass den Opfern untersagt wird, von dem zu reden, was sie erleben mussten.